Zeugnis-Erinnerungen von Pastor Dr. Jaerock Lee

Schmecket
Das Ewige Leben
Vor Dem Tod

Dr. Jaerock Lee

Schmecket Das Ewige Leben Vor Dem Tod von Dr. Jaerock Lee
Veröffentlicht von Urim Books (Vertreten durch: Seongnam Vin)
73, Yeouidaebang-ro 22-gil, Dongjak-gu, Seoul, Republik Korea
www.urimbooks.com

Alle Rechte vorbehalten. Dieses Buch oder Teile davon dürfen nicht ohne vorherige schriftliche Genehmigung des Herausgebers in irgendeiner Art reproduziert, auf Datenträgern gespeichert, elektronisch oder mechanisch übertragen oder fotokopiert werden.

Alle Zitate aus der Heiligen Schrift sind, wenn nicht anders angegeben, der Revidierten Elberfelder Bibel entnommen.

Urheberrecht © 2017 Dr. Jaerock Lee
ISBN:
Copyright der Übersetzung © 2005 Dr. Esther K. Chung.

Bereits 2002 auf Koreanisch von Urim Books veröffentlicht

Erste Veröffentlichung: September 2005
Zweite Veröffentlichung: April 2017

Herausgegeben von Dr. Geumsun Vin
Design: Büro des Herausgebers, Urim Books
Druck: Prione Printing
Für weitere Informationen: urimbook@hotmail.com

Danksagung

Zuallererst möchte ich Gott, der mich dazu angeleitet hat, dieses Buch zu schreiben, Dank und Ehre zukommen lassen. Vor kurzem legte Gott mir ans Herz, die Erinnerungen aus meiner Vergangenheit zu sammeln und ein Buch zu veröffentlichen. Über die vergangene Zeit zu schreiben war eine Last für mich, da ich weder schriftstellerische Neigungen habe noch viel Zeit dafür aufwenden konnte. Doch schon allein, dass es mir möglich ist, an diese Zeit als mein vergangenes Leben zurückzudenken, ist ein Wunder. Gott heilte meine Krankheit, unter der ich sieben Jahre lang gelitten hatte, und berief mich dann zu seinem Diener. Von diesem Zeitpunkt an hat Gott mich bis heute in jeder einzelnen Stunde begleitet.

Ich erkannte, dass es Gott gefallen würde, dieses Buch veröffentlich zu sehen, um Nicht-Gläubigen gegenüber sein Zeugnis zu geben. Als ich mich entschlossen hatte, diese wichtige Aufgabe auszuführen, wusste ich jedoch nicht, wo ich beginnen sollte. An dieser Stelle erwählte Gott die Senior-Diakonin Geumsun Bin als Bearbeiterin des gesamten Werkes. Sie sammelte das ganze notwendige Material, brachte es in eine geordnete Reihenfolge und lektorierte das gesamte Werk von Anfang bis Ende. Ich danke der Senior-Diakonin Bin für ihren ergebenen Eifer und ihre Mühe. Ich glaube, dass Gott sie mit reichlichem Segen belohnen wird.

Ich freue mich, dass dies das erste Buch ist, das wir, die Manmin Joong-ang-Gemeinde, veröffentlichen. Ich hoffe, dass dieses Buch eine bedeutende Rolle spielen wird, nicht als die Vorstellung meiner Person, sondern als ein kraftvolles Werkzeug, das die Liebe und die Gnade Jesu Christi und seine wunderbaren Werke und seine Vorsehung bezeugt und den Leser zu neuer Hoffnung auf Errettung und ewiges Leben führt.

Jaerock Lee

Inhaltsverzeichnis

TEIL 1: An der Schwelle des Todes • 1

1. Du solltest besser sterben
2. Meine Jugend
3. Der Kampf
4. Während die Zeit vergeht

TEIL 2: Das Wunder • 35

1. Zuneigung
2. Ein kranker Körper und ein gebrochenes Herz
3. Unsterbliches elendes Leben
4. Meine ältere Schwester
5. Mein wiedergeborenes Leben

TEIL 3: Oh Gott! • 81

1. Mein neues Leben
2. Bitte hilf mir, anderen zu vergeben
3. Bis zum Ende meiner Reise

TEIL 4: Charakter Schafft Hoffnung • 115

1. Ich war ein Sünder
2. Das Kreuz des Herrn
3. Der lebendige Gott
4. Wenn du kannst?
5. Die Gründung einer Gemeinde
6. Das Gefäß

TEIL 5: Gott Hat Mich Begleitet • 183

1. Die Gesegneten
2. Die Stimme des Herrn
3. Der Herrscher
4. Die Offenbarung

TEIL 6: Kostbares Leben • 221

1. Erinnerungen
2. Meine Vergangenheit
3. Meine Gegenwart
4. Meine Zukunft
5. Danke für alles

TEIL 7: Mein Geliebter • 261

1. Alle Ehre sei Gott
2. Durch seinen Willen
3. Ewiges Leben im Himmel

1

An der Schwelle des Todes

Du solltest besser sterben

Meine Jugend

Der Kampf

Während die Zeit vergeht

Du solltest besser sterben

Frühsommer 1972

Der Winter wich gerade dem Frühling und zartes Grün bedeckte das ganze Land. Eine frische Brise wehte den Duft der Akazien zu mir herüber und kitzelte mich in der Nase. Es war die Zeit, wo man schon die Frische und die Vitalität des Sommers riechen konnte. Doch mein Körper und mein Geist verharrten noch im Winter, wie gefrorenes Eis. Im Lauf der Zeit schmolz das dicke Eis in Bäche, der Winter erwachte aus seinem langen Schlaf und neue Knospen kündigten den Frühling an. Mein Winter besaß jedoch nicht die Verheißung, sich in Frühling zu verwandeln, sondern nur in tiefe Seufzer.

Wie gewöhnlich lag ich den ganzen Tag in meinem Ein-Zimmer-Haus unter einer schmutzigen Decke auf dem Boden. Durch ein halb geöffnetes Fenster sah ich wattebauschähnliche Wolken. Diese Wolken erinnerten mich an den warmen Busen meiner Mutter. Wenn ich eine dieser Wolken wäre, würde ich über die ganze Halbinsel reisen, vollkommen sorglos und ohne auf irgend jemanden neidisch zu sein.

‚Ich bin gerade einmal 30 Jahre alt, in dem Alter der Vitalität und der Kraft, auf dem Höhepunkt des Lebens. Doch jetzt blicke ich auf meinen Körper, der Tag für Tag ein Stück mehr zerstört wird..."

Meine Tränen waren längst getrocknet, und meine Hoffnung, geheilt zu werden, war erloschen. Ich hatte nur noch einen Wunsch: Am Leben zu bleiben.

Noch immer beobachtete ich den schönen, jadegrünen Himmel durch das Fenster. Hin und wieder zeigte die Sonne ihr leuchtendes Gesicht zwischen den vorüberziehenden Wolken. Ich wollte den warmen Sonnenschein auf meinem Gesicht und meinem Körper spüren. Als ich mich gegen die Wand lehnte, war ich kaum in der Lage, meinen Oberkörper aufzurichten. Ich verspürte sofort einen heftigen Schmerz in den Knien, und aufgrund meiner Blutarmut wurde mir schwindlig. Ich verspürte ein starkes Verlangen, das Zimmer zu verlassen, und so griff ich nach dem Stock, den ich benötigte, um ins Badezimmer zu gelangen. Schwer auf ihn gestützt öffnete ich die Tür und machte den ersten Schritt nach draußen. Das war ein Erlebnis! Ich begann fast zu schreien, weil die frische Luft und der leuchtende Sonnenschein so wunderbar waren.

Als ich es geschafft hatte, mit zitternden Knien in den vorderen Hof zu gelangen, brach mir der kalte Schweiß aus. Doch der Anblick des Flusses Han, der sich vor mir erstreckte, vermittelte mir ein Gefühl des Friedens und der Kühle.

Ich erinnere mich an den Hügel vom Geumho-dong, wo ich lebte. Auf dem Hügel standen dicht aneinander gedrängt viele Blockhütten, von denen die meisten illegal errichtet worden waren. Die meisten Bewohner in meinem Dorf waren arm, aber warmherzig. Wenn sie mich gelegentlich sahen, konnte ich in ihren Augen das Mitleid lesen, das sie für mich empfanden. ‚Wenn die Dorfbewohner den steilen Hügel hinaufsteigen, kann ich die Schweißperlen auf ihren Gesichtern sehen. Doch sie beklagen sich nicht über den beschwerlichen Aufstieg. Sie leben ihr Leben einfach so gut sie es können.'

An diesem Tag konnte ich es nicht ertragen zu beobachten, wie sie sich so kraftvoll bewegten. Ich war verwirrt und erschöpft und wollte mich nur noch hinlegen. Schwer auf meinen Stock gestützt, fast kriechend, kehrte ich in mein Zimmer zurück.

Das Wehklagen meiner Mutter

Mein Zimmer war feucht und roch nach der schmutzigen Decke, die nie aufgerollt worden war, und nach den Medikamenten, die in der Küche auf dem Herd köchelten. Dieses Zimmer war der einzige Ort, wo ich mich ausruhen und schützen konnte.

Nachdem ich eine Weile geruht hatte, hörte ich, dass jemand an die Tür klopfte. Ich fragte mich, wer das wohl sein könnte. Meine Frau war früh am Morgen zur Arbeit aufgebrochen, und meine Töchter waren erst vor kurzem zum Spielen zu ihren Freunden gegangen.

„Sohn, ich bin es. Bist du da?"

Mutter? Was führte sie nach Seoul? Mit ihren 70 Jahren war sie schon ziemlich alt. Es musste schwer für sie gewesen sein, den Hügel heraufzusteigen.

Sie trat in den Raum, blickte auf die Unordnung überall und

auf mich, ihren dünnen, kranken Sohn, und eine Zeitlang sagte sie gar nichts.

„Hallo, Mutter. Warum setzt du dich nicht?"
In den Augen meiner Mutter stiegen Tränen auf und sie begann unkontrolliert zu schluchzen. Sie weinte bitterlich, während sie mit den Händen auf den Boden schlug.
„Du schlimmer Junge! Du solltest besser sterben. Stirb jetzt! Weißt du, wie viel Leid du deiner Frau und deinen Kindern verursachst? Weißt du, welch durchbohrenden Schmerz dies für mein Herz bedeutet? Ich werde glücklich sein, wenn du stirbst."

Meine Mutter weinte eine lange Zeit. Ich konnte verstehen, dass sie wirklich wollte, dass ich starb. Es entsetzte mich, obwohl ich es gleichzeitig verstand. Schockiert und verloren starrte ich sie mit leerem Blick an.

‚Hat ihr das Alter zu sehr zugesetzt? Wie kommt es, dass sie jetzt möchte, dass ich sterbe? Ist sie den Hügel heraufgestiegen, um mir, ihrem Sohn, der seit Jahren keine Pflege erhalten hat, das zu sagen? Ist das wirklich meine Mutter? Wie konnte sie das tun?'

Ich war so betrübt, dass auch ich nicht aufhören konnte zu weinen. Wie hingebungsvoll hatte sie sich um ihren Mann und ihre Kinder gekümmert! Wie freudig hatte sie alle Arbeiten im Haushalt, die das Leben auf dem Land mit sich brachte, für ihre Familie erledigt! Sie war die Mutter, die mehrere Jahre lang all die Medikamente für mich besorgt hatte, doch jetzt wollte sie nichts mehr mit meinem Schmerz zu tun haben. Dieses Wissen machte mich sehr traurig.

Konflikte

Das Gesicht von tiefen Runzeln zerfurcht, die Schultern gebeugt wie unter einer schweren Last und der schmächtige, alte Körper... es machte mich traurig, meine Mutter so zu sehen. Ich glaubte, meine eigene Frustration und Todesqual sei größer als die meiner Mutter.

Es gab noch mehr, das mich traurig machte:

Wir lebten in einem Ein-Zimmer-Haus, einem illegal errichteten Zementblock-Gebäude, für das wir monatlich Miete bezahlten. Die Möblierung bestand lediglich aus einer Anrichte, einem Stapel ungefalteter Decken, einer Schüssel mit übriggebliebener flüssiger Medizin, einem grob geschnitzten Holzstock und einigen Arzneitüten in der Ecke des Zimmers.

‚Sicher, warum nicht? Ich denke, wenn ich sterbe, wäre es das Beste für meine Familie. Dann muss ich ihnen nicht mehr zur Last fallen. Anfangs werden sie traurig sein, doch wenn sie dann in ihrer neuen Situation leben, werden sie mich vergessen. Ja, ich sollte dieser Welt so schnell wie möglich Lebewohl sagen.'

Ich sah meine Mutter an, die immer noch weinte, und entschloss mich zu sterben. Ich konnte sie nicht länger ansehen. Ich wandte mein Gesicht dem Fenster zu. Der warme Sonnenschein brannte mir auf dem Gesicht und blendete meine Augen. In diesem Augenblick stieg plötzlich eine Sehnsucht nach dem Leben in meinem Herzen auf. Meine Entscheidung, sterben zu wollen, veränderte sich augenblicklich.

‚Ich bin doch immer noch jung! Es ist zu früh für mich zu sterben. Ich kann mein Leben in diesem elenden Zustand, in dem ich eine Last für meine Familienmitglieder bin, nicht beenden. Ich muss am Leben bleiben, damit ich sie für ihren Verlust entschädigen kann. Ich will nicht, dass sie sich auf diese Art und Weise an mich erinnern.'

Ich weiß nicht, woher ich die Kraft bekam, doch aus den Tiefen meines Herzens erwuchs plötzlich ein starker Lebenswille.

‚Diese Krankheiten sind dabei, meinen ganzen Körper zu zerstören, doch letzten Endes werde ich sie alle niederschlagen.'

Sinnlose Tode

Während ich mich zwischen dem Leben und dem Tod hin- und hergerissen fühlte, versuchte ich, auf mein Leben zurückzublicken. Ich erinnerte mich daran, dass ich schon einmal einen Selbstmordversuch unternommen hatte. Zu dieser Zeit war ich jedoch nicht so verzweifelt gewesen, wie ich es jetzt war.

Es gibt Menschen, die begehen Selbstmord, noch bevor sie wissen, was das Leben ist, was der Tod ist und wofür sie in dieser Welt leben sollen.

Manche von ihnen werden so frustriert, wenn sie ihre Lebensziele nicht erreichen, dass sie sich umbringen. Geschäftsleute begehen Selbstmord, wenn sie ihre Firma ruinieren. Schüler der zwölften Klasse entscheiden sich für den Tod, weil sie die Aufnahmeprüfung für das College nicht schaffen, und manche Schüler der Grund-, Mittel- und der höheren Schule tun es, weil sie Angst davor haben, von ihren

Eltern wegen ihres schlechten Zeugnisses gescholten zu werden. Manche Menschen geben ihr Leben auf, weil sie ihren Willen nicht durchsetzen können. Die Massenmedien berichten oft über Menschen, die sich selbst töten. Es gibt auch Menschen, die sich im Namen der Liebe das Leben nehmen. Obwohl sie sagen, ihre Liebe reiche über Landesgrenzen hinaus und trotze allen Gefahren des Lebens, entscheiden sie sich für den Tod, wenn sie nicht heiraten können oder ihre Geliebten sie betrügen. Einige Menschen sterben auch, um ihren Geliebten in den Tod zu folgen. Sie glauben, Liebe sei der einzige Grund für sie, auf dieser Welt zu leben. Das ist lächerlich. Sie wissen nicht zu schätzen, wie kostbar das Leben ist.

Wahrhaft kostbares Leben

Auf der anderen Seite gibt es Menschen, die im Krankenhaus sterben. Viele Menschen, die aufgrund von Unfällen oder tödlichen Krankheiten ins Krankenhaus kamen, kämpfen verzweifelt gegen den Tod.

Einige Menschen begehen aufgrund ihres schmerzvollen Lebens Selbstmord, während andere dem nahen Tod entgehen, indem sie sich mit einer tiefen Sehnsucht hartnäckig ans Leben klammern. Dennoch ist die Zahl der Menschen, die tatsächlich sterben, erheblich größer. Wir müssen wissen, dass das Leben kostbar ist. Wir müssen annehmen, was das reale Leben ist, und was der Zweck dieses Lebens ist. Ganz gleich, in welchen Umständen wir uns befinden, wir müssen das Leben selbst lieben. Dann werden wir unser kostbares Leben nicht willkürlich beenden.

Obwohl ich bereits versucht hatte mich umzubringen, als ich noch gesund war, stieg, eine Sehnsucht nach dem Leben in mir auf wie ein brennendes Feuer, als ich meine Mutter sagen hörte: ‚Ich werde glücklich sein, wenn du stirbst.'
Das Weinen meiner Mutter durchbohrte mein Herz und ließ mir Tränen in die Augen steigen. Als ich aufsah und versuchte, meine Tränen zurückzuhalten, zogen einige Wolken über den blauen Himmel, als wollten sie mich trösten. Ohne dass ich mich darum bemüht hätte, flog meine Erinnerung zurück an meine fröhliche Kindheit und meine schöne Heimatstadt. Wie schön all das doch gewesen war! Wie gesund ich damals war! Ich vermisste jene Tage, als so viele Menschen mich liebten!

Meine Jugend

Meine Heimatstadt

Meine Heimatstadt ist Jangsung, Jullanam-do. Diese Stadt ist berühmt für ihre schöne Landschaft und ihr sauberes Wasser. Die malerische Landschaft der Noryoung-Berge erstreckt sich bis zu den Hügeln, die die Stadt Jangsung umgeben.

Jangsung ist als ein Ort bekannt, dessen Bewohner noch stark von den klassischen, gelehrten Manieren beeinflusst sind. Viele der Bewohner, ob jung oder alt, tragen hier öfter als in anderen Gegenden noch immer die traditionelle koreanische Tracht, Hanbok. Weil sie in einer Gelehrtenstadt leben, sind sie so konservativ, dass sie eine betonte Höflichkeit praktizieren.

Mein Vater war ein gelehrter Mann mit heroischem Auftreten, der großes Wissen über die chinesische Klassik und Gedichte besaß. Während der japanischen Kolonialzeit betrieb er Handelsgeschäfte und reiste zwischen Japan und Korea hin und her. Gleich nachdem Korea befreit wurde, gab er dieses Geschäft auf und suchte nach einen Wohnort, der etwas abgeschieden lag. In Jangsung fand er einen guten Platz, und so zog meine Familie als ich drei Jahre alt war von Muan dort hin. Deshalb ist Jangsung für mich meine Heimatstadt.

Meine Familie ließ sich in einem Dorf nieder, wo die meister der Bewohner Chun mit Nachnamen hießen. Obwohl es für eine Familie, die anders hieß, nicht einfach war, kaufte mein Vater in diesem ‚Dorf der Chuns' ein Stück Ackerland und baute ein Haus, in dem wir wohnen konnten.

Mein Vater, ein Gelehrter chinesischer Klassik

Als ich noch klein war, war mein Vater stets allein zu Hause und las pausenlos. Manchmal bekam er jedoch auch unerwartet Gäste. Immer, wenn seine Freunde ihn besuchten, vergnügten sie sich damit, Gedichte zu singen oder sich bei einem guten Tropfen über Klassiker zu unterhalten. Ich erinnere mich auch daran, dass mein Vater gelegentlich von zu Hause wegging und lange Zeit allein umherreiste. Meine Mutter musste dann die Verantwortung für die Familie übernehmen. Sie musste hart arbeiten, um drei Söhne und drei Töchter großzuziehen.

Ich als der jüngste Sohn war der Liebling meiner Eltern. Als ich fünf Jahre alt war, unterrichtete mein Vater mich über die 1000 wichtigsten chinesischen Persönlichkeiten. Er erzählte mir immer von berühmten historischen Begebenheiten. Das ließ mich von vielen Dingen träumen. Einer meiner Träume war, ein großer Mann zu sein. Nachdem ich in die Grundschule gekommen war, brachte mein Vater mich an den Ort, wo die Kandidaten, die (in einer Provinz oder landesweit) für den Posten des Präsidenten oder ein anderes politisches Amt kandidierten, ihre Reden hielten. Von diesem Zeitpunkt an hegte ich den Traum, ein Parlamentsmitglied zu sein, das sich für mein Land einsetzt.

Ich mochte es, Dinge mit meinen Händen zu schaffen. Ich

war handwerklich so geschickt, dass meine Nachbarn mich oft lobten und manchmal auch beneideten.

Eines Tages saß ich neben meinem Vater und schnitzte an dem Ast eines Orangenbaums. Da kam ein Besucher auf uns zu. Er sah mir bei meiner Arbeit zu und sagte: „Was für ein pfiffiger Junge du bist! Du hast sehr geschickte Hände!" Er nahm das Katapult, das ich gemacht hatte, sah es sich genau an und sagte: „Lass mich dies kaufen. Hier hast du Geld dafür." Ich war verlegen, doch mein Vater lächelte und nickte mir zu, dieses Angebot anzunehmen.

Seit damals wurden meine handgearbeiteten Werkzeuge gelegentlich verkauft.

Die Schule war nicht sehr interessant für mich, weil ich das Hangul (das koreanische Alphabet) und das Einmaleins bereits von meinen älteren Brüdern und Schwestern gelernt hatte, bevor ich in die Grundschule kam. Ich spielte lieber draußen, statt zu Hause zu lernen. Ich mochte Mannschaftsspiele wie Wettkämpfe, Ringen und Fußball, und in diesen Spielen führte ich mein Team an. Ich war vergleichsweise stark und leistungsfähig, daher konnte ich es nicht ertragen zu verlieren. Wenn ich verlor war meine Selbstachtung verletzt und mein Stolz veranlasste mich, so lange zu spielen, bis ich gewann. Zu verlieren war nicht meine Sache.

Ich wurde als recht kräftiger Junge geboren, und meine Eltern gaben mir außerdem ein stärkendes Mittel. Deshalb wurde ich „Mr. Stark" oder „Gorilla" genannt. Obwohl meine Eltern nicht reich waren und viele Kinder hatten, kauften sie diese Medizin für mich, ihren jüngsten Sohn, weil ich ihr

Liebling war.

Meine Mutter

Es gibt einen Zwischenfall, den ich nicht vergessen kann. Danach schien meine Mutter mich noch viel mehr zu lieben. Ich war fünf Jahre alt. Es war eine sehr geschäftige Zeit, und jeder half auf dem Feld bei der Ernte. Ich passte allein auf unser Zuhause auf. Plötzlich zog sich der Himmel zu und es begann zu regnen. Im vorderen Hof lagen Pfefferschoten zum Trocknen aus. Obwohl ich noch recht klein war, dachte ich, ich müsse etwas tun, damit sie nicht nass werden. So beeilte ich mich, sie mit meinen kleinen Fingern einzusammeln. Zur gleichen Zeit kam meine Mutter, die sich um die Pfefferschoten gesorgt hatte, als es zu tröpfeln begann, ins Haus gerannt. Sie freute sich sehr, als sie sah, was ich tat.

„Oh, mein Baby, Jaerock! Du bist schon so groß! Wie klug von dir, sie aufzuheben! Ich liebe dich so sehr, mein Kind!"

Ich kann mich noch lebhaft an die tiefe Liebe in Mutters Augen erinnern, als sie mir mit der Hand meinen Po tätschelte. Sie sagte über mich, ihren jüngsten Sohn, der versucht hatte ihr zu helfen (wie koreanische Mütter es tun): ‚Ich würde keinerlei Schmerz verspüren, wenn ich mein Baby buchstäblich zu meinem Augapfel machen würde.'

Immer, wenn es etwas Gutes zu essen gab, hob sie eine Portion für mich auf.

Wenn ich mit meiner Mutter ausging und ihre Hand hielt, sagten die älteren Nachbarn, die sich mit Spielen erholten oder unter einem großen Baum plauderten, immer: „Oh, du Süßer! Du bist sehr hübsch. Du wirst es in der Zukunft zu etwas bringen", oder: „Ich sehe in seinem Gesicht, dass er ein großer Mann werden wird. Passen Sie gut auf ihn auf, liebe Frau!"

Ihre Grüße und Kommentare machten meine Mutter glücklich und stolz auf mich. Oft strich sie mir mit ihrer Hand über den Kopf.

Eines Abends sah ich, wie meine Mutter, nachdem sie ein Bad genommen hatte, weiße Kleider anlegte. Ich glaubte, sie würde sich zurechtmachen, um auszugehen, und bat sie mich mitzunehmen. Es war immer eine Freude für mich, mit ihr auszugehen. Ich genoss es, mit meiner Mutter auf die offene Marktfläche hinauszusehen, im Bus zu fahren und köstliches Essen zu verspeisen.

„Ich möchte mit dir kommen, Mami."

„Jaerock, ich gehe nicht aus. Ich möchte für dich, meinen jüngsten Sohn, und für deine Brüder und Schwestern zu Big Dipper beten, damit ihr gesund aufwachst und groß werdet. Und du gehst jetzt ins Bett, Baby."

Ich beobachtete, wie sie zu ihrem Gott betete, eine Schüssel Wasser in den hinteren Hof brachte und lange Zeit ihre Handflächen aneinander rieb. Ich war zwar noch ein kleines Kind, doch ich verspürte eine tiefe Dankbarkeit, dass sie für mich betete.

Das Beten zu Big Dipper

Wie groß war ihre Mutterliebe! Doch jetzt sagte sie zu mir: ‚Es wäre besser, wenn du stirbst', weil ich erwachsen und krank war und nichts mehr mit ihrem Sohn im Babyalter gemeinsam hatte. Meine Trauer über mein Leben wurde immer größer.

Würde ich nie wieder an der Seite des Hügels spielen können, wo ich als Kind immer gespielt hatte? Trotz der allabendlichen Gebete meiner Mutter zu ihrem Big Dipper war alles, was ich jetzt hatte, Armut und Krankheit. Ich hasste meinen kranken Körper. Warum konnte ich nicht gesund sein wie andere, und warum kam ich nicht aus diesem Tunnel des Schmerzes heraus?

Ich war stolz auf meine Gesundheit gewesen, doch jetzt litt ich unter Krankheiten. Ich erinnerte mich an alles, was ich gelernt hatte, und mir war gesagt worden, ich sei klug. Doch jetzt konnte ich nichts tun. Niemand ist in der Lage, auch nur eine Minute der Zukunft vorherzusagen. Sogar meine eigenen Eltern hatten mich verlassen. Wer würde sich an ihrer statt von nun an um mich kümmern?

Ich spürte kaum, dass mir heiße Tränen über das Gesicht liefen. Ich versuchte nicht, sie wegzuwischen, sondern weinte weiter. Wie lange weinte ich? Ich sah meine Mutter mit einer Schüssel kochender, entsetzlich riechender Medizin in das Zimmer kommen. Da verschwand mein schlechtes Gewissen ihr gegenüber und mein Herz wurde von Mitleid erfüllt.

Es war ein langer, harter Leidensweg, doch sie gab sich ganz der Aufgabe hin, mich zu heilen. Es zeigten sich jedoch keinerlei Anzeichen der Erholung – im Gegenteil, meine Krankheit verschlimmerte sich sogar noch. Ich konnte verstehen, warum sie sagte: ‚Es wäre besser, wenn du stirbst.'

Schweigend reichte meine Mutter mir die Schüssel mit Medizin. ‚Ich muss am Leben bleiben. Dafür muss ich diese

Medizin nehmen. Ich werde wieder richtig lebendig werden.' In dem festen Entschluss zu überleben, hob ich die Schüssel hoch und trank sie langsam aus.

,Oh, wundervolle Tage, kommt wieder zu mir zurück! Kommt zu mir zurück!'

Der Kampf

Schatten des Unglücks

Meine Schulzeit auf der Grund- und Mittel- sowie der höheren Schule verlief reibungslos. Nachdem ich ins College eingetreten war und anschließend meinen Militärdienst ableistete, begann mein Leben jedoch einen bitteren Beigeschmack zu erhalten.

Nachdem Beendigung meines Militärdienstes sollte ich zurück aufs College gehen, doch ich konnte es mir nicht leisten. Ich hatte all meinen Besitz, den ich geerbt hatte, verloren. Eine Schwindlerin hatte mich getäuscht und um mein ganzes Geld gebracht. Es war meine eigene Schuld, dass ich ihr in dieser betrügerischen Welt vertraut hatte. Sie hatte sich mein tiefes Vertrauen in sie zunutze gemacht. Ihr Betrug ließ mich so tief fallen, dass ich unfähig war, auch nur einen Schritt zu tun. Sie hatte meine Zukunft zunichte gemacht.

Mehrere Monate verbrachte ich in Enttäuschung und Frustration, bis meine Brieffreundin mir auf offensive Art und Weise einen Heiratsantrag machte. Nachdem meine Nichte sie mir vorgestellt hatte, hatten wir uns drei Jahre lang geschrieben und waren miteinander ausgegangen. Weder meine noch ihre Eltern stimmten der Heirat zu. Deshalb war unsere Hochzeit keine normale Hochzeit, die nach traditioneller Art und Weise den Segen beider Familien erhält.

Trotz alledem machten wir uns daran, unser Liebesnest zu bauen und schmiedeten Pläne für unser neues gemeinsames Leben. Wir erinnerten uns an Menschen, die Notlagen und Ablehnung erfolgreich überwunden hatten. Wir machten Pläne für unsere verheißungsvolle Zukunft – ich würde tagsüber bei einer Zeitung arbeiten und nachts lernen, und meine Frau würde einen kleinen Schönheitssalon eröffnen.

Zuviel Alkohol

Es war eines Tages im Frühling. Meine Freunde bedrängten mich derart, eine Party zu geben, um meinen Job und meine Heirat zu feiern, dass ich nicht nein sagen konnte.

Am Vormittag feierte ich zusammen mit meinen Kollegen, aß dann mit College-Freunden zu Mittag und traf mich abends zum Essen und vielen Drinks mit meinen Freunden aus meiner Heimatstadt. Wir hatten uns lange Zeit nicht gesehen und tranken mehrere Runden Alkohol. Ich freute mich sehr über meine Freunde, die uns zu unserer Hochzeit gratulierten. Ihre Ermutigung schien mir neue Hoffnung für ein neues Leben zu geben.

In der Zwischenzeit näherte sich mir der Schatten des Unglücks immer mehr, ohne dass ich es bemerkte.

Gerade war die Party in dieser Nacht zu Ende gegangen (zu dieser Zeit herrschte von Mitternacht bis vier Uhr morgens eine landesweite Ausgangssperre). Ich fühlte mich ein wenig erleichtert, dass dieser Tag vorüber war und dachte, es sei gut, dass nun auch die Party zu Ende war. Plötzlich wurde mir schwindlig. Der ganze Raum begann sich um mich zu drehen. Ich konnte das Gleichgewicht nicht mehr halten. Kurz darauf verlor ich das Bewusstsein. Als ich wieder zu mir kam, erbrach ich mich, bis mein Körper sich in heftigen Schmerzen krümmte. Meine Frau bekam so große Angst, dass sie in eine Apotheke rannte. Sie brachte mir Medizin, doch ich war nicht in der Lage, irgend etwas zu schlucken, nicht einmal Wasser. Ich erbrach alles, was sich in meinem Magen befand. Das hielt die ganze Nacht über an, bis nur noch gelbliches Wasser heraufkam. Ich hatte extrem starke Schmerzen, so als würden meine Gedärme gewaltsam zu meiner Kehle heraufgezogen.

Ich hatte bereits Alkohol getrunken, seit ich ein Kind war. Als ich mir durch einen Unfall meine Rippen verletzt hatte, gaben meine Eltern mir einen besonderen Likör, der aus einer Schlange gemacht wurde. Durch diesen Schlangen-Likör heilten meine Wunden immer besser ab, und außerdem trainierte er meinen Körper, stark gegen Alkohol zu sein. Seit damals war ich stolz auf meine Resistenz gegen Alkohol, was meine Freunde veranlasste, mir den Spitznamen „Mr. Alkohol" zu geben.

Als ich mit meinen Freunden auf der Party trank, war es jedoch eine sehr starke Sorte Alkohol: Whisky. Am Vorabend hatte ich vierzig 720ml-Flaschen gekauft, und meine Freunde brachten noch mehr Whisky mit.

(Später rechnete ich aus, wie viel ich an diesem Tag getrunken hatte. Ich kam auf ungefähr fünf Flaschen.)

Als Gastgeber der Party durfte ich keinen Toast, der auf mich ausgebracht wurde, ablehnen. Um nicht so schnell betrunken zu werden, schüttete ich deshalb etwas Zucker in mein Glas, bevor ich trank. Ich mochte Süßes sehr gern, und schließlich war ich stark genug, um jeden unter den Tisch zu trinken. Deshalb hatte ich an diesem Tag absolut kein Problem und trank ohne jegliche Vorsicht. Dennoch war es zu viel. Es war dumm von mir, nicht zu bemerken, dass es mir schadete. Ich hätte sterben können. Aufgrund des zu reichlichen und zu starken Alkohols versagte mein Magen seinen Dienst. Ich war eben nicht aus Eisen.

Das geschah an einem Sonntag im März 1968.

Mein Körper bestand nur noch aus Krankheiten

Anfangs machten meine Frau und ich uns nicht allzu große Sorgen. Wir dachten, ich sei krank geworden, weil ich so viel getrunken hatte. Die Medikamente, die mir der Apotheker gab, halfen mir jedoch nicht. In meiner Eigenschaft als Reporter begann ich daraufhin, nach Informationen über die beste Medizin zu suchen. Ich probierte mehrere westliche und orientalische Arzneimittel aus, doch keines von ihnen half mir. Im Gegenteil, ich hatte immer ernstere Probleme. Tag für Tag funktionierte meine Verdauung schlechter und mein Körper magerte ab.

Schließlich ging ich zu einem Arzt in einem großen, modernen Krankenhaus, der sagte, ich hätte nichts ernsteres als ein kleines Geschwulst in meinem Magen. Lange Zeit behandelte er mich, doch ich erholte mich nicht. Während dieser Zeit wurde mein Körper immer schwächer, sodass sich überall Komplikationen einstellten, wie beispielsweise

Magengeschwüre, mangelnder Appetit, Gewichtsverlust, Nervenzusammenbrüche, schwere Kopfschmerzen, unheilbare Blutarmut, Nebenhöhlenentzündung, Ohrinfektionen, Erfrierungen, Fußpilz, Entzündungen der Lymphknoten, Hautentzündungen und Ekzeme. Ich hatte mehr Krankheiten als ich jemals Namen dafür gehört hatte. Mein Körper bestand nur noch aus Gebrechen.

Eines Tages brachte mein Vater mich zu einem berühmten Kräuterdoktor. Dieser untersuchte mich von Kopf bis Fuß und sagte: „Das ist ein Wunder. Wie konnten Sie überleben?" Er stellte fest, dass mein plötzliches exzessives Whiskytrinken meinen Magen fast ausgebrannt und seine Funktion gestoppt hatte. Deshalb konnte ich kein Essen mehr verdauen, um meinen Körper zu ernähren. Mein Magen und mein Darm nahmen keine Nahrung für die Organe mehr auf, damit sie funktionieren konnten, und deshalb war mein Körper unfähig, gegen die Krankheiten anzukämpfen. Die Störung meines Magens war die Ursache für die ganzen Komplikationen. Es gab keinen Teil in meinem Körper, der nicht betroffen war. Mein Körper sah aus wie ein Kriegsgebiet.

Indem ich gegen die Krankheiten ankämpfte, nahm ich meinen Kampf, meine Gesundheit wiederzuerlangen, auf. Es war ein elender und einsamer Kampf.

Wenn ich nur geheilt werden könnte

Zu Beginn befolgte ich die Anordnungen, die der Apotheker, der Kräuterdoktor und die mo-dernen Ärzte mir gaben, gewissenhaft. Doch kaum hatte es den Anschein, dass ich mich von der einen Krankheit erholte, nahm eine andere ihren Platz ein. Über ein Jahr lang verließ ich mich auf moderne medizinische Behandlungsmethoden. Unglücklicherweise verschlechterte sich mein Zustand weiterhin. Ich musste meine Arbeit aufgeben und hatte kein Einkommen mehr, doch die Arztrechnungen häuften sich weiterhin. Dementsprechend wurden unsere Lebensbedingungen miserabel. Dennoch konnte ich den Kampf gegen meine Krankheiten nicht verlieren. Da ich nicht mehr in der Lage war, die Krankenhausrechnungen zu bezahlen, konnte mich auch kein Arzt heilen. Ich musste andere Wege finden, um zu kämpfen. Ich beschloss, wenn jemand eine Möglichkeit wüsste, wie ich geheilt werden könnte, würde ich mir Geld borgen, um sie auszuprobieren.

„Geh in einen Buddhistentempel und bete Buddha 100 Tage lang an."
„Lade einen Exorzisten ein, der ein Schamanenritual praktiziert."
„Du solltest ein Götzenbild in deinem Zimmer aufhängen."
„Du musst deinen Namen ändern."

Eigentlich war ich überzeugter Atheist, doch in der Hoffnung auf Heilung versuchte ich, jegliches göttliche Wesen anzubeten. An einem Tag wurde mir gesagt, ich solle ein Bad nehmen, neue Kleider tragen und mich auf die Decke legen. Dann wurde als ein Ritual, um den bösen Geist, der mir die Krankheiten auferlegt hatte, zu vertreiben, ein Huhn neben mein Kissen gelegt. Meine Frau nahm ein Messer, sprach eine

Beschwörungsformel und hechtete mit voller Konzentration nach vorn, um die Klinge in das Huhn zu treiben.
Heute halte ich das für lächerlich. Doch wenn man noch nie leidend war, kann man nicht verstehen, dass wir keine Wahl hatten, als alles mögliche auszuprobieren.

In meiner Anstrengung, am Leben zu bleiben, knirschte ich mit den Zähnen. Meine Frau und meine Mutter brachten mir alles, von dem sie glaubten, es könne mir helfen. Ich aß gekochte Tausendfüßler, Herzgespann, die Rinde eines Lacquerbaums, Katzenfleisch, sogar die Gallenblasen eines Hundes und eines Bärs und trank Alkohol, in den eine Schlange eingelegt war.
Drei Jahre später bekam ich ein Problem in meinen Beinen. Wenn ich ging, verspürte ich starke Schmerzen in den Knien, sodass ich kaum stehen konnte. Der Arzt sagte, das sei chronischer Gelenkrheumatismus. Nachdem ich ergebnislos verschiedene Medikamente ausprobiert hatte, hörte ich, dass Katzenfleisch gegen chronischen Gelenkrheumatismus helfen sollte. Zu dieser Zeit arbeitete meine Frau auf einem Markt in Geumho-dong. Immer wenn sie eine Katze sah, kaufte und kochte sie sie für mich. Wenn die Katze nicht richtig gekocht war, musste ich mich von ihrem Geruch fast übergeben, wenn ich versuchte sie zu essen.
Ich habe keine Ahnung, wie viele Katzen ich aß. In der Gegend von Sungdong-gu gab es keine Katzen mehr, deshalb mussten wir auf den Markt nach Namdaemun und Joongboo gehen, um welche zu bekommen. Mein einziger Wunsch war, wieder gehen zu können.

Ich trank sogar Wasser mit menschlichen Exkrementen

Im Lauf der Zeit wurde mein Zustand noch schlechter, sodass ich nicht mehr allein ins Badezimmer kam. Ich brauchte jemanden, der mir half, meine Ausscheidungen zu entfernen. Zu dieser Zeit tauchte ein Mann bei uns auf. Er erschien mir wie ein Retter.

„Wollen Sie am Leben bleiben? Ich weiß eine Möglichkeit für Sie."

„Was ist es? Bitte sagen Sie es mir!"

„Sie wurden viel geschlagen, als sie klein waren, oder? Das abgestorbene Blut hat sich in Ihrem Körper angesammelt und bewirkt, dass Sie krank wurden. Nur das durch Kiefernadeln in einen Abwasserbehälter gefilterte Wasser aus Exkrementen wird Sie heilen."

Meine Mutter und meine Frau tanzten fast vor Freude, und meine Brust schwoll mit Hoffnung an. Wir eilten in meine Heimatstadt hinunter. Meine Mutter legte die Kiefernadeln auf die Öffnung eines Topfes und ließ diesen in den Abwasserschacht hinunter. Am nächsten Tag zog sie an der Schnur, um ihn wieder heraufzuholen. Über Nacht hatte sich etwas Wasser in dem Topf gesammelt. Meine Mutter goss dieses Wasser in eine Schüssel, die sie vorsichtig in beiden Händen tragend zu mir brachte.

Ich trank dieses Wasser fünfzehn Tage lang drei Mal täglich, ohne je eine Dosis auszulassen. Trotz des entsetzlichen Gestanks schaffte ich es, jede Dosis zu trinken. Wenn ich versuchte, das Wasser direkt aus der Schüssel zu trinken, musste ich mich übergeben, deshalb trank ich es mit einem Strohhalm, um zu vermeiden, dass ich es auf meiner Zunge schmeckte. So lief es direkt meine Kehle hinunter, doch es stank noch immer furchtbar. Ich putzte mir anschließend zehn Minuten lang die Zähne und lutschte Bonbons, doch selbst dann fühlte sich mein Mund noch immer nicht sauber an.

Mein Kampf gegen die Krankheiten war noch nicht vorbei. Schließlich bekam ich hochwirksame Pillen aus Deutschland, die für Leprapatienten verwendet wurden. Man sagte mir, diese Pillen seien die einzigen, die die auf meinem ganzen Körper verbreiteten Hautkrankheiten heilen könnten. Ich dachte, gut, wenn mich das heilt, warum nicht? Mit Exkrementen versetztes Wasser oder Lepramedikation, ich probierte alles aus.

Mein fruchtloser Kampf

Meine Kämpfe führten ins Elend. Ich lernte zwei wichtige Tatsachen: Die eine war, dass es in dieser Welt Krankheiten gibt, die weder mit Hilfe der medizinischen Wissenschaft noch durch irgendeinen Gott oder ein altes Heilmittel heilbar sind. Die andere war, dass mein Körper völlig am Ende und so zerstört war, dass es keine Heilung mehr geben konnte.

Ich vermisste meine kräftigen Beine und meine gesunden Ohren. Ich wünschte mir sehnlichst, meinen reinen Körper und meinen klaren Verstand zurückzubekommen. Doch ungeachtet meines Wunsches nach Gesundheit, rief mich die Göttin des Todes und zog mich bis an seine Schwelle.

Schließlich verlor mein Kampf seine Kraft, wie ein Schmetterling, dessen Flügel abgeschnitten werden. Nur mein Stolz, der nicht zuließ, dass mich irgendjemand besiegte, erhielt mich am Leben und ließ mich gegen den Tod ankämpfen. Obwohl dieser schreckliche lange Kampf mich völlig ausgelaugt hatte, wusste ich, dass er noch nicht vorüber war.

Während die Zeit vergeht

Meine Frau, Oberhaupt der Familie

Wie jemand, der versucht, aus einem Sumpf zu entkommen, sank ich immer tiefer, je mehr ich kämpfte. Mein Ringen brachte immer mehr Krankheiten mit sich und brachte mein Heim an den Rand des Verhungerns.

Meine Frau kümmerte sich hingebungsvoll um mich, ihren kranken Ehemann, obwohl wir solch kurze Flitterwochen gehabt hatten. Sie war mehr als klug und sehr geschickt. Wenn sie von irgendetwas hörte, das mir vielleicht helfen könnte, besorgte sie es und verabreichte es mir. Ganz gleich, wie schwer es zu beschaffen war, oder wie weit sie gehen musste, um es zu bekommen, sie tat all das bereitwillig für mich. Nichts war ihr unmöglich oder zu beschämend, wenn es um meine Wiederherstellung ging.

Gelegentlich, wenn etwas ihre Gefühle verletzte, wurde es ihr allerdings zuviel und sie packte ihre Sachen und ging zu ihren Eltern. Manchmal war sie eine heißblütige Frau. Mehrere Jahre lang hatte ich hinsichtlich meiner Gesundheit keinerlei Fortschritte gemacht, und so verließ meine Frau ihr Zuhause oft. Dieser Umstand führte zu einer furchtbaren Phase in unserer Haushaltskasse. Meine Frau musste sich noch mehr Geld leihen, um die älteren Schulden zurückzubezahlen. Als die

Gläubiger meiner Frau zu sehr zusetzten, rannte sie von zu Hause weg und bat um die Scheidung. Wenn meine Frau mich verließ, war es, als würde man mir das Herz herausreißen. Glücklicherweise kam sie in den meisten Fällen innerhalb von ein paar Tagen zurück.

Eines Tages kehrte sie mit einem frohen Gesicht nach Hause zurück.

„Liebling, meine ältere Schwester gab mir 100.000 Won (€ 70). Mit diesem Geld werde ich einen Laden auf dem Markt aufmachen."

Einige Tage später eröffnete sie ihren Laden auf dem Markt in Geumho. Sie begann ihr neues Leben als Oberhaupt der Familie. Sie verkaufte Kimbap (gekochter Reis in Seetang eingewickelt), Donuts, Brot, gebackene Speisen, Nudeln und auch alkoholische Getränke. Sie ging morgens früh aus dem Haus, um die Zutaten für die Imbisse zu besorgen, und kam erst gegen Mitternacht wieder nach Hause. Sie arbeitete viele Stunden, um soviel Geld wie möglich zu verdienen.

Normalerweise blieb ich allein zu Hause, las Bücher und hing meinen Träumen nach. Wenn es mir zu langweilig wurde, ging ich hinaus und setzte mich an die Stelle, wo sich drei Straßen kreuzten, an einen Holztisch und beobachtete die Leute, wie sie Badook (das Spiel um Territorien mit schwarzen und weißen Steinen) oder Hwatoo (ein koreanisches Kartenspiel) spielten.

Wer konnte verstehen, dass ich keine Wahl hatte, als meine Zeit so nutzlos zu verbringen, obwohl ich eigentlich das Oberhaupt meines Hauses sein sollte?

Meine armen Töchter

Ich hatte zwei Töchter, um die ich mir noch zusätzlich Sorgen machte. Meine erste Tochter, Miyoung, sah mich nur krank, als sie aufwuchs. Sie hatte ein gutes Herz. Sie half mir stets, manchmal als meine Hände und Füße und manchmal als ein Freund. Wenn sie ausging, blieb sie nie lange weg, damit ich mir keine Sorgen um sie machte. Es tat mir sehr leid, dass sich viele meiner Hautkrankheiten auf sie übertrugen und sie oft krank wurde, weil wir nicht in der Lage waren, angemessen für sie zu sorgen.

Meine zweite Tochter, Mikyung, die ich selten sah, wurde zu meiner Mutter geschickt. Mikyung wurde abgestillt, als ihre Mutter den Laden eröffnete. Sie wuchs unter der Obhut ihrer Großmutter auf dem Land auf. Sie war mir wie aus dem Gesicht geschnitten. Die anderen Mitglieder meiner Familie mochten sie nicht, weil sie sie an mich erinnerte, der ich eine ständige Belastung für sie war. Mikyung bekam keine Liebe von meiner Familie. Sie war fast ganz auf sich gestellt und musste alleine spielen. Wenn ich sah, wie sie auf einer schmutzigen Decke herumkaute, zog sich mein Herz schmerzhaft zusammen.

Obwohl Mikyung eigentlich zu klein war, um uns zu verlassen, schickte meine Frau sie aufs Land und arbeitete noch härter, um mehr Geld zu verdienen. Sie wusste, dass ich lieber sterben würde als meine Eltern um Hilfe zu bitten. Deshalb musste sie für unseren Lebensunterhalt aufkommen und die Arzneimittel und die täglich ansteigenden Schulden bei unseren Gläubigern bezahlen. Gleichzeitig musste sie nach neuen Quellen suchen, wo sie sich Geld borgen konnte, um die Zinsen zu bezahlen. Sie verdiente zwar Geld, doch es reichte nicht, um die täglichen Zinsen für unsere Darlehen abzudecken. Unsere wirtschaftliche Lage wurde zweifellos immer schlechter. Ich hasste mich, weil ich nichts für meine Frau tun konnte, die jeden Tag mit Arbeit überlastet war.

Als sie eines Tages aufs Äußerste von den Gläubigern geplagt wurde, klagte meine Frau mich an. „Was bist du denn? Ich glaube das nicht. Bist du ein Mann? Ich habe dich geheiratet. Wie kannst du es zulassen, dass ich Geld verdienen gehen muss? Ich brauche deine Liebe nicht. Ich brauche Geld! Gib mir Geld!"

Sie sah irrsinnig aus. Sie trat meinen Stolz mit Füßen und verließ das Haus. Eine Zeitlang kehrte sie nicht zurück. Miyoung hielt eifrig Ausschau nach ihrer Mami. „Papa, warum kommt Mami nicht nach Hause? Arbeitet sie im Laden? Lass uns sie besuchen, Papa."

Als sie mir den Stock reichte, der in der Ecke des Zimmers stand, weinte sie. Ich hielt es nicht mehr aus. Ich sagte ihr, sie solle eine Flasche Schnaps und ein Päckchen Zigaretten holen. Ich trank. Ich trank, um meine Schuldgefühle, dass ich meine Frau zu sehr belastete, zu vergessen, um meinen Hass auf sie loszuwerden und meinen eigenen Schmerz nicht mehr zu spüren. Ich trank und trank und ignorierte meinen kranken Körper.

Als meine Mutter zu mir sagte: „Du solltest besser sterben", sagte ich zu mir selbst: „Ich bleibe am Leben!" und tat alles, um wieder auf die Beine zu kommen. Doch jetzt hatte sogar meine Frau mich im Stich gelassen. Meine Frau hatte mich verlassen!'

Während die Zeit vergeht

Mein Zigarettenrauch stieg hoch in die Luft, verblasste und verschwand für immer. Ebenso zog sich mein Herz von meiner Frau zurück, und meine Sehnsucht nach dem Leben verschwand. ‚Okay, jetzt haben mich alle verlassen. Aber ich habe Schnaps. Er wird mir helfen, den Schmerz zu vergessen. Und meine Zigaretten werden meine Traurigkeit trösten. Kein Problem!'

Meine Frau kam zurück und sagte kalt: „Ich bin nur zurückgekommen, um Miyoung zu sehen, nicht dich. Verstehe das nicht falsch." Nach diesen harten Worten fühlte ich mich elend und reagierte nicht, wie ich es als ihr Ehemann hätte tun sollen. Ihre boshafte Haltung mir gegenüber tat mir weh.

Von diesem Moment an verschlechterte sich mein Gesundheitszustand rapide. Ich konnte nicht mehr um das Leben kämpfen, weil niemand mich mochte. So beschloss ich, zu meiner eigenen Bequemlichkeit zu leben. Ich besaß nicht mehr den Willen, ein normales Leben zu führen. Ich ließ das Leben einfach an mir vorüberziehen. Ich trank und rauchte weiterhin, um meinen Ärger auf diejenigen, die mich verlassen hatten, zu lindern. Ich konnte mich jedoch auch nicht für den Tod entscheiden.

Wie dumm ich war! Ich schien kein Rückgrat zu haben. Ich war krank geworden, weil ich getrunken hatte. Meine Krankheit hatte meine Eltern, Brüder, Schwestern und Freunde dazu gebracht, mich zu verlassen. Deshalb hatte ich den Alkohol als meinen Feind betrachtet. Jetzt jedoch sah ich den

Alkohol als meinem Freund an und versuchte, durch ihn Trost zu finden. Wie ironisch das ist!

Auf meinem Esstisch stand immer irgendeine Art von Alkohol. Wenn ich nicht trank, konnte ich nichts tun, weil meine Hände zitterten und ich mich unsicher fühlte. Ich konnte nichts essen, ohne Alkohol zu mir zu nehmen. Ich wurde zum Alkoholiker.

Ich lebte mein Leben von einem Tag auf den anderen, besaß keine Vorstellung von morgen. Ich war wie eine Eintagsfliege. Ein Tag war schmerzvoll genug. Wie konnte ich auf das Morgen schauen, das doch lediglich ebenso schmerzvoll sein würde wie das Heute? Meine Gesundheit wurde zerstört, und mein Dasein war außer Kontrolle, wie ein Blatt, das in einem reißenden Strom auf den Wasser treibt.

Ich war zu töricht

Ich war mehr als töricht. Ich bedaure, dass ich diese Tage so gedankenlos verschwendet habe. Ich hätte auf mein Leben Acht geben sollen. ‚Wenn die Zeit einmal vergangen ist, kommt sie nie wieder zurück. Warum bin ich mit meiner kostbaren Zeit und meinem Leben derart miserabel umgegangen? Ich hätte versuchen sollen, den Schmerz meines Lebens auf kluge Art und Weise zu ertragen. Ich sollte nicht auf den Schmerz der Gegenwart, sondern auf die Hoffnung der Zukunft blicken. Gott hilft denjenigen, die sich selbst helfen. Es hat alles sein Gutes.'

Als ich meinen Willen zu überleben aufgab, wurde mein Leben zu einem endlosen Strom bedeutungsloser Tage. Ohne einen bewussten Gedanken aß, trank und schlief ich wie ein wildes Tier. Ich hatte keine Klagen und keine Hoffnung. Es genügte mir, jeden Tag am Leben zu sein, und ich gewöhnte mich daran so zu leben. Wie töricht ich war!

Früher oder später blickt jeder dem Tod ins Gesicht und tritt schließlich über seine Schwelle. Man sagt, der glücklichste Tod sei es, wenn man schnell stirbt, bevor man Schmerzen verspürt. Unglücklicherweise verbrachte ich sieben lange Jahre an der Schwelle des Todes, weder lebendig noch tot. Die Zeit floss dahin wie ein Strom, doch mein Leben wurde immer weniger und mein Herz war erfroren. Ich war wie Jona, der in einem Fisch im Meer gefangen war.

2

Das Wunder

Zuneigung

Ein kranker Körper und ein gebrochenes Herz

Unsterblich elendes Leben

Meine ältere Schwester

Mein wiedergeborenes Leben

Zuneigung

Zuneigung bedeutet, Freundlichkeit und Wärme zu geben. Zuneigung zeigt sich zwischen Nachbarn. Eltern hegen Zuneigung zu ihren Kindern, die sie geboren und aufgezogen haben. Eine andere Art von Zuneigung besteht zwischen Schwiegermüttern und Schwiegertöchtern; diese ist zu einem gewissen Grad mit Hass und Pflichtgefühl vermischt. So lässt sich erklären, wie man mit Zuneigung lebt.

Aber was ist Zuneigung genau? Das Lexikon sagt: ‚Zuneigung ist der freundliche und liebevolle Ausdruck des Herzens zwischen Menschen.‘ Um es kurz zu sagen, Zuneigung ist eine Art der Liebe, die Menschen geben. Der Mensch ist ein soziales Wesen. Von seiner Geburt an muss er mit anderen leben. Er wächst durch die Milch und die Liebe, die ihm seine Mutter gibt. Wenn er zwar Milch bekommt, ihm jedoch Liebe vorenthalten wird, neigt er dazu, aufgrund des Mangels an Liebe später zu einem Problem für die Gesellschaft zu werden.

Zuneigung wird aus vielen Quellen gegeben und empfangen. Zu Hause, wenn man ein Kind ist, als Schüler an der Schule und am Arbeitsplatz als Mitglied des Kollegiums. Eine andere Art von Zuneigung wird zwischen Liebenden ausgetauscht, zwischen Ehepartnern und zwischen Eltern und Kindern. Die Menschen als soziale Wesen geben und erhalten Zuneigung bis zu ihrem Tod. Jeder braucht Zuneigung, um ein lebenswertes

Leben zu führen.

Während meiner elenden sieben Lebensjahre, in denen ich an der Schwelle des Todes stand, lernte ich zu unterscheiden, ob die gezeigte Zuneigung innerhalb verschiedener Beziehungen echt oder falsch war. Ich gelangte zu der Erkenntnis, dass Zuneigung keine wahre Liebe ist.

Zuneigung zwischen Bekannten

Durch den Austausch von Briefen im Rahmen einer Brieffreundschaft lernte ich meine heutige Frau kennen. Als ich jung war, war ich kontaktfreudig. Als ich jedoch älter wurde, ließen meine schlechten Zähne mich schüchtern und ruhig werden, und ich entwickelte ein nach innen gerichtetes Wesen. Ich zeigte kein Interesse an Mädchen. Als ich dann meine Frau zum ersten Mal traf, war ich deshalb nicht sehr redegewandt, obwohl wir durch unsere Briefe schon viele Informationen ausgetauscht hatten.

„Ich... ich... Meine Name ist Jaerock Lee."

„Mein Name ist Boknim Lee."

Obwohl es unser erstes Zusammentreffen war, spürten wir so etwas wie Zuneigung in uns aufsteigen. Seit damals nannten wir einander ‚Bruder' und ‚Schwester', was unsere Liebe wachsen ließ. Wenn wir uns nicht begrüßt hätten, als wir uns das erste Mal trafen, und uns nicht unterhalten hätten, oder wenn wir miteinander gesprochen hätten, ohne unsere Herzen zu öffnen, wäre es nicht möglich gewesen, dass wir Zuneigung verspürten.

Meine Nichte, die mir meine Frau als Brieffreundin

vermittelt hatte, war überrascht von uns zu hören. Sie hatte mir dabei helfen wollen, zum Spaß eine Brieffreundschaft zu unterhalten, jedoch nicht für Liebe. Sie riet uns von einer Heirat ab.

Zuneigung zwischen Ehemann und Ehefrau

Wir verlobten uns. Ich mochte ihre aktive, positive und barmherzige Persönlichkeit, und sie meine direkte, warmherzige und sensible Art. Wir brauchten einander und taten einander gut. Deshalb beschlossen wir, als ein Fleisch vereint zu werden und heirateten.

Kurz nach unserer Hochzeit wurde ich plötzlich krank. Aufgrund meiner Erkrankung musste ich meinen Job aufgeben, sodass ich nicht mehr in der Lage war, für unseren Lebensunterhalt aufzukommen. Meine Frau hegte mir als ihrem Gatten gegenüber Zuneigung. Sie tat alles Erdenkliche, um ein Medikament für mich zu finden, und arbeitete hart, um unsere Existenz zu sichern. Wenn sie keine Zuneigung zu mir gehabt hätte, wäre sie weggelaufen oder hätte sich nicht mit mir abgegeben.

Dennoch, wenn sie mich wirklich als ihren Ehemann geliebt hätte, hätte sie nicht alles dazu getan, um mich zu verletzen.

„Ich werde mich von dir scheiden lassen. Aber nicht jetzt. Wenn ich es jetzt tue, werden alle schlecht über mich reden und sagen: ‚Sie hat ihren Ehemann verlassen, als er krank war.' Aber sobald du wieder gesund bist werde ich mich scheiden lassen."

Ich spürte, dass sie mich in ihrem Herzen nicht mehr liebte. Sie erhielt unsere Ehe nur deshalb aufrecht, weil sie befürchtete, andere könnten schlecht über sie sprechen. Ihre Liebe erkaltete, da ich ihr keinen Nutzen bringen konnte, sondern nur eine Last für sie war. Wenn sie die wahre Liebe empfunden hätte, die zwischen Ehegatten normalerweise besteht, hätte sie all meine Qual ertragen und jegliches Opfer gebracht. Dann hätte sie sich nicht so grob verhalten und meine Gefühle nicht verletzt.

Zuneigung zwischen Eltern und Kindern

Ein Mann und eine Frau, die ein Fleisch geworden sind, zeugen ein Kind als die Frucht ihrer Liebe. Deshalb sagt man, dass das Band der Zuneigung zwischen Eltern und Kindern nicht abgetrennt werden kann. Als meine Mutter, die mich als Kind so sehr geliebt hatte, mir sagte ich solle sterben, erkannte ich, dass es zwischen Eltern und Kindern keine wahre Liebe gibt.

Es gibt ein altes Sprichwort, das besagt: „Lange Krankheit macht keinen guten Sohn". Meine lange Krankheit konnte ebenso wenig bewirken, dass meine Eltern nett zu mir waren. Weit entfernt davon, ein guter Sohn zu sein, war ich dabei, an Krankheiten zu sterben. Mein Vater hielt sich von mir fern, weil er fürchtete, seine gesellschaftliche Stellung könne durch mich Schaden nehmen, und meine Mutter sagte mir, ich solle sterben, weil sie den Schmerz in ihrem Herzen nicht länger ertragen konnte. Ich glaube nicht, dass meine Eltern mich wirklich liebten. Wenn das der Fall gewesen wäre, hätten sie nicht gewollt, dass ich sterbe, selbst dann nicht, wenn ich stark behindert gewesen wäre oder einen Mord begangen hätte.

Ich war in einer Sackgasse

Unter meinen Freunden fand ich keinen wahren Freund. Ein Freund in der Not ist ein wahrer Freund. Als ich an den Krankheiten litt erkannte ich, dass es schwer ist, wahre Freundschaft zu finden. Einige meiner Freunde halfen mir viel, indem sie hier und dort versuchten, Medikamente aufzutreiben. Als sie jedoch zu dem Schluss gelangten, dass es keine Hoffnung auf Erholung mehr für mich gab, verließen sie mich alle. Freundschaft ist gut, doch nicht immer von Dauer.

Was war mit meinen Brüdern? Konnten sie mir wahre Liebe geben, nachdem meine Eltern mich aufgegeben hatten? In unserem Heimatdorf sagten die Leute, wir hätten eine wunderbare Gemeinschaft unter uns Brüdern. Meine Brüder sagten zu mir: „Jaerock, mach dir keine Sorgen. Wir unterstützen dich. Sorge dich nicht. Okay?" Doch sie hielten ihr Wort nicht. Als sie erkannten, dass mir zu helfen dem Versuch glich, ein Fass ohne Boden mit Wasser zu füllen, hörten sie auf, mich finanziell zu unterstützen.

Die Menschen leben ihr Leben, indem sie einander lieben. Doch es gibt viele Menschen, die aufhören, jemanden zu lieben, weil sie von dieser Person nicht wiedergeliebt werden. Kann das wahre Liebe sein? Während meiner sieben Leidensjahre gelangte ich zu der Erkenntnis, dass die Zuneigung zwischen Menschen in dieser Welt keine wirkliche Liebe ist. Ich war sehr traurig darüber, was ich erkannte:

Zuneigung ist eine Liebe der Menschheit.
Zuneigung ist keine wahre Liebe.

Zuneigung ist eine Liebe, die sich verändert.
Zuneigung ist keine aufrichtige Liebe.
Wahre Liebe ist nicht die Liebe, für die du sterben würdest.
Wahre Liebe verändert sich nie.
Wahre Liebe gibt es nicht auf dieser Welt.
Sie ist nicht in Eltern.
Sie ist nicht zwischen Ehemann und Ehefrau.
Sie ist nicht zwischen Brüdern.
Sie ist nicht zwischen Eltern und Kindern.
Und sie ist auch nicht in Freundschaften.

Ein kranker Körper und ein gebrochenes Herz

Im März 1968 erlebte ich einen Alptraum. Wenige Stunden Vergnügen raubten meine Gesundheit, und ich erlangte sie nie wieder. Ich hatte vorgehabt, einen Job und eine Hochzeit zu feiern, und am Ende war der Schmerz der Krankheit alles, was blieb. Ich trank zu viel starken Alkohol, der meinem Magen so zusetzte, dass er aufhörte zu funktionieren.

Mein Körper wurde krank

Mein Magen arbeitete nicht mehr, was zur Folge hatte, dass all meine Organe immer schwächer wurden. Häufig war ich von Erbrechen, Schwindel, Verdauungsstörungen und Kopfschmerzen geplagt. Neue Symptome kamen hinzu, die bewirkten, dass ich an Appetitlosigkeit, Erschöpfung, Ausschlägen und Juckreiz litt und weder Motivation noch Energie besaß. Doch das war nicht alles. Mein Mund war voller Geschwüre, und weil meine Widerstandsfähigkeit geschwächt war, litt ich ständig an Husten und Schnupfen. In einem Ohr hatte ich eine Infektion, die ständig nässte.

Als ich in der vierten Klasse gewesen war, gab es einen Lehrer mit dem Spitznamen „Herr Irrsinn". Eines Tages sah dieser Lehrer, wie ich mit meinem Freund das Spiel ‚Sabee' spielte. Er glaubte, wir würden uns prügeln. Er rief uns zu sich herüber und befahl uns ohne Fragen zu stellen, dass jeder den anderen auf die Wange schlagen sollte. Ich hatte keinen Grund, meinen Freund zu schlagen, und so blieb ich einfach stehen. Daraufhin schlug Herr Irrsinn mir ins Gesicht. Ich war schockiert, von einem Lehrer so behandelt zu werden. Durch den Schlag war mein Trommelfell gerissen. Später wurde Herr Irrsinn von der Schule verwiesen.

Seit dieser Zeit hatte ich ein Problem mit meinem Gehör, sodass ich die Lippen meiner Gesprächspartner sehr genau beobachten musste. Wenn ich mir nicht sicher war, was der Sprecher gesagt hatte, antwortete ich nicht. Das wurde zu meiner neuen Gewohnheit. Einige Zeit später bekam ich ein Problem mit meinem anderen Ohr. Die Entzündung wurde schlimmer, nässte noch mehr und roch übel. Zuletzt konnte ich keine leisen Töne mehr hören. Wenn mich jemand aus einiger Entfernung rief oder wenn ich telefonierte, war ich beschämt, weil ich nicht gut hören konnte. Wenn ich mit jemandem von Angesicht zu Angesicht sprach, brach mir der kalte Schweiß aus. Wenn mein Telefon klingelte, verließ ich den Raum, weil mein Herz begann heftig zu klopfen. Dann begannen die Leute, mich seltsam anzusehen, sodass ich mir vorkam wie ein Dummkopf und mich minderwertig fühlte.

Ich erlitt einen Nervenzusammenbruch. Ich musste meinen Job als Zeitungsreporter aufgeben und fand keinen neuen Job. Ich war fast taub, weshalb ich nicht auf normale Art und Weise am Leben in meiner Gemeinde teilhaben konnte.

Im Sommer quälte mich Fußpilz, und im Winter hatte ich Frostbeulen an meinen Ohren und Füßen. Zu allem Übel bekam ich auch noch einen schrecklich juckenden Hautausschlag auf dem ganzen Körper. Der Juckreiz war nur schwer zu ertragen. Wenn ich morgens aufstand, stellte ich fest, dass aus meinen Furunkeln Eiter sickerte. Meine Frau hatte mich mit ihren Worten schon so oft gequält, dass ich es nicht wagte, ihr von den Furunkeln zu erzählen. Doch sie breiteten sich auf meinem ganzen Körper aus und die Entzündung wurde immer schlimmer, sodass ich sie nicht länger vor meiner Frau verbergen konnte. „Du hast nur noch einen gesunden Teil, deine Augen. Wie schön! Was für ein Mensch bist du, dass du alle Arten schmutziger Krankheiten hast?"

Sogar in meiner Nase hatte ich ein Problem. Ich hatte nicht bemerkt, dass ich eine Nebenhöhlenentzündung hatte. Mein Kopf fühlte sich immer schwer an, meine Nase war ständig verstopft und es fiel mir immer schwerer, mich an etwas zu erinnern.

Auch mit meinem Nacken konnte etwas nicht stimmen. Anfangs war der Lymphknoten geschwollen, später spürte ich etwas Hartes darin. Die harte Masse wuchs bis zur Größe einer Bohne und dann zur Größe einer Traube an. Sie drückte auf meinen Nacken, sodass ich jedes Mal Schmerzen hatte, wenn ich meinen Kopf drehte.

Obwohl ich eine Menge Leiden hatte, konnten meine Kleider meine Hautkrankheiten verstecken. Vielleicht habe ich auf andere Leute einen schwachen Eindruck gemacht, doch sie hätten mich wie einen gesunden Mann behandelt, wenn in meinen Knien nicht der chronische Gelenkrheumatismus ausgebrochen wäre. 1972 begann ich beim Gehen Schmerzen in den Knien zu verspüren. Bald war ich nicht mehr in der Lage, zu gehen. Ich musste mich auf einen Stock stützen, um ins Badezimmer zu gelangen. Am Ende brauchte ich sogar jemanden, der meine Ausscheidungen für mich entfernte.

Es war sehr hart für mich, den körperlichen Schmerz zu ertragen, weil ich immer einen sehr gesunden Körper gehabt hatte. Doch dem körperlichen Schmerz folgte ein weitaus schlimmerer, geistiger Schmerz, den niemand verstehen konnte.

Ich konnte nicht hören

Als kranker Mann hatte ich viel Kummer. Mein Kummer ging zurück auf meine Unfähigkeit zu hören. Obwohl ich sorgfältig die Lippen des Sprechers beobachtete, bekam ich, wenn ich in einem lauten Café oder an überfüllten Orten war, nicht mit, was er sagte. So gab ich manchmal die falschen Antworten oder konnte gar nicht antworten. Dann verspürte ich Scham, begleitet vom Gefühl der Minderwertigkeit.

Da ich sehr stolz war, versuchte ich, meine Unfähigkeit zu hören zu verbergen. Das war eine Qual für mich. Sogar mein ältester Bruder, der einige Monate lang mit mir im selben Haus lebte, wusste nicht, dass ich schlecht hörte. Er war ein recht heißblütiger Mann, deshalb konnte er nicht verstehen, warum ich, sein jüngerer Bruder, seine Lippen beobachtete und sehr langsam sprach. Er schlug mich oft, weil ich ihn so schlecht verstehen konnte.

Ich konnte nicht essen

Manche Menschen sagen: ‚Erst die Arbeit, dann das

Vergnügen! Das Essen ist lebenswichtig für die Menschen. Was passiert, wenn jemand nicht isst? Jeder hat das intuitive Verlangen zu essen. Wenn man die Freude am Essen verliert, verliert man auch jegliche Freude am Leben.

Manchmal verspürte ich ein starkes Verlangen nach Fleisch. Meine Frau kochte dann speziell zubereitetes, zartes Fleisch für mich. Obwohl sie es klopfte und klein schnitt, lag es mir oft im Magen und verursachte mir starke Schmerzen. Dennoch überkam mich dieses Verlangen nach Fleisch nach kurzer Zeit wieder. Dann konnte ich mich jedoch nicht überwinden, erneut Fleisch zu essen, weil ich mich an die schlimmen Schmerzen erinnerte.

„Liebling, wann kann ich endlich wieder Fleisch mit Reis essen soviel ich will?"

Meine Frau wusste, dieser Tag würde nie kommen. Doch sie sagte zuversichtlich: „Mach dir keine Sorgen. Eines Tages kannst du wieder so viel essen, wie du willst. Dann werde ich dir mein bestes Rezept kochen. Aber iss nicht zu viel."

Da ich nicht richtig essen konnte, nahm ich immer mehr ab und mein Gesicht wurde immer schmäler. Wenn ich in den Spiegel sah, fragte ich laut: „Oh nein, wer ist das?". Große Augen, hervorstehende Wangenknochen, eingefallene Wangen, schmutzige Ohren und eine unreine Haut... Von meinem ursprünglichen Aussehen war nichts mehr zu entdecken.

Ich konnte nicht gehen

Um frische Luft zu atmen konnte ich auf einen Stock gestützt für eine Weile nach draußen gehen. Wenn ich gar nicht mehr hätte gehen können, wäre mein Leben wie ein Gefängnis ohne Fenster gewesen. Nur im Zimmer zu bleiben war in diesem jungen Alter zu spießig. Ich fühlte mich zutiefst elend, weil ich keinen Arbeitsplatz hatte, obwohl ich gerne gearbeitet hätte. Als Oberhaupt der Familie und als Ehemann konnte ich rein gar nichts tun. Das vermittelte mir starke Schuldgefühle, die sich schwer auf mein Herz legten.

Meine Frau verstand nicht, was ich fühlte. Es geschah oft, dass sie mein Herz regelrecht in Stücke riss.

Ich war nicht in der Lage, Geld zu verdienen

Unsere Gläubiger hatten meine Frau verfolgt. Ihre Liebe zu mir war allmählich erkaltet. Sie wurde zu einer Sklavin des Geldes. Sie glaubte, Geld sei die Lösung für jegliches Unglück. Doch früher hatte sie immer gesagt, meine Liebe reiche aus, um sie glücklich zu machen.

„Geld macht mich glücklich. Ich brauche Geld, nicht dich! Solange du kein Geld verdienst, kommandiere mich gefälligst nicht herum, okay? Du hast all dieses Elend verursacht!"

Nach einem solchen Ausbruch rannte sie jedes Mal hinaus und kam nie von selbst zurück, ich musste sie stets zurückholen. Sie lebte nicht mit mir, weil sie mich als ihren Ehemann liebte, sondern weil sie als meine Frau dazu verpflichtet war. Als ich erkannte, dass sie nur wegen der Zuneigung zu unseren Kindern bei mir blieb, fügte das meinem Herzen einen tiefen, unheilbaren Schnitt zu. Meine Liebe zu ihr kühlte ab, und tiefer Kummer nahm ihren Platz ein.

Mein Herz war in Stücke gerissen

Die Qual, die meine Frau mir verursachte, war zu ertragen, weil der Grund dafür das Geld war. Was jedoch unerträglich für mich war, war die Wut, die die Familie meiner Frau auf mich hegte. Als sie wieder einmal weggelaufen war, musste sie ihre Familie besucht und ihnen all ihre Klagen über mich berichtet haben.

„Siehst du, wir haben dir doch gesagt: ‚Heirate ihn nicht.' Warum war er so ungeduldig, dich zu heiraten? Er muss schon vor eurer Hochzeit krank gewesen sein. Wie kann es sonst sein, dass er jetzt nicht arbeiten und Geld verdienen kann?"

„Er hat dich betrogen!"

„Er ist ein Lügner! Ein schamloser Lügner!"

Schließlich tauchte die ganze Familie meiner Frau bei mir auf und klagte mich an.

„He, du Krüppel, Schwiegersohn! Sage mir, was ist falsch an meiner Tochter? Warum hast du sie geschlagen?" Sie stellten unsere Auseinandersetzung so übertrieben dar, dass sie behaupteten, ich hätte sie geschlagen.

„Hey, Schwager, warum lässt du dich nicht einfach scheiden? Ich denke, dann wärt ihr beide besser dran!"

„Bist du ein Mann? Wie kannst du zulassen, dass deine Frau so hart arbeitet? Hat sie nicht schon genug getan?"

„Du dummer Krüppel! Sag kein Wort! Wir verlangen, dass du die Scheidung einreichst, und zwar sofort!"

Sie schrieen mich laut genug an, dass auch die Nachbarn es

hören konnten, und verließen mich dann, als hätten sie nichts falsch gemacht. Wie verachtend und wie verletzend! Das lässt sich mit Worten nicht mehr beschreiben. Sie wussten nichts über mein Herz. Sie sahen nur auf meinen kranken Körper und behandelten mich wie einen Krüppel. Sie versuchten gar nicht erst zu verstehen, wie ich mich mit meiner Krankheit fühlte. Sie verletzten mich nur und beklagten sich, dass ich ihnen keine Hilfe war. Was sie mir antaten war unmenschlich. Das war keine Zuneigung. Das war keine Liebe.

Als ich krank wurde verließen die Menschen mich einer nach dem anderen. Zuerst schlossen sie mich aus ihrem Herzen aus und dann verließen sie mich. Ich war so verletzt, als ich sah, dass ich vergessen und im Stich gelassen wurde. Es kam niemand, um mich zu trösten. Als sie hörten, dass ich krank war, kamen sie, um mir ihr Mitleid auszudrücken und mir zu helfen. Doch als sie erfuhren, dass es keine Hoffnung für mich gab, wieder gesund zu werden, ließen mich alle allein. Keiner von ihnen liebte mich wirklich. Wenn sie mir etwas hinterließen, dann war es mein unheilbar verletztes und zerrissenes Herz.

Was würdest du tun, wenn eines deiner Elternteile oder dein Ehepartner jahrelang krank wäre? Wie würdest du deinen Vater, deine Mutter oder deinen Ehepartner behandeln, wenn er oder sie an Lepra oder AIDS erkrankt wäre? Würdest du dein Gesicht abwenden, weil diese Person dir nur Kopfschmerzen verursacht? Würdest du ihr mit Worten sowie unterschwellig zusetzen und ihr Herz zerreißen, weil sie dir nur Qual bereitet? Oder würdest du dich aus der Verpflichtung heraus um die Person kümmern, weil sie eines deiner Familienmitglieder ist?

Oder mit menschlicher Wärme und Liebe und der Bereitschaft, dich aufzuopfern für sie sorgen? Mit menschlicher Liebe wäre das nicht einfach, doch mit der Liebe Gottes wärst du in der Lage, jegliche Not zu überwinden.

Die Liebe ist langmütig, die Liebe ist gütig. Sie neidet nicht, die Liebe tut nicht groß, sie bläht sich nicht auf. Sie benimmt sich nicht unanständig, sie sucht nicht das Ihre. Sie lässt sich nicht erbittern, sie rechnet Böses nicht zu. Sie freut sich nicht über die Ungerechtigkeit, sondern sie freut sich mit der Wahrheit. Sie erträgt alles, sie glaubt alles, sie hofft alles, sie erduldet alles. (1. Korinther 13, 4-7)

Unsterbliches elendes Leben

Ich habe zweimal versucht, Selbstmord zu begehen. Beide Versuche schlugen fehl. Ich war an der Schwelle des Todes, weil ich nicht essen konnte. Mein Leben schien nie zu enden.

Mein erster Selbstmordversuch

Bis zur zwölften Klasse fehlte ich oft in der Schule, weil ich mir, als ich in der vierten Klasse war, beim Fußballspiel mit einem Schüler der Mittelstufe die Rippen verletzt hatte. Mein Stolz ließ es nicht zu, dass ich mich, aus welchem Grund auch immer, jemand anderem anvertraute. Ich war zu schüchtern um zu sagen, dass ich verletzt war. Doch der Schmerz in meinem Körper wurde stärker und ich konnte oft nicht zur Schule gehen. Meine Noten fielen so stark ab, dass ich meine Bemühungen, in diesem Jahr aufs College zu gehen, aufgab und mich stattdessen für das nächste Jahr an der National University in Seoul bewarb.

Das zweite Jahr, in dem ich mich auf die Zulassung zum College vorbereitete, gab mir eine wertvolle Gelegenheit, mein Wissen zu prüfen. Ich schlief nie länger als vier Stunden. Um wach zu bleiben, nahm ich einige Tabletten. Außerdem stellte ich meine eigenen Regeln auf, wie ich mich bestrafen konnte, wenn ich morgens spät aufstand.

Wenn ich nicht aufstand, wenn der Wecker klingelte, begann ich zu zählen: 1... 2... 3.... Wenn ich bei drei ankam, frühstückte ich nicht. Um nicht hungern zu müssen, stand ich deshalb rechtzeitig auf. Jeden Morgen ging ich in die öffentliche Bibliothek, um für die Aufnahmeprüfung am College zu lernen. Weil ich so hart arbeitete, wurde ich jeden Tag besser. Ich lernte gern und war glücklich, weil ich mir sicher war, dass ich in das College für Maschinenbau an der National University in Seoul eintreten würde.

Eines Tages geschah etwas Seltsames. Natürlich kannte ich diesen Vers nicht: *„Das Herz des Menschen plant seinen Weg, aber der Herr lenkt seine Schritte"* (Sprüche 16, 9).

Während ich eine Pause machte, las ich die Zeitung. Plötzlich konnte ich mich nicht mehr an den Namen des Präsidenten erinnern, auf dessen Bild ich sah.

‚Wie heißt er doch gleich?' Es fiel mir einfach nicht ein. ‚Was ist los mit mir? Warum kann ich mich nicht erinnern?' Ich strengte mich an, mir seinen Namen wieder ins Gedächtnis zu rufen, doch es klappte nicht.

‚Ach ja..... Yi..... Sein Nachname ist Yi. Warum fällt mir sein Vorname nicht ein? Vielleicht habe ich zu hart gearbeitet. Wie konnte ich so etwas Alltägliches vergessen?'

Ich fühlte mich etwas seltsam und war verwirrt. So versuchte ich, mich daran zu erinnern, was ich gelernt hatte. ‚Eine mathematische Formel... wie lautet die Formel für das Zerlegen in Faktoren?' Nichts. ‚Was geschieht mit mir? Ich kann mich an die einfachsten Dinge nicht erinnern!' Ein beunruhigendes Gefühl beschlich mich.

‚Was ist mit der Nationalsprache?' Ich versuchte, mir ein altes Gedicht ins Gedächtnis zu rufen. Ich konnte mich jedoch weder an den Namen des Dichters noch an den Titel erinnern. Ich war schockiert und verängstigt. ‚Was ist mit mir los? Habe ich mein Gedächtnis verloren? Oder bin ich nur geistig abwesend? Wie kann so etwas passieren?' In dieser Nacht fand ich keinen Schlaf.

Am nächsten Tag versuchte ich wieder, mich an die Dinge zu erinnern, die ich monatelang studiert hatte. Doch ganz gleich, wie sehr ich mich anstrengte, ich erinnerte mich an nichts. Ich fühlte mich, als fiele ich in ein tiefes Loch. Ich begann den Wert meines Lebens in Frage zu stellen, und das schockierte mich. Ich erkannte, dass ich keinen Grund hatte, in dieser Welt zu leben.

‚Es wäre besser, ich wäre tot. Dann würde ich meine Eltern nicht enttäuschen, indem ich ihre Wünsche nicht erfülle. Wie beschämend wäre es, wenn ich es nicht schaffe, ins College einzutreten, nachdem ich es bereits zweimal versucht habe!'

Ich glaubte, mein Tod würde alle Probleme lösen. Ich ging in jede Apotheke in der Uljiro-Straße, um Schlaftabletten zu kaufen. Insgesamt kaufe ich zwanzig Stück. Wieder zu Hause holte ich mein Tagebuch hervor. Während ich es Seite für Seite verbrannte, dachte ich an die ganzen zwanzig Jahre meines Lebens zurück. Ich brachte meine persönlichen Besitztümer in Ordnung und verabschiedete mich von meinem Leben. Dann setzte ich den Tag X fest und entwarf einen genauen Plan für meinen Selbstmord.

Während meiner Studienzeit wohnte ich in einem gemieteten Zimmer in der Nähe des Hauses meiner ältesten

Schwester, bei der ich essen konnte. Ich teilte mir das Zimmer mit meinem älteren Bruder, der normalerweise etwa gegen 23.00 Uhr von der Arbeit nach Hause kam. Bis er kam, war ich alleine dort. Somit war dies ein geeigneter Ort für mich, um mir das Leben zu nehmen.

Ich räumte das Zimmer auf und hinterließ Abschiedsbriefe für meine Eltern, Brüder und Schwestern. Mein Plan war perfekt ausgearbeitet und wartete nur noch auf den Startschuss.

Wie ich es geplant hatte, ging ich zuerst zum Haus meiner älteren Schwester.

„Schwester, ich gehe heute Abend zum Lernen zu einem Freund. Du brauchst mit dem Abendessen nicht auf mich zu warten, okay?"

Meine großzügige Schwester glaubte mir und fuhr mit ihrer Arbeit fort.

Ich kehrte in mein Zimmer zurück, stellte meine Schuhe hinein und verschloss die Tür. Dann breitete ich eine Decke aus und schluckte die zwanzig Schlaftabletten, die ich vorbereitet hatte. Ich schlief keinen Moment lang ein. Sobald ich auf der Decke lag, verlor ich das Bewusstsein.

An diesem Abend hatten mein Schwager und mein Bruder ein seltsames Gefühl, das sie veranlasste, früher als zu ihrer üblichen Ladenschlusszeit um 23.00 Uhr nach Hause zu gehen. Sie schlossen ihren Laden und kamen direkt nach Hause, ohne wie sonst noch etwas trinken zu gehen. Obwohl ihnen gesagt worden war, ich sei bei meinem Freund, kamen sie in mein Zimmer, um nach mir zu sehen. Normalerweise ließen sie mich allein, um meine Studien nicht zu stören. In dieser Nacht jedoch wollten sie zu mir kommen und stellten fest, dass die

Zimmertür verschlossen war. Beunruhigt brachen sie das Schloss auf und fanden mich wie eine Leiche auf dem Boden liegend vor. Sie brachten mich auf dem schnellsten Weg ins Krankenhaus. Ich hatte jedoch zu viele Tabletten genommen und es war bereits zu viel Zeit vergangen, sodass ich nach Aussage des Arztes keine Chance mehr hatte, zu überleben. Nach ein paar Tagen erlangte ich jedoch mein Bewusstsein wieder und konnte bald in mein normales Leben zurückkehren. Alle sagten, es sei ein Wunder, dass ich noch am Leben war.

Ich erkannte, dass das alte Sprichwort ‚Leben und Tod werden durch Vorsehung bewirkt' wahr war. Aufgrund dieser Erfahrung beschloss ich, die Aufnahmeprüfung für das College abzulegen. Ich musste irgendwie mein Bestes geben. Beharrlich bewarb ich mich um mein lang ersehntes Ziel, das College für Maschinenbau an der National University von Seoul. Ich fiel durch und versuchte es deshalb am College für Maschinenbau bei der Hanyang Universität, wo ich aufgenommen wurde.

Dies ist die Geschichte meines ersten Selbstmordversuchs.

Mein zweiter Selbstmordversuch

Ich versuchte noch ein weiteres Mal, mir das Leben zu nehmen.

Als ich krank war, kümmerte sich niemand um mich. Sogar meine Frau suchte das Weite. Ich sehnte mir nur noch den Tod herbei. Zu diesem Zweck kaufte und sammelte ich Schlaftabletten. Als meine Frau mich schließlich verließ, war meine letzte Hoffnung zerstört. Ich nahm die Schlaftabletten und wartete auf den Tod.

Ich war ein zäher Typ. Meine Frau, die sich bei ihren Eltern aufhielt, konnte in dieser Nacht nicht schlafen. Sie spürte, dass in unserem Haus irgendetwas nicht in Ordnung war. Ihre Beunruhigung veranlasste sie, sich ein Taxi zu nehmen und nach mir zu sehen, während ich starb. Daher schlug mein zweiter Versuch fehl.

‚Ganz gleich, wie sehr ich es auch versuche, ich kann nicht sterben. Deshalb werde ich auch nicht so töricht sein, es ein weiteres Mal zu versuchen. Mein Leben ist nicht mein eigenes, sondern durch Vorsehung bewirkt. Ich bin wie der Vogel, der niemals stirbt.'

Von diesem Zeitpunkt an bekam ich ein starkes Verlangen zu leben. In meinem tiefsten Innern entfachte ein Funke des Lebens ein Feuer. Meine Versuche zu sterben hatten überraschenderweise einen starken Lebenswillen in mir wachgerufen. Ich dachte nicht mehr daran, Selbstmord zu begehen.

Ich lebte, um mich zu rächen

Als ich krank war, schikanierten mich viele Menschen. Meine eigene Mutter, meine andere Hälfte (meine Frau), die anderen Mitglieder meiner Familie und Verwandte... doch je mehr sie mir zusetzten, umso hartnäckiger wurde mein Wille zu überleben.

Wie die Lava, die aus dem Vulkan explodiert, verspürte ich tief in meinem Herzen eine Hitze, die danach drängte, an ihnen Rache zu nehmen.

„Mutter, warum sollte ich sterben? Ich werde es dir zeigen. Du wirst mich in der Zukunft gesund sehen!"
„Liebling, ich werde dir mehr Geld bringen, als du jemals haben wolltest. Du musst nur bis dahin warten! Es wird dir leid tun!"
„Schwiegermutter, behandle mich nicht auf diese Art und Weise. Du wirst es bereuen!"

Was würde mit meinen Töchtern geschehen, wenn ich sterben würde?

Ich hatte noch einen weiteren Grund zu leben.
Meine Töchter... wie elend wuchsen sie auf, weil ich krank war? Ich musste leben, um meine Töchter für ihren Verlust zu entschädigen. Ich war ihnen ein schlechter Vater gewesen. Als ich krank und verletzt war, ärgerte ich mich oft über sie. Ich misshandelte sie im Zorn, statt ihnen Liebe zu zeigen. Meistens waren sie mir sogar lästig.
‚Sie sollten in Liebe aufwachsen. Wenn ich sterben würde, wer würde ihnen Liebe geben? Ich muss am Leben bleiben, um meine Pflicht als Vater zu erfüllen. Bereits während ich lebe, misshandeln und schikanieren sie meine Töchter. Wie verächtlich würden sie erst als Kinder mit nur noch einem Elternteil behandelt werden, wenn ich stürbe? Außerdem ist meine zweite Tochter, die viel zu früh entwöhnt wurde, von ihren Eltern getrennt. Meine Frau kümmert sich nicht um sie. Wer sonst wird für sie sorgen, wenn ich tot bin?
Doch in erster Linie sollte ich für mich selbst am Leben bleiben. Mein Leben gehört mir. Niemand kann für mich leben.

Ich musste weiterleben und meine Aufgaben als Vater und Ehemann erfüllen. Ich musste leben, um denjenigen, denen ich eine Last war, etwas zurückzugeben.'

Ich traf die feste Entscheidung, weiterzuleben.

Um mein Zuhause zu einem schönen und glücklichen Ort zu machen, musste ich am Leben bleiben und meine Pflicht erfüllen. Wenn ich mein Bewusstsein bewahrte, konnte ich lebend aus der Höhle des Löwen entkommen. Nachdem ich dem Tod so nahe gewesen war, verspürte ich einen starken Lebenswillen. Ich schöpfte wieder Hoffnung auf ein gutes und würdiges Leben.

Die langen sieben Jahre meines Lebens im Tal des Todes brachten mir letztendlich die Hoffnung auf eine bessere Zukunft.

Meine ältere Schwester

Als die Frösche aus ihrem Winterschlaf erwachten und sich der kalte Wind angesichts blühender goldener Kelche zurückzog, kam der Frühling auch zu mir. 1974 war das siebte Jahr meines elenden Lebens im Tal des Todes. Tief in meinem Herzen spürte ich ein Drängen, irgendwo hinzugehen und diesen Frühling zu genießen. Es waren lange keine Familienmitglieder oder andere Besucher gekommen, um mich zu sehen.

Eines Tages kam meine zweitälteste Schwester zu mir. Ich freute mich sehr, sie zu sehen. Es war, als hätte ich in der Wüste eine Oase gefunden. Ich hatte es wirklich vermisst, Menschen um mich zu haben und ihre Liebe zu spüren.

Meine ältere Schwester besuchte mich

Meine zweitälteste Schwester betrieb eine Farm in unserem Heimatort. Manchmal kam sie herauf, um ihre Kinder zu sehen, die die Schule in Seoul besuchten. Es war eine sehr geschäftige Zeit für Farmer, weshalb ihr Besuch mich überraschte.

„Oh, Schwester! Was bringt dich hierher?"
„Ich habe in Seoul etwas zu erledigen, Bruder."

Sie sah so glücklich aus wie ein Kind. Sie sprach über dies und jenes, was sich seit unserem letzten Zusammentreffen ereignet hatte. Wir unterhielten uns eine lange Zeit. Ich war glücklich, sie so begeistert zu sehen. Plötzlich hielt sie inne und frage mich vorsichtig: „Bruder, würdest du mir bitte einen Gefallen tun?"

Ich war verwundert, weil ich nicht in der Lage war, für irgendjemanden irgendetwas zu tun.

„Habe ich dir das noch nicht erzählt? Ich möchte wirklich nach Seoul, und zwar zum Hyun Shinae Gebetshaus in Sodaemoon. Dein Schwager hat mir erlaubt, hinzugehen. Bruder, würdest du mich bitte dort hinbringen?"

In Erwartung der Freude, das dortige Treffen besuchen zu können, bat sie mich aufrichtig um einen Gefallen. Da ich ihre Bitte sehr ernst nahm, widerstrebte es mir, nein zu sagen, aber ich musste dennoch ablehnen. „Schwester, weißt du nicht, dass ich das nicht kann? Warum fragst du mich das? Du kannst jemand anderen finden, der dich dort hinbringt. Warum gehst du nicht mir Hyungkwon oder Hyunsoo?"

Sie hatte zwei Söhne, die sie begleiten konnten. Doch sie blieb hartnäckig.

„Bruder, ich bin fremd in Seoul. Und meine Kinder müssen zur Schule gehen. Ich möchte wirklich gerne gehen. Deshalb frage ich dich."

Ich konnte es meiner älteren Schwester nicht abschlagen. Außerdem reizte mich der Gedanke, etwas Abwechslung zu haben. Als ich sagte: „Ja, ich bringe dich hin", war sie hocherfreut.

„Wie nett von dir, Bruder! Ich danke dir. Sieh zu, dass du morgen früh fertig bist. Ich komme dann wieder her, okay? Jetzt muss ich das Abendessen für meine Kinder kochen."

Als sie wegging sah sie aus, als würde sie vor Freude fliegen. Ihr glückliches Aussehen machte mich ebenfalls glücklich und ich gestand mir ein: ‚Oh, ich kann anderen helfen!'

Insgesamt hatte ich fünf Geschwister. Ich war der jüngste und hatte zwei ältere Brüder und drei ältere Schwestern. Meine zweitälteste Schwester war stets meine Lieblingsschwester gewesen. Sie war nicht nur großzügig und warmherzig, sondern auch freundlich und gewissenhaft. Jeder mochte sie.

Leider hatte sie, als sie noch ein Baby war, ein Fieber bekommen, wodurch sie auf einem Auge ihr Augenlicht verlor. Ihr Körper war vergleichsweise klein. Viele Leute machten sich über ihr blindes Auge und ihre geringe Größe lustig.

Als sie zum Teenager heranwuchs, war sie über ihr Erscheinungsbild sehr deprimiert und entschloss sich, niemals zu heiraten.

Einige ältere Nachbarn, die erwachsene Söhne hatten, hätten sie jedoch gerne als ihre Schwiegertochter gesehen. Schließlich heiratete sie einen Mann aus dem benachbarten Dorf. Nach ihrer Heirat arbeitete sie hart und führte den Haushalt für ihre neue Familie sehr gut. Sie gab auch ihr Bestes, um ihre zwölf Gedenkzeremonien im Jahr vorzubereiten. Sie bekam drei Söhne und zwei Töchter und zog sie fürsorglich auf.

Meine ältere Schwester nahm Jesus an

Eines Tages kam ein christlicher Ältester, der im selben Dorf lebte, zu meiner Schwester und erzählte ihr vom Wort Gottes. Das vermittelte ihr eine derart aufrichtige Freude, dass sie den

Wunsch verspürte, in eine Kirche zu gehen. Zu dieser Zeit war sie jedoch mit den Arbeiten auf der Farm zu beschäftigt. Einige Zeit später bekam sie Besuch von einem blinden Mädchen, der Tochter einer Senior-Diakonin, das mit ihr über das Christentum sprach. Von da an kam dieses blinde Mädchen jeden Tag und sprach über Gott. Sie war so ernsthaft, und was sie sagte war so interessant, dass meine Schwester ihr gerne zuhörte. Schließlich ging meine Schwester in ihre Gemeinde. Wie glücklich und freudig sie sich fühlte! Dies war ein unvergesslicher Tag für meine Schwester.

Seit diesem Tag hat meine ältere Schwester es keinen Sonntag versäumt, in den Gottesdienst zu gehen. Immer wenn sie das Läuten der Glocken hörte, beeilte sie sich, mit ihrer Arbeit fertig zu werden, damit sie in die Gemeinde gehen konnte. Sie fühlte sich stets wohl in der Gemeinde, und während sie zu Hause oder auf dem Feld arbeitete, summte sie Lobpreislieder.

Obwohl sie auf der Farm viel zu tun hatte, nahm sie sich soviel Zeit wie möglich, um Gottes Wort zu hören. Wann immer sie aufs Feld hinaus ging, nahm sie in ihrem Korb ein Radio mit. Sie stellte es auf einen christlichen Sender ein und lernte so Lobpreislieder und das Wort Gottes. Ihre Lebensziele waren es, Gott anzubeten, den Menschen vom Evangelium zu berichten und zu Gott zu beten. Es gab nichts anderes, das sie glücklich machte.

Während der arbeitsreichsten Zeit der Farmer, der Pflanzzeit für grünen Reis, hielt sie jeden Sabbat-Tag ein. Nachdem sie die abendlichen Gebetsversammlungen besucht hatte, stand sie jedoch am nächsten Morgen nie spät auf. Trotz der kurzen

Nächte und der harten Arbeit hatte sie immer ein Lächeln auf ihrem Gesicht. Ihre Nachbarn sagten oft zu ihr:
„Ich habe dich nie krank gesehen. Kann man ein solch gesundes und glückliches Leben führen, indem man an Jesus glaubt?"
Sie ließ nie eine Gelegenheit aus, ihnen das Evangelium zu erzählen.

Wenn sie in die Gemeinde ging, ließ sie nie eine Arbeit liegen oder verschob sie auf später. Weder die Familie ihres Mannes noch irgendeiner ihrer Nachbarn machten es ihr schwer, über ihr christliches Leben zu berichten, im Gegensatz zu unserer Mutter und unseren Brüdern. Sie mochten es nicht, dass sie ihrer Gemeinde so ernsthaft diente und versuchte, so viele Menschen wie möglich zu evangelisieren.

Jeden Sonntag stand sie früh auf und erledigte ihre Hausarbeiten. Dann ging sie in die Gemeinde und säuberte vor dem Gottesdienst den Altar. Als sie die erste Ernte einbrachte, nahm sie etwas davon mit, legte es heimlich in das Haus des Pastors und rannte schnell weg, um nicht gesehen zu werden. Unserer Mutter missfiel das sehr und sie schrie sie deshalb an.

„Hast du Essen übrig, um es deiner Gemeinde zu geben? Sie werden dich übers Ohr hauen. Hör auf, dort hinzugehen. Wach endlich auf!"

Mit schnalzender Zunge schalt unsere Mutter meine Schwester. Sie erreichte damit jedoch nichts. Meine Schwester antwortete: „Mami, bitte nimm Jesus an. Weißt du, wie glücklich und freudig man sich fühlt, wenn man an Jesus glaubt?"

Meine Schwester versuchte, das Evangelium zu verbreiten, wann immer sich eine Gelegenheit dafür bot. Sie glaubte, dass es in dieser Welt kostbarer war als Reichtum oder Ehre, wenn man Glauben hatte. Sie betete ernsthaft für ihren Mann und ihre Kinder, die noch nicht mit in die Gemeinde gingen. Willig ertrug sie alle Härten und Misshandlungen, die ihr widerfuhren.

Sie gab Gott einen goldenen Ring

Immer wenn meine Schwester von Erweckungsversammlungen hörte, nahm sie daran teil. Sie liebte Gott so sehr, dass sie ihm ihren kostbarsten Besitz, einen goldenen Ring, gab. „Vater, bitte gib mir einen Glauben, der so kostbar ist wie dieser goldene Ring. Bitte gib mir einen Glauben, der sich ebenso wie Gold nie verändert." Sie gab Gott ihren goldenen Ehering, nicht für Reichtum, sondern für den goldenen Glauben.

Meine Einwilligung, sie zu begleiten, bereitete ihr große Freude. Das erinnerte mich lebhaft an vergangene Tage. Sie hatte mir oft geraten, in die Gemeinde zu gehen.

„Bruder, du lebst jetzt ein neues Eheleben. Warum beginnst du nicht jetzt dein christliches Leben?"

Was sie sagte, ging bei mir zum einen Ohr hinein und zum anderen wieder heraus. Sie versuchte jedoch jedes Mal, wenn wir uns trafen, erneut, mich zu evangelisieren. Als ich krank wurde, besuchte sie mich.

„Schwester, wenn ich an Jesus glaube, werde ich dann geheilt werden? Ich glaube nicht daran. Wer sollte meine Krankheiten heilen können, wenn es die moderne medizinische Wissenschaft nicht geschafft hat? Wo ist Gott? Wo ist der Himmel? Hast du ihm jemals gesehen? Es tut mir leid, das zu sagen, Schwester. Du bist verführt worden. Es ist so leicht, dich zu täuschen, weil du so naiv bist. Sag mir nie wieder, ich solle in die Gemeinde gehen."

Meine kalte Reaktion konnte meine Schwester jedoch nicht dazu bewegen, aufzugeben. Wenn sie nach Seoul kam, drängte sie mich inständig, an Jesus zu glauben. Sie war die einzige, die mich während meines elenden kranken Lebens, wo ich dem Tode so nahe war, stets ermutigte.

„Bruder, es sieht so aus, als hättest du nichts mehr als nur den Tod, richtig? Hör zu. Es gibt eine Möglichkeit für dich, zu überleben. Du kannst deine Gesundheit wiedererlangen! Nimm Jesus an! Das ist der einzige Weg, den du gehen solltest!"

Im Grunde wollte ich nicht in die Gemeinde gehen, doch ihre ernsthafte Begeisterung, mir das Evangelium nahe bringen zu wollen, ließ einen Gedanken in mir aufkeimen: Ich könnte vielleicht geheilt werden, wenn ich an Jesus glaube. So willigte ich schließlich ein, sie zu begleiten, obwohl ich geistig völlig ausgebrannt war.

Gott schenkte meiner älteren Schwester Weisheit

Die Bitte meiner Schwester, sie zu begleiten, war Gottes wunderbare Weisheit, um mich, als ich an der Schwelle des Todes stand, zu einem neuen Leben zu führen. Der lebendige Gott, der die Törichten erwählt, um sie weise zu machen, und die Armen, um sie reich zu machen, schenkte meiner Schwester seine Weisheit. Er öffnete mir, der ich töricht war und nicht wusste, wie ich das Leben ergreifen sollte, die Tür. Gott arbeitete an mir, um das ernsthafte Gebet meiner Schwester zu beantworten:

„Vater, bitte hilf meinem Bruder, dich kennen zu lernen. Bitte heile ihn und lass ihn dich preisen. Und lass ihn das Evangelium zu den anderen Familienmitgliedern weitertragen, damit sie errettet werden."

Wie konnte ich, der ich so töricht war, Gottes Weisheit erkennen, seine wunderbare Weisheit, die an mir arbeitete? Sie kam zu mir als ein Lichtstrahl, der den Tod überwindet. Dieser Lichtstrahl schützte mich und veranlasste mich, dem Rat meiner Schwester zu folgen.

Meine zweitälteste Schwester ist jetzt die erste Diakonin in meiner Gemeinde. Sie dient dem Reich und der Gerechtigkeit Gottes als hingebungsvolle Gebetskämpferin. Ihr tägliches Leben besteht darin zu beten, Menschen zu evangelisieren und Gott zu danken. Sie ist von Gott geliebt und gesegnet, sodass sie starken Glauben und Hoffnung hat. Sie hat die Not überwunden, um ein siegreiches Leben zu führen. Ihre Kinder haben sich gut entwickelt und wurden Diener Gottes in der Weltmission.

Mein wiedergeborenes Leben

Ich ging zum Hyun Shinae Gebetshaus

Am nächsten Morgen kam meine Schwester zu mir und holte mich ab. Ich brauchte eine lange Zeit, den Geumho-dong-Hügel, schwer auf meinen Stock gestützt, hinabzugehen.

In einem überfüllten Bus fuhren wir zum Hyun Shinae Gebetshaus, wo man die Lobpreislieder bereits auf der Straße hören konnte.

„Komm, Bruder. Wir sind spät dran. Beeil dich, lass uns hineingehen."

Eigentlich hätte ich sie hineinführen sollen, doch sie führte mich.

Als wir in das Gebäude eintraten sah ich, dass auf dieser Ebene kein Platz mehr frei war. Deshalb versuchte ich, über die Rollstuhlrampe in das nächsthöhere Stockwerk zu gelangen. Ich hielt mich am Geländer fest und bewegte ich mich mit schlurfenden Schritten vorwärts. Ich hatte Schmerzen in den Knien und mir brach der kalte Schweiß aus.

Viele Leute überholten mich, bis ich einen Platz gefunden hatte. Ich war erschöpft und musste erst wieder zu Atem kommen. Es kamen immer noch viele Menschen herauf und nahmen um mich herum Platz. Ich fragte mich, warum so viele hier herkamen. Als ich mich umsah, erblickte ich eine Frau, die ein weißes Kleid trug und ins Mikrophon sprach. Sie stand am Altar und predigte auf lebhafte Art und Weise. Eine Menge Leute erhoben ihre Hände und antworteten ihr mit ‚Amen!' Ich fühlte mich unwohl und war verängstigt, weil ich nicht gut hören konnte und mir dies alles fremd war.

Meine Schwester, die neben mir gesessen hatte, war verschwunden. Ich sah, wie alle um mich herum mit lauter Stimme begannen zu beten. Einige von ihnen öffneten ihren Mund weit, während sie beteten. Ich fand, dass sie ziemlich verrückt aussahen. Manche erhoben ihre Hände, manche schüttelten ihren Körper, andere schrieen und schlugen auf ihren Brustkorb, und wieder andere blieben still und hielten ihren Mund geschlossen.

‚Was stimmt bei diesen Leute nicht? Was für ein Ort ist das hier? Warum bin ich hergekommen? Ich sollte besser sofort nach draußen gehen. Hier sehen alle verrückt aus. Wenn ich noch länger bleibe, werde ich auch verrückt. Ich werde jetzt gehen.'

Ich war nie zuvor in einer Gemeinde gewesen. Ich dachte, die Gläubigen würden beten und sich ruhig verhalten. Doch die Leute im Hyun Shinae Gebetshaus waren genau das Gegenteil von dem, was ich erwartet hatte.

Als ich meine Schwester entdeckte, war ich enttäuscht von ihrem Verhalten. Normalerweise war sie eher schüchtern, doch sie verhielt sich genauso wie die anderen Menschen, schüttelte ihren Körper, erhob ihre Hände, schrie und betete. Es war unglaublich.

‚Ist das meine Schwester? Ich traue meinen Augen nicht. Wo ist meine ruhige und schüchterne Schwester geblieben?'
Da sie mich so eindringlich gebeten hatte, mit ihr hier herzukommen, konnte ich sie nicht bitten, mit mir nach Hause zu gehen. Aber ich würde die Zeit auch nicht vergeuden, indem ich umhersah. Während ich meine Schwester ansah, die sich so völlig anders als sonst verhielt, beschlich mich das Gefühl, es könnte eine gewisse rätselhafte Welt existieren. So kniete ich nieder wie meine Schwester. Ich schloss die Augen, legte meine Handflächen aufeinander und begann zu beten.

Als ich betete

Im selben Moment wurde mein Körper heiß wie Feuer, und innerhalb kürzester Zeit war ich von heißem Schweiß, der mir den Rücken hinunterströmte, durchnässt.

‚Warum schwitze ich auf einmal so sehr?' fragte ich mich, ‚was passiert mit mir?' Zuerst glaubte ich, es sei meine Befangenheit, die sich auf diese Weise Ausdruck verschaffte. (Später wurde mir klar, dass es das Feuer des Heiligen Geistes war).

Ich verspürte keine Furcht oder Abneigung mehr. Plötzlich interessierte mich, was die Frau in dem weißen Kleid sagte. Jemand berührte meine Schulter. Es war meine Schwester.

„Hey, Bruder, es ist Zeit, dass sie für uns betet. Du bist krank. Warum lässt du nicht am Ende für dich beten? Das Schlussgebet ist das kraftvollste."

Sie sah so glücklich aus und ihr Gesicht war ein einziges Lächeln. Während ich darauf war-tete, dass ich an der Reihe für das Gebet war, sah ich rätselhafte Dinge. Manche Menschen gaben ihr Zeugnis. Sie sagten, dass sie fast an einer Krankheit gestorben seien, aber nachdem sie hier Gebet erhalten hatten, geheilt wurden. Sie sahen sehr aufrichtig aus und waren voller Jubel. Sie gaben Gott, der ihnen vergeben und sie geheilt hatte, allen Dank und alle Ehre und wirkten selbst heilig auf mich.

Ich möchte Gebet erhalten

Jeder in der Warteschlange sah sehr aufrichtig und treu aus. Schließlich war ich an der Reihe. Ich beugte meinen Kopf für das Gebet der ersten Diakonin Hyun. Sie legte ihre Hand auf meinen Kopf, drückte ihn ein wenig nach unten, klopfte mir auf den Rücken und stieß mich weg. Ich wurde weit von der Stelle, wo ihr ich Gebet erhalten hatte, weggeschleudert. Der Boden war glatt, weil so viele Menschen darauf gegangen waren. Ich rutschte aus und fiel. Als ich wieder aufstand, war ich beschämt.

‚Kann dieses Gebet Krankheiten heilen?'

Zweifelnd betrachtete ich die lange Warteschlange von Kranken, die aussahen wie Kriegsgefangene in Haft. Sie erinnerten mich an die Ereignisse in Jungup, wo eine betrügerische Frau einen angeblichen Heilungsgottesdienst abgehalten und die Kranken getäuscht hatte. Ihre Helfer hatten das Gerücht verbreitet, dass sie in der Lage sei, jegliche Krankheit zu heilen. Daraufhin kamen aus dem ganzen Land Tausende von Kranken, allein oder in gemieteten Bussen, nach Jungup. Sie wurde sehr berühmt und von den Zeitungen als die Heilerin aller Gebrechen gepriesen. Man stellte jedoch fest, dass sie und ihre Helfer die Patienten hinters Licht geführt hatten. Sie wurde wegen Betrugs eingesperrt.

Während ich an dieses Ereignis dachte, stand ich auf dem Boden im Erdgeschoss. Ich wusste nicht, wie ich vom zweiten Stock hier heruntergekommen war, ohne Schmerzen in meinen Knien zu haben. Meine Schwester, deren langersehnter Wunsch in Erfüllung gegangen war, strahlte über das ganze Gesicht.

Für den Rückweg nahmen wir wieder den Bus, wo ich meinen erschöpften Körper auf einen Sitz fallen ließ. Während ich, ohne wirklich etwas zu sehen, aus dem Fenster starrte, geschah etwas Seltsames mit mir. Ein Geräusch, ähnlich einem Donnergrollen, ertönte unablässig in meinen Ohren. Als ich an der Haltestelle am Markt von Geumho-dong aus dem Bus ausstieg, hörte ich das donnernde Geräusch nicht mehr.

‚Was für ein Geräusch habe ich da im Bus gehört? Warum war es so laut?' Als ich meinen Blick zum Himmel emporhob, wunderte ich mich noch immer.

Als wir an der Marktgasse ankamen, trennten wir uns. Meine Schwester ging zu ihren Söhnen und ich wollte zu der Snackbar meiner Frau.

Liebling, gib mir etwas Reis

Meine Frau betrieb eine Snackbar und übernahm damit die Verantwortung für die Familie. Sie kochte und verkaufte Nudelgerichte und gebackene Speisen. Ihr Essen duftete herrlich und lockte viele Kunden an.

Als ich hinter der Theke einige Speisen sah, verspürte ich großen Appetit. Sie sahen so köstlich aus, dass ich um etwas zu essen bat, als ich hineingegangen war.

„Liebling, ich bin sehr hungrig. Gib mir etwas Reis und Fleisch. Bitte beeil dich."

„Sagtest du Reis und Fleisch? Bist du verrückt? Hat das Hyun Shinae Gebetshaus das mit dir angestellt? Weißt du nicht mehr, dass Fleisch dich umbringen könnte? Warte. Ich werde stattdessen etwas anderes für dich kochen."

Sie arbeitete fleißig weiter. Ich bat sie nochmals.

„Hör mir zu, Liebling. Ich fühle mich, als ob ich jetzt alles essen könnte. Mach dir keine Sorgen um meine Verdauung. Gib mir einfach etwas Fleisch, ja?"

Als ich wie ein Baby um Fleisch bettelte, drehte sie sich zu mir um. Eine Weile sah sie mich nur an und brachte mir dann widerstrebend Fleisch und Reis. Der Anblick des Essens ließ mir so sehr das Wasser im Mund zusammenlaufen, dass meine Zunge es wie Eiscreme genoss. Zuvor hatte ich nichts schlucken können, doch diesmal genoss ich es wirklich und schluckte problemlos. In kurzer Zeit aß ich eine Schale Reis und ein Stück Fleisch auf. Meine Frau blickte besorgt.

„Geht es dir gut, Liebling?"

Das war für mich ‚Arbeit nach dem Vergnügen.' Ich erkannte, dass das Essen im Leben eines Menschen ein lebenswichtiges Vergnügen ist. Um das Gefühl meiner Sattheit zu genießen, lehnte ich mich in meinem Stuhl zurück. Dann hörte ich ein ganz klares Geräusch.

Liebling, ich kann hören!

Ohne mir dessen richtig bewusst zu sein, sprach ich mit den

Gästen, die am nächsten Tisch saßen.

„Mein Herr, was haben Sie gerade gesagt? Sie haben etwas zu essen bestellt, richtig?"

„Ja, das stimmt, ich habe Ttukbokki (ein würziges heißes Reisgericht) für zwei Personen bestellt. Ist es noch nicht fertig?", antwortete er verwundert.

Voller Freude sprang ich auf. Ich rannte zu meiner Frau und rief: „Liebling, Ttukbokki für zwei!" Ich schrie immer weiter. „Liebling, ich höre, ich kann jetzt hören! Ich kann ganz deutlich hören, was sie sagen! Ganz klar!"

Mein Jubel ließ meine Brust anschwellen und brachte mich zum Weinen. Heiße Tränen stiegen in meinen Augen auf.

Jetzt verstand ich, was das donnerartige Geräusch im Bus gewesen war, das ich gehört hatte. Ich hatte das Motorengeräusch des Busses, vermischt mit den Stimmen der Fahrgäste gehört. Ich hätte niemals geglaubt, dass ich mit meinen zerrissenen Trommelfellen jemals wieder hören würde.

Meine Frau und ich waren an diesem Abend sehr glücklich, dass ich wieder hören konnte, wenn wir auch keine Erklärung dafür hatten. Glücklich fiel ich in erholsamen Schlaf. Ich denke, ich schlief so gut, weil ich zum ersten Mal seit Jahren wieder aus gewesen war.

Ich begann jeden Tag mit demselben Ablauf. Ich ging ins Bad, wusch mir das Gesicht, putzte meine Zähne und reinigte meinen Körper dann hier und dort. Ich erledigte das allein, damit meine Frau meine schmutzigen Ausschläge nicht sah.

Am Morgen des 18. April 1974 ging ich ins Badezimmer und verschloss wie immer die Tür hinter mir. Ich rollte etwas

Watte auf einen Zahnstocher, um damit meine Ohren zu reinigen. Diesen steckte ich dann in mein Ohr, um den Eiter, der in der Nacht herausgequollen sein musste, zu entfernen. Die Watte auf dem Zahnstocher war jedoch sauber. Ich versuchte es erneut, doch es kam nichts heraus. ‚Was ist passiert? Warum ist die Watte sauber?' Ich säuberte das andere Ohr. Es war weder Schmutz noch Eiter darauf. Plötzlich begann mein Herz wild zu pochen. Es war, als hörte ich erneut die Zeugnisse, der Leute im Hyun Shinae Gebetshaus: ‚Der lebendige Gott hat all meine Krankheiten geheilt!'

In dem Versuch, mich zu beruhigen, blickte ich auf meine Hände, um zu sehen, ob auf meinen Fingern Eiter war. ‚Wo ist der Eiter? Es ist keiner da! Er ist getrocknet!' Ich konnte keinen gelben Eiter sehen, nur schwarzen Schorf, der sich in dieser Nacht gebildet hatte. Ich rollte meine Ärmel auf, um meine Ellbogen zu untersuchen. Nur schwarzer Schorf war zu sehen. Ich hielt es nicht länger im Badezimmer aus. Ich eilte ins Zimmer und zog meine Kleider aus. Bevor ich meine Unterschenkel und Knochen untersuchte, raste mein Herz vor Neugier. An meinen Knien und Knöcheln war kein Eiter zu sehen.

Mit weit aufgerissenen Augen untersuchte ich meinen Nacken mit den Fingern. Ich spürte keine harte Masse mehr. ‚Wo sind die traubengroßen Klumpen geblieben? Hier waren sie. Wo sind sie? Sie sind verschwunden! Ich habe keine Klumpen mehr in meinem Nacken!' Ich tastete und rieb meinen ganzen Nacken ab, doch es war nichts zu finden. All das überraschte mich. Ich fühlte mich etwas verloren. Mein Herz schlug zu laut und mir stockte fast der Atem.

Ich hielt meinen Kopf mit beiden Händen und lehnte mich gegen die Wand. Ich erinnerte mich zurück. Wie war das am Morgen zuvor gewesen? Als ich aufwachte, konnte ich zuerst nicht aufstehen. Ich musste mich eine Weile gegen die Wand lehnen, bevor ich aufstehen und mich fast kriechend ins Badezimmer schleppen konnte.

Und heute morgen? Ich war leicht aufgestanden... hatte keinen Schwindel verspürt... und keine Schmerzen, als ich ging... Ich streckte meine Knie. Es fiel mir leicht. Ich verspürte keinen Schmerz. Ich beugte meine Knie. Wieder kein Schmerz.

Gott hat mich geheilt!

Wie konnte das möglich sein? Ich hatte keine Medizin genommen und auch keine Spritze bekommen. Wie konnte es sein, dass mir dieses Wunder geschehen war? Gott musste mich geheilt haben! Um mich zu beruhigen, rief ich mir wieder ins Gedächtnis, was im Hyun Shinae Gebetshaus geschehen war, als meine Schwester und ich dort waren.

Unter großer Anstrengung war ich ins nächste Stockwerk hinaufgegangen... mein Körper wurde heiß wie Feuer, als ich niederkniete um zu beten... dann verschwand meine Furcht... ich fragte mich warum... seit diesem Zeitpunkt konnte ich gehen... all meine Krankheiten wurden dort geheilt! Ich war geheilt und konnte gehen und hören! Es kam kein Eiter mehr aus meinen Wunden, sodass meine Haut getrocknet war! Die Klumpen in meinem Nacken waren weggeschmolzen! Ja! Ja!

Ich nickte mir selbst zu und musste erkennen, dass der

lebendige Gott dieses Wunder in mir gewirkt hatte. Ich konnte nicht anders als vor dem allmächtigen Gott niederzuknien. Ich merkte nicht, dass mir Tränen übers Gesicht liefen.

„Oh Gott! Gott! Gott! Du lebst wirklich! Du hast mich wirklich geheilt! Wie konntest du mich so vollkommen heilen? Wie konntest du all meine Krankheiten auf einmal wegnehmen? Ich habe nicht geglaubt, dass du lebendig bist. Ich habe nicht geglaubt, dass du jede tödliche Krankheit heilen kannst. Ich habe zuvor nicht an dich geglaubt!"

Ich weinte mich aus. Auf dem Boden knieend, mit dem Blick zur Decke weinte ich aus tiefstem Herzen, während ich auf den Boden und auf meine Brust schlug.

„Oh Gott! Danke, Gott! Bitte vergib mir, Gott! Ich habe immer gesagt: ‚Zeige mir Gott, wenn es Ihn gibt.' Bitte vergib mir. Gott, ich danke dir, dass du mich geheilt hast, einen, der dem Tode nahe war. Ich danke dir so sehr, Gott!"

Als meine Frau mich schreien hörte, kam sie ins Zimmer gerannt. „Was ist los mit dir, Liebling?". Als sie meine Kleider sah, die auf dem Boden verteilt waren, sah sie mich besorgt an.

„Liebling! Ich wurde errettet! Sieh mich an! Gott hat mich geheilt! Gott hat es getan!"

Oh Gott! Du bist wirklich lebendig!

Während ich noch wie benommen war, untersuchte sie mich von Kopf bis Fuß. Sie glaubte mir, als ich sagte: „Gott hat mich geheilt."

„Ja, Liebling! Er lebt wirklich! Er ist wirklich lebendig! Und Gott ist der Heiler! Das ist ein Wunder! Du kannst von jetzt an ein würdiges Leben führen. Ich bin so glücklich für dich, Liebling."

Sie weinte und hatte das glücklichste Gesicht, das ich je gesehen hatte.

Plötzlich hörten wir jemand an die Tür klopfen. Meine Frau ging hinaus, um den Besucher hereinzulassen. Es war meine Schwester. Ich hörte die Stimme meiner Frau, sie sprach so schnell wie ein Maschinengewehr.

„Liebe Schwägerin, ich danke dir so sehr! Miyoungs Papa wurde vollkommen geheilt, nachdem er gestern das Gebet erhalten hat! Er kann jetzt gehen und hören! Hörst du, Schwägerin? Gott hat ihm vollständig geheilt! Das ist nur deiner Hilfe zu verdanken. Ich bin ernsthaft dazu entschlossen, in die Gemeinde zu gehen und an Jesus zu glauben."

Sie sprach ohne Pause, und ihre Stimme war voller Jubel.

Das war der Tag, an dem mir, der ich im Sterben gelegen hatte, neues Leben geschenkt wurde. Es war der erste und der glücklichste Tag für mich – ich lernte den lebendigen Gott kennen.

Gott sah den Glauben der Leute, die das Dach über Jesus abdeckten und, nachdem sie es aufgebrochen hatten, das Bett hinabließen, auf dem der Gelähmte (ihr Freund) lag. Deshalb vergab Gott die Sünden des gelähmten Mannes und heilte ihn. Gott sah auch den Glauben meiner älteren Schwester, ihr Flehen und ihre Liebe für mich. Deshalb vergab Er meine Sünden und heilte mich.

Meine Schwester hatte unter Tränen inbrünstig dafür gebetet, dass ich unsere Familie zur Erlösung führen möge. Gott antwortete ihr, weil sie fastete, mehrere Nächte lang betete und flehte, und weil Er mein Herz kannte.

Ich suchte Gott nicht, doch Er suchte mich, weil Gott Liebe ist. Er rief mich, weil Er wusste, dass ich mich nicht von Ihm abwenden, sondern als sein Diener viele missionarische Werke tun würde. Ich gehorchte seinem Ruf, sodass Er, als ich im Hyun Shinae Gebetshaus niederkniete, um zu beten, meinen ganzen Körper mit dem Feuer des Heiligen Geistes erfüllte, um mich zu heilen. Durch dieses Wunder war ich sofort geheilt, lernte Gott kennen und begann ein wiedergeborenes Leben.

Meine Schwester kam herein, doch ihr fehlten die Worte. Unter Tränen begann sie, zu Gott zu beten.

„Oh Gott! Unser lebendiger Gott! Du hast meinen Bruder geheilt. Danke, Vater. Du hast ihn gesegnet, damit er dich kennenlernt. Ich danke dir so sehr! Er ist jetzt wiedergeboren. Bitte leite du ihn an, eines deiner geliebten Kinder zu sein. Gott, du lässt die Toten auferstehen. Ich gebe dir alle Ehre. Ich bete im Namen Jesu Christi."

3

Oh Gott!

Mein neues Leben

Bitte hilf mir, anderen zu vergeben

Bis zum Ende meiner Reise

Mein neues Leben

Eines Morgens war ich wiedergeboren

Was für eine Überraschung das war! Als ich am Morgen aufwachte, stellte ich fest, dass ich gesund war. Tief in meinem Herzen hatte ich gewusst, dass so etwas möglich war, doch wie erstaunt war ich, dass mir solch ein Wunder geschah!

‚Oh, wundervoller Gott!'

Ich, der einst nicht geglaubt hatte, dass Gott wirklich existiert, lernte eines Tages den lebendigen Gott kennen. Ich verwandelte mich in einen Menschen, der Gott anruft und Ihn preist. Ich kniete nieder vor Gott, der mir ein gesundes Leben gab, als ich im Tal des Todes wanderte. Ich wurde ein Mann mit einem würdigen Leben, der jedes Geräusch hören konnte, jegliche Arten von Speisen zu sich nehmen und jede Arbeit tun konnte.

Ich wollte ganz von vorn beginnen. Ich wollte in eine Gemeinde gehen wie die anderen Gläubigen. Als ich mich in meiner Wohngegend umsah, war ich überrascht, dass es dort viele Kirchen gab. Ich konnte mich nicht entscheiden, in welche ich gehen sollte.

„Da ist eine direkt hinter unserem Haus. Ist nicht die nächste eine der besten?", fragte meine Frau.

Also beschlossen wir, in die Gemeinde ganz in der Nähe unseres Zuhauses zu gehen.

Der Tag meines ersten Gemeindebesuchs

Ich zählte die Stunden, bis endlich der Sonntag kam. Schließlich machten meine Familie und ich uns erwartungsvoll zu der Gemeinde auf. Meine Schritte waren voller Freude und so leicht, als würde ich fliegen. Meine Familie sah so glücklich aus, als würde ihnen nichts zu einem guten Leben fehlen. Meine Frau und ich hatten uns untergehakt und meine Tochter nahm meine Hand, als wir unserem neuen Leben entgegengingen.

„Papa, warum gehen wir in die Kirche?", fragte meine Tochter. Sie war aufgeregt und neugierig, weil wir alle zusammen ausgingen.

„Liebes, Gott hat mich gesund und uns alle glücklich gemacht. Deshalb gehen wir in die Gemeinde, um Ihm zu danken."

Als wir das Gebäude betraten, war mein Herz übervoll.

‚Du hast mich gerettet! Danke, Gott!'

Wir wurden freundlich und warm empfangen. Als wir uns gesetzt hatten, verspürte ich ein Zittern.

„Gott, endlich sind wir hier in der Gemeinde. Ich bedaure es, dass wir nicht schon früher gekommen sind. Warum habe ich nicht gewusst, dass das so wunderbar ist?"

Der Lobpreis hörte sich friedlich an und tröstete mich. Ich spürte, dass ich zu Hause war. Die Kanzel und das große

Kreuz wirkten nicht fremd auf mich. Die Blumen, die die Kanzel schmückten, standen in voller Blüte, als wollten sie mich willkommen heißen. Die Gemeindemitglieder waren alle aufgestanden, um zusammen die Hymne zu singen und das Responsorium zu lesen. Sie sahen aus wie gut trainierte Soldaten. So gut ich konnte versuchte ich, mitzusingen und mitzulesen. Ich verspürte keinerlei Scham.

Dann setzte sich die ganze Gemeinde und jemand sprach das Eingangsgebet. Als ich das laut gesprochene Gebet hörte, traten mir vor Dankbarkeit die Tränen in die Augen und liefen meine Wangen hinab.

Als nächstes sang der Chor. Die Stimmen erhoben sich und sagen voller Freude und Kraft. Der Lobpreis war eindrucksvoll. Er schien den Himmel mit starken Emotionen zu erfüllen.

Dann predigte der Pastor über die Liebe und die Gnade Gottes. Ich verstand nicht alles, was er sagte, doch ich verspürte Dankbarkeit und Freude. Der Pastor sah aus wie ein helles Licht, das sich auf uns legte.

Als wir während eines Liedes ein Opfer gaben, dachte ich, es wäre zu wenig und beschloss, das nächste Mal mehr zu geben.

Das war das erste Mal, dass meine Frau und ich zusammen einen Anbetungsgottesdienst besuchten. Ohne dass ich es bemerkte, liefen mir bis zum Ende die Tränen übers Gesicht. Ich sah viele Male, wie meine Frau versuchte, sich die Tränen vom Gesicht zu wischen. Als der Gottesdienst vorüber war, wollte ich noch gar nicht nach Hause gehen. So lehnte ich mich zurück und betete zu Gott.

Ich wurde ein Christ, der zu Gott betet

„Oh, Gott! Es gibt dich wirklich. Ich bin mit meiner Familie gekommen, um den Anbetungs-gottesdienst zu besuchen. Ich glaubte, ich hätte genug gelernt. Bitte vergib mir meine Arroganz, dass ich dich missachtet habe. Bitte hilf mir, einem neugeborenen Baby. Ich glaube, dass du, der Allmächtige, der alle meine Krankheiten geheilt hat, mich führst. Oh, lebendiger Gott! Bitte lehre mich, wie ich mein neues Leben in Zukunft leben soll."

Ich war glücklich und zufrieden. Der Besuch des Anbetungsgottesdienstes hatte uns überfließende Freude und Gnade beschert.

Seit diesem Tag freuten meine Frau und ich uns stets auf die Sonntage. Jeden Sonntag schlossen wir unsere Snackbar, um in die Gemeinde zu gehen. Das war immer ein freudiges Ereignis.

Schließlich wollten wir unsere eigene Bibel und unser eigenes Liederbuch haben. Um beides zu kaufen, mussten wir mehrere Wochen lang sparen. Wir konnten uns nicht die besten Ausführungen leisten, doch wir liebten die Bibel sehr, weil das Wort Gottes darin geschrieben steht.

Lesen war mein Hobby. Während ich krank gewesen war, waren Bücher meine einzige Freude gewesen. Sobald ich dann die Bibel gekauft hatte, las ich den ganzen Tag darin, ohne dass es mir langweilig wurde. Je mehr ich über Jesus erfuhr, umso mehr tat mir meine Torheit leid. Ich war dankbar und erstaunt über die Kraft Gottes.

Ich machte es mir zur Gewohnheit, Gott abends zu preisen und zu Ihm zu beten.

Unglaubliche Gnade! Welch süßer Klang!
Die eine Kreatur wie mich gerettet hat.
Einst war ich verloren, doch jetzt nicht mehr;
Ich war blind, doch jetzt kann ich sehen.
Es war Gnade, die mein Herz fürchten ließ,
Und Gnade, die mich von der Furcht erlöste.
Wie kostbar ist diese Gnade
Seit der Stunde, als ich zum Glauben fand!

Wenn ich Lieder sang, stiegen mir Tränen in die Augen, mein Herz wurde erfüllt von Freude und ich erhob fast automatisch meine Hände. Manchmal stellte ich mir vor, Jesus stünde vor mir.

„Oh, Jesus! Ich habe gehandelt, als wüsste ich alles, sogar über Gott. Ich habe meine Schwester ignoriert, die versucht hat, mir das Evangelium zu verkünden. Und ich habe sie angeschrieen: ‚Wo ist dein lebendiger Gott?'

Manchmal habe ich diejenigen, die dich ernsthaft priesen und zu dir beteten, verachtet und sie kritisiert: ‚Sie sind verrückt.' Ich mochte diejenigen nicht, die weinten, während sie beteten. Ich fragte mich dann: ‚Warum jammern sie so herum?'

Oh, Herr! Ich habe der Ersten Diakonin Hyun nicht vertraut, weil sie nicht auf die Art und Weise für mich betete, wie ich es erwartet hatte. Ich habe nicht geglaubt, dass diese Zeugnisse über Gottes Heilung wahr sind. Bitte vergib mir, dass ich missachtend, dumm und arrogant war.

Oh, mein Herr, Jesus! Du hast mich vom Tod errettet und mir neues Leben gegeben. Du hast mich von Kummer erlöst und mir Jubel gegeben. Du hast mich aus der Krankheit errettet und mir Gesundheit geschenkt! Ich kann nicht mit Worten ausdrücken, wie dankbar ich bin.

Oh, Gott! Du bist der Gott der Liebe. Du bist der Gott wundersamer Kraft. Ich gebe dir all die Ehre!

Mein Herr, was kann ich dir für deine Gnade zurückgeben? Ich habe kein Geld. Was kann ich dir zurückgeben, Herr? Da ich nichts weiter habe als meinen Körper, will ich dir das kostbarste in mir geben – mein Herz. Bitte nimm es an mit meinem unermesslichen Dank."

Ohne zu merken, wie die Zeit verstrich, pries und betete ich.

Ich kann etwas tun!

Als ich erkannte, dass die sieben Jahre der Krankheit, die ich überwiegend im Bett verbracht hatte, vorüber waren, hatte ich die Hoffnung, ein würdiges Leben zu führen. Als Oberhaupt der Familie wollte ich etwas für meine Frau und meine Kinder tun. Außerdem wollte ich soviel ich nur konnte für Gott tun, der mir meine Gesundheit wiedergegeben hatte.

Ich hatte nichts als einen Berg Schulden. Ich war jedoch zuversichtlich, dass ich etwas tun konnte, und fürchtete mich nicht, denn ich glaubte an Gott, der mich geheilt hatte.

Ein Geschäft zu eröffnen schien mir die beste Möglichkeit zu sein, meine Schulden abzubezahlen. Doch wir hatten nicht das nötige Startkapital. Wir hatten uns bereits von allen möglichen Leuten Geld geborgt, und meine ungläubigen Brüder wollte ich wirklich nicht um Hilfe bitten.

Zu dieser Zeit, 1974, benötigte ich, um nur die monatlichen Rechnungen bezahlen zu können, $ 33. Deshalb konnte ich keinen Job annehmen, in dem ich nur $ 17 pro Monat verdiente. Meine neue Lebensweise beinhaltete auch, dass ich sonntags in die Gemeinde ging, um von Gott gesegnet zu werden. Somit kam auch kein gut bezahlter Job in Frage, in dem ich am Sonntag arbeiten musste. Diese Einschränkungen machten meine Arbeitssuche sehr schwierig. Ich wollte wirklich arbeiten, doch ich fand keinen passenden Arbeitsplatz.

Eines Tages empfahl mir einer meiner Bekannten, ein Bauarbeiter, ich solle doch auch auf dem Bau arbeiten. Ich zögerte, denn ich hatte noch nie in diesem Bereich gearbeitet. Er sagte: „Mach dir keine Sorgen. Ich bin ja in deiner Nähe."

Ich musste eine gute Entscheidung treffen. ‚Der lebendige Gott hat mich auf einmal geheilt. Um Gott für seine Gnade etwas zurückzugeben, muss ich den Tag des Herrn einhalten. Gott wird mich auch in finanzieller Hinsicht segnen. Bis zu diesem Zeitpunkt werde ich jegliche Arbeit tun, auch diese harte Knochenarbeit. Er hat mich mit Gesundheit beschenkt. Warum also sollte ich nicht arbeiten?'

Mit diesem starken Willen trat ich also den anstrengenden Job an. Doch ganz gleich, wie hart ich auch arbeitete, ich schaffte nie mehr als die Hälfte dessen, was die anderen leisteten. Das bereitete mir ein schlechtes Gewissen und ich hätte am liebsten aufgehört. Doch ich ermutigte mich: ‚Na los, Jaerock. Wenn du das nicht tun kannst, kannst du auch nichts anderes tun.'

Obwohl ich jeden Abend völlig ausgelaugt war, stand ich am

nächsten Morgen pünktlich auf, um zur Arbeit zu gehen.

Mein trautes Heim

Meine Frau war erfreut von meiner neuen Einstellung, doch sie war auch besorgt, weil ich so hart arbeitete. Ich sah, dass sie glücklich darüber war, dass ich für die Familie Geld verdiente, nachdem ich so lange krank gewesen war. Wie andere Kinder es tun, warteten meine Töchter auf mich und begrüßten mich, wenn ich von der Arbeit zurückkam, indem sie sich mir an den Hals hängten.

Zum ersten Mal seit vielen Jahren verspürte ich Liebe in meinem Zuhause. Ich war glücklich über meine Familie. Sie waren so liebenswert und machten mein Heim immer schöner. Jeder Tag brachte uns etwas Neues. Wie die helle Sonne aufgeht, so tat sich für meine Familie eine verheißungsvolle, glückliche Zukunft auf. Oft priesen meine Frau und ich Gott, der uns ein neues Leben geschenkt hatte:

Das Leben Christi ist in mir lebendig geworden!
Das Alte ist vergangen, doch ich selbst bin neu.
Das Leben fließt durch mich wie Flüsse in das Meer,
seine Liebe scheint auf mich wie die Sonne auf den Tau.
Mit Christus genieße ich das Leben jeden Tag unendlich,
ich werde jetzt und für immer mit Ihm gehen.

Bitte hilf mir, anderen zu vergeben

Ein Besuch in meiner Heimatstadt

Am 10. Juli 1974 planten meine Familie und ich, zum Geburtstag meines Vaters in meine Heimatstadt zu fahren. In meinem Heim gab es keine Kämpfe oder Schmerzen mehr, nur Liebe und Frieden. Es war das erste Mal, dass wir so glücklich und hoffnungsvoll leben konnten, seit wir verheiratet waren.

Ich dachte an die Mitglieder meiner Familie, die mich ignoriert hatten, als ich krank gewesen war. Zuerst war ich nicht bereit, sie zu treffen. Dann entschloss ich mich jedoch, die schmerzvolle Vergangenheit zu vergessen, sodass ich mit Frieden in meinem Herzen gehen konnte, weil Gott mich damit gesegnet hatte, meine Gesundheit wiederzuerlangen. Ich war sogar glücklich, dass ich die Gelegenheit haben würde, in ihrem Beisein Gott zu rühmen, der mich geheilt und mir ein neues Leben geschenkt hatte.

Es war schon eine lange Zeit her, dass ich in der Lage gewesen war, gesund und voller Freude eine Reise zu unternehmen. Ich freute mich an dem wunderbaren Anblick der Berge, der Bäume und allem, was an den Zugfenstern vorüberzog.

Es waren alle Familienmitglieder versammelt. Mein Vater

und meine Mutter, meine Brüder und ihre Frauen, meine Schwestern und ihre Männer, Neffen und Nichten.... Wir waren eine große Familie. Ich genoss die Feier und kümmerte mich anstelle meines Vaters um die älteren Gäste. Meine Familie und die Bekannten aus dem Dorf waren überrascht, mich gesund zu sehen.

„Das ist ein Wunder, ein Wunder! Du bist gesegnet. Ist es wahr, dass Gott dich geheilt hat? Ich kann das nicht glauben. Du hattest aber ein Glück!"

Obwohl sie mir gratulierten, unternahmen sie nicht einmal den Versuch, daran zu glauben, dass Gott mich geheilt hatte. Nur meine Mutter, die schließlich ihr christliches Leben begann und sämtliche Götzen einschließlich der Buddha-Statue aus ihrem Haus entfernte, bezeugte, dass Gott lebendig ist.

„Warum glaubt ihr nicht, dass Gott Jaerock geheilt hat? Erinnert ihr euch nicht mehr daran, dass ich viele Jahre lang zu vielen Göttern gebetet und nichts erhalten habe? Doch sofort, nachdem er und seine Schwester zu Gott gebetet hatten, kam er vollkommen geheilt zurück. Ihr solltet glauben, dass Gott Jaerock, der im Sterben lag, wirklich geheilt hat. Nur Gott kann so etwas tun, nur Gott!"

Meine Eltern müssen zufrieden gewesen sein, ihre Söhne und Töchter so vergnügt zu sehen, denn diese Art von Vergnügen hatten sie lange Zeit nicht gehabt. Meine wiederhergestellte Gesundheit war eine weitere Freude auf dem Fest.

Meine Frau rannte aus dem Haus

Als meine Frau kurz vor dem Ende der Feier ihre Sachen

zusammenpackte, rief meine Mutter nach ihr. Meiner Mutter tat es vielleicht leid, dass sie ein Jahr zuvor zu mir gesagt hatte: ‚Du solltest besser sterben.'

„Liebe Schwiegertochter, du hast so viel gelitten. Es muss wohl dein Schicksal sein, deinen Ehemann krank zu machen. Jetzt ist er gesund geworden. Betrachte dies also als dein Pech. Vergiss die Vergangenheit und leben von nun an ein glückliches Leben."

Angesichts dieser Aussage wurde meine Frau leichenblass. Sie zitterte, und der Schock hatte ihr die Sprache verschlagen.

„Du meinst, mein Mann wurde wegen mir krank?" Meiner heißblütige Frau fehlten die Worte und sie stand abrupt auf.

„Okay. Ich werde die Scheidung einreichen, in Ordnung?", schrie sie und rannte hinaus.

Meine ältere Schwester versuchte, sie aufzuhalten. „Warte, Schwägerin. Du hast das missverstanden!" Doch sie schüttelte die Hand meiner Schwester ab und rannte aus dem Haus.

Ich trank gerade ein Glas mit meinem Vater und meinen Brüdern, als ich sie hinauslaufen hörte.

„Mutter, warum hast du das gesagt? Hättest du ihr nicht stattdessen deine Anerkennung für ihr hartes Leben zeigen können? Warum hast du ihr gesagt, ich sei aufgrund ihres Schicksals krank geworden?" Obwohl ich wusste, dass meine Mutter verunsichert war, konnte ich meinen Ärger auf sie nicht zurückhalten.

Ich glaubte, meine Frau würde bald zurückkommen, wenn sie sich etwas beruhigt hatte, da sie all ihre Sachen dagelassen hatte. Doch sie kam nicht zurück, und ich begann, mir Sorgen um sie zu machen.

„Sicher traut sie sich nicht, weit weg zu gehen. Sie kommt bestimmt bald zurück. Wir können uns unterhalten, solange wir auf sie warten."

„Du weißt doch, Bruder, deine Frau war immer zu starrköpfig und zu verschwenderisch. Deshalb hast du jetzt kein Geld. Wann kapierst du es endlich? Welche Schwiegertochter wird wütend auf ihre Schwiegermutter und rennt hinaus? Das ist nicht akzeptabel!"

Meine Brüder versuchten mich zu trösten, doch ich mochte es nicht, dass sie schlecht von meiner Frau sprachen.

‚Meine Güte! Was ist nur los? Gerade erst ist mein Heim so schön geworden.'

Ich konnte nicht länger auf meine Frau warten. All meine Träume schienen zerbrochen zu sein. Ich war so aufgeregt, dass ich mich nicht mehr unter Kontrolle hatte. Ich rannte in die Küche, nahm eine 750ml-Flasche Soju (ein billiger koreanischer Whisky) und schüttete ihn mir in den Mund. Mit lauter, betrunkener Stimme beklagte ich mich bei meinen Brüdern und meinen Eltern:

„Warum sprecht ihr hinter ihrem Rücken schlecht über sie? Glaubt ihr, mir gefällt das? Das tut es ganz und gar nicht! Ich werde mich umbringen!"

Meine Familie, die das Fest genossen hatte, war schockiert über mein erregtes Verhalten. Die Gäste begannen über das Hinauslaufen meiner Frau und meine Selbstmorddrohung zu klatschen. Ich war so beschämt, dass ich ins das Haus meiner Schwester ging, um mich zu verstecken.

Ich verstand meine Frau. Die Art und Weise, wie meine

Mutter sie behandelt hatte, musste sie verletzt haben. Sie erhielt von meiner Mutter keine Anerkennung dafür, dass sie sieben lange Jahre gelitten und mich, ihren kranken Ehemann, gepflegt hatte. Ich konnte verstehen, warum sie hinausgerannt war.

Ich wollte nicht mehr warten, bis sie wieder auftauchte. Sie war einfach verschwunden, ohne irgendwelche Zeichen zu hinterlassen, denen ich hätte folgen können. Ich nahm an, dass sie so zornig gewesen war, dass sie direkt nach Seoul zurückgefahren war. Auch ich machte mich wieder auf den Weg nach Seoul, um meine Frau zu finden. Ich nahm nur meine erste Tochter, Miyoung, mit. Der Zug fuhr mir viel zu langsam. Ich bedauerte, dass ich keine schnellere Möglichkeit hatte, nach Seoul zu kommen. Ich dachte nur daran, meine Frau so schnell wie möglich zu sehen.

Als wir in unserem Zuhause in Seoul ankamen, rief ich laut nach meiner Frau. „Liebling, mach die Tür auf! Wir sind zu Hause!"

Ich glaubte, meine Frau würde herauskommen und uns begrüßen. Doch es war nichts von ihr zu sehen. Wir eilten in die Snackbar. Sie war verschlossen. Plötzlich hatte ich keine Kraft mehr, weiterzugehen. Ich spürte, dass ich alles verloren hatte.

Mein glückliches Heim war zerbrochen

Meine Sorge wuchs. Ich konnte mein schönes Heim nicht aufgeben, denn ich war lange Zeit nicht so glücklich gewesen.

Sie hatte nichts für uns hinterlassen – ihren Ehemann und ihre zwei Töchter. Ich suchte nach ihr, fragte herum, doch ich konnte sie nicht finden.

Am nächsten Tag kehrte sie nach Hause zurück. Sie sah völlig verändert aus. Ich hatte daran gezweifelt, dass sie tatsächlich die Scheidung einreichen würde, doch ich lag falsch. Meine Hoffnung wurde zerstört.

„Ich verlasse dich, okay? Ich habe in meiner Heimatstadt Mokpo bereits die Scheidung eingereicht."

Meine Frau sah fest entschlossen aus. Ich war stumm vor Enttäuschung. Ich brachte kein einziges Wort heraus.

Einen Tag später kam meine Frau mit ihren Brüdern und Schwestern, um alles abzuholen, was sie mit in die Ehe gebracht hatte.

„Sie ist nicht mehr deine Frau! Versuche nicht, uns aufzuhalten."

Sie nahmen alles mit. Sie leerten mein Haus und hinterließen uns einen kalten Wind. Ich wollte ihnen nicht dabei zusehen. Sie versuchten sogar, die Kaution aus dem Mietvertrag zurückzubekommen.

Meine fünfjährige Tochter Miyoung weinte und hielt sich am Rock meiner Frau fest. „Mami, geh nicht! Bleib bei uns, bitte!"

„Du musst deine Entschlossenheit jetzt beibehalten. Hab nur kein Mitleid! Sieh nicht zurück."

Meine Frau zögerte kurz, doch dann stieß sie ihre Tochter weg. Miyoung rannte ihr nach und hängte sich wieder an ihren Rock. Sie flehte wieder: „Mami, bitte geh nicht. Nein, nein!"

Doch meine Frau verließ uns, ohne sich noch einmal umzudrehen. Vor unseren Augen verschwand sie in dem Lieferwagen. Sie zeigten keine Spur von Mitleid.

Miyoung, die nicht einmal bemerkte, dass sie ihre Schuhe

verlor, versuchte erneut ihre Mutter aufzuhalten. Meine Frau kümmerte sich jedoch nicht darum, dass sie weinte und sich auf dem Boden wälzte. Schließlich hörte Miyoung auf zu weinen und sagte ernst zu mir: „Papa, sie ist nicht mehr meine Mutter. Ich werde sie von jetzt an nicht mehr ‚Mami' nennen."
Ich war zutiefst betroffen, das zu hören. Sie war zu jung, um etwas derartiges zu sagen. Das riss ein weiteres Loch der Einsamkeit und der Traurigkeit in mein Herz.

Um mich zu ermutigen gab ich mich der Hoffnung hin, sie würde die Scheidung doch nicht einreichen. Von diesem Tag an begann ich zu beten.
„Gott, meine Frau hat unser Heim verlassen. Bitte schick sie zu mir zurück, damit wir unser schönes Heim zurückbekommen und guten Glauben üben können und sie sich um unsere Kinder kümmert. Ich glaube daran, dass du mir hilfst."
Fünfzehn Tage lang betete ich ernsthaft. Und während dieser fünfzehn Tage ging ich zu allen Verwandten, wo sich meine Frau möglicherweise aufhalten könnte.
„Sie ist nicht mehr deine Frau, oder? Gib sie auf. Du wirst sie nicht finden. Warum suchst du dir nicht eine andere Frau zum Heiraten?"
Meine Schwiegermutter erlaubte mir nicht einmal, ihr Haus zu betreten. Ich war schrecklich verletzt, weil die ganze Familie meiner Frau sie in ihrer Scheidungsabsicht unterstützte.

Nachdem meine Frau uns verlassen hatte, schickte ich meine Tochter Miyoung zu meinen Eltern aufs Land.
Eines Tages erreichte mich von dort ein Notruf.

Meine Tochter Miyoung war aufgrund einer bösartigen Hauterkrankung ins Krankenhaus gekommen.

Meine Eltern sagten: „Miyoung ist im Krankenhaus und liegt im Koma. Sie ruft immer wieder nach ihrer Mami. Du solltest sie besser finden und zu Miyoung ins Krankenhaus bringen. Es könnte das letzte Mal sein, dass sie sie sieht."

So schnell wie möglich ging ich zu den Eltern meiner Frau und sprach eindringlich mit ihnen. Auf meine Bitte antwortete meine Schwiegermutter: „Ist es nicht das Beste für euch beide? Du und meine Tochter müsst ihr gegenüber kein schlechtes Gewissen mehr haben, wenn sie stirbt.... Und es ist vielleicht auch einfacher für dich, wieder zu heiraten."

Obwohl Miyoung ihre Mutter nicht sehen konnte, überlebte sie. Ich ertrug es nicht mehr. Ich war erschöpft und furchtbar enttäuscht von der bösartigen Haltung der Menschen. Ich lebte in einer schlechten Welt.

Ich hatte Gott kennengelernt und wusste, wie man betet. Doch ich kannte Gottes Wort nicht. Deshalb hatte ich nicht die Kraft, gegen den Schmerz des Unglücks anzukämpfen, das mich plötzlich traf wie ein zyklonischer Wind.

Ich trank immer mehr, bis mein Kopf völlig leer war. Ich hasste meine Mutter, die unsere Scheidung verursacht hatte. Ich hasste meine Frau, die wegen eines Missverständnisses durchgedreht war und die Scheidung eingereicht hatte. Ich hasste die Familie meiner Frau, die nie zuließ, dass ich meine Frau sah. Ich trank, um die Menschen zu vergessen, die ich hasste.

Ich rauchte mich krank. Meine armen Töchter... ich

rauchte, um nicht an meine zwei Töchter zu denken, die von ihren Eltern verlassen worden waren. Ich blies Rauchkringel zusammen mit den Gesichtern meiner Töchter in die Luft. Wenn die Rauchkringel verblassten, verschwand mit ihnen auch mein Kummer um meine Töchter.

Immer wenn ich irgendwie an Geld gelangte, gab ich es für Vergnügungen aus, um zu vergessen.

Ich gewann meine Kraft zurück, indem ich mich auf Jesus verließ

Einige Tage später wurde mein Herz sehr schwer.

Als ich ausrief: „Ich will das Glück, das ich gerade erst gefunden habe, nicht verlieren", gab Gott mir die Anweisung: ‚Wer hat dir deine Gesundheit zurückgegeben? Es war Gott. Wer kann dich jetzt aus dem Schmerz erretten? Nur Gott kann das tun. Die Zeit zu verschwenden, indem du vom richtigen Weg abkommst, führt zu keiner Lösung. Dein Glück ist bereits vergangen. Du hast jetzt keine Möglichkeit, es zurückzuholen. Überlasse alles Gott und vertraue auf Ihn.'

Ich musste mir eingestehen, dass meine Ehe zerbrochen war.

Heirat gemäß 1. Mose 2, 24 bedeutet, dass ein Mann Vater und Mutter verlässt und seiner Frau anhängt und sie zu einem Fleisch werden.

Wenn einer der Ehegatten das gemeinsame Heim verlässt, weil er oder sie nicht mit dem anderen zurechtkommt, bricht die Ehe automatisch auseinander. Ich litt an dem Zusammenbruch meiner Ehe, der durch meine Frau verursacht worden war. Doch

ich vergaß Gott niemals.
Ich konnte meine Kraft wiedergewinnen, indem ich mich auf Jesus verließ.

Aus meiner Knechtschaft, meinem Leid und meiner Nacht
komme ich heraus, Jesus, komme ich heraus, Jesus;
Aus meinem schändlichen Versagen und Verlust
komme ich heraus, Jesus, komme ich heraus, Jesus;
In den herrlichen Gewinn deines Kreuzes,
komme ich zu dir, Jesus.
Aus dem Kummer der Erde in deinen Wohlgeruch,
aus den Stürmen des Lebens in deine Ruhe,
aus Leid zum jubelnden Psalm,
komme ich zu dir, Jesus.
Aus mir heraus, um in deiner Liebe zu wohnen,
aus meiner Verzweiflung in die Verzückung über mir,
nach oben auf ewig, auf Schwingen gleich einer Taube,
komme ich zu dir, Jesus.

Meine Frau und ich wurden ein Fleisch. Wir teilten all das Leid und nahmen Jesus zur selben Zeit an. Als sie mich verließ, erkannte ich jedoch die Wahrheit: Einzig und allein Gott würde mich zu keiner Zeit und unter keinen Umständen je verlassen.

Meine Frau und ich waren getrennt. Schließlich war die Scheidung rechtsgültig, genau wie sie es während meiner Krankheit immer zu mir gesagt hatte: „Sobald du wieder gesund bist, lasse ich mich scheiden."

Ebenso wie es in Sprüche 13, 2-3 geschrieben steht: *„Man kann von der Frucht seines Mundes Gutes essen, aber die*

Begierde der Treulosen ist Gewalttat. Wer seinen Mund behütet, bewahrt sein Leben; wer seine Lippen aufreißt, dem droht Verderben', wurden die Klagen meiner Frau wahr. Genau wie sie es gesagt hatte, wurden wir geschieden. Wie furchtbar das war!

Unsere Scheidung belastete meinen Vater so sehr, dass er krank wurde. Meine Mutter drängte mich, wann immer sie mich sah, wieder zu heiraten. Natürlich erwiderte ich jedes Mal:
„Mutter, ich kann mir nicht vorstellen, mit jemand anderem zu leben als mit Miyoungs Mami. Sie wird ganz sicher zu mir zurückkommen."

Seit ich beschlossen hatte, Gott alles zu überlassen, versuchte ich, die Zuneigung, die ich in meinem Herzen noch für meine Frau hegte, auszulöschen.

Weil meine Mutter mich praktisch dazu gezwungen hatte, ging ich eines Tages mit einer Dame aus. Meine Mutter sagte, die Dame sei eine warmherzige Frau und stets nett zu ihren Eltern.

Am Treffpunkt angekommen sah ich diese Frau zum ersten Mal. Sie war die ideale Frau, von der ich immer geträumt hatte. Es erschien mir unglaublich, dass ich eine solche Frau, die mir in meinen Träumen immer vorgeschwebt war, jetzt kennen lernte. Wir verliebten uns ineinander, und so begannen unsere Eltern mit den Hochzeitsvorbereitungen.

Einige Tage später tauchte meine Frau unerwartet auf. Sie sagte, sie müsse mir etwas gestehen. Sie warf sich in meine Arme und brach in Tränen aus.

„Ich war im Unrecht, Liebling. Ich war so schlecht zu dir. Bitte vergib mir."

Ich hatte jedoch bereits beschlossen, meine Frau zu vergessen und wieder zu heiraten. Sie hatte mich so furchtbar enttäuscht, als sie unsere Töchter und mich verließ, dass ich keine eheliche Zuneigung mehr zu ihr empfand. Wenn ich in meinem Herzen noch irgendein Gefühl für sie hegte, war es Hass.

Wenn Gott in meiner Lage wäre, was würde Er tun? Ich betete um seinen Rat.

„Gott, meine Frau ist zurück und bittet mich um Vergebung. Jesus sagte: ‚Vergib nicht bis siebenmal, sondern bis siebzigmal sieben mal.' Wenn ich an mein schmerzvolles Leben denke, nachdem sie mich verlassen hat, spüre ich noch immer Hass in mir. Vater, was soll ich tun? Ich habe versprochen, bald eine andere Frau zu heiraten. Ist diese besser dafür geeignet, meine noch jungen Töchter aufzuziehen? Bitte, sag mir, was ich tun soll, Gott."

Zu meiner Frau sagte ich: „Du solltest besser wieder zurückgehen. Obwohl ich dir vergebe, wird meine Familie es nicht tun."

Sie gab nicht nach. Sie war fest entschlossen. „Ich werde von jedem Vergebung erhalten. Ich gehöre zu dir und deiner Familie. Ich werde dieses Haus nicht verlassen."

Meine Frau war normalerweise eine sanftmütige Frau, doch jetzt sah sie völlig anders aus.

Ich sagte ihr, dass ich unter den folgenden Bedingungen bereit sei, ihr zu vergeben:

Sie müsse mir, ihrem Ehemann, zu 100% gehorchen. Sie solle

meine Eltern und alle anderen Mitglieder meiner Familie um Vergebung bitten. Ihre Familie müsse kommen und sich bei mir entschuldigen. Sie tat alles, was ich ihr sagte.

Meine neue Schwiegermutter beklagte sich bei mir: „Warum hast du die Hochzeit abgesagt? Hast du irgendein Problem mit meiner Tochter? Wenn nicht, kannst du das nicht tun!"

Ich schilderte ihr ausführlich meine Situation. Unerwarteterweise erklärte sie sich danach damit einverstanden, die Hochzeit abzublasen.

Meine Frau kam zu mir zurück

Folglich vergab ich meiner Frau und tat mich wieder mit ihr zusammen. Es war 120 Tage her, dass sie mich verlassen hatte. Während dieser Tage hatte Gott meine Frau verändert und sie war lammfromm geworden.

Später erkannte ich, dass dies ein Teil von Gottes Wirken in meiner Familie gewesen war.

Anfang November, als der Herbst seinen Höhepunkt erreichte, brachte meine Frau ihre Habseligkeiten zurück nach Hause. Wir begannen, unser glückliches Nest, unser schönes Heim, wieder aufzubauen.

Obwohl mich der Zusammenbruch meiner Ehe verletzt hatte, versäumte ich es nie, in die Gemeinde zu gehen, weil ich an den lebendigen Gott glaubte. Die Besuche der Gottesdienste vermittelten mir jedoch nicht das volle Verständnis von Gottes Wort.

Eines Tages ermutigte mich mein neuer Vermieter, an

der Erweckungsveranstaltung in der Sungdong-Gemeinde in Oksoo-dong teilzunehmen. Mit neuer Entschlossenheit besuchten meine Frau und ich jede Erweckungsversammlung, vom Morgengrauen bis tief in die Nacht. Jedes Mal bereiteten wir ein Opfer für Gott vor und nahmen die besten Plätze ganz vorn ein, um die überreichliche Gnade in Empfang zu nehmen, die Gott uns geben würde.

Meine Frau weinte, als sie die Predigt über Rut hörte, die zwar verwitwet war, aber dennoch ihrer Schwiegermutter Noomi diente. Meine Frau, die zornig auf ihre Schwiegermutter gewesen war, tat Buße. Sie tat auch Buße darüber, dass sie weggelaufen war und die Scheidung eingereicht hatte.

„Schwiegermutter, ich war eine schlechte Schwiegertochter. Von nun an will ich mein Bestes geben, dir zu dienen, so wie Rut es für Noomi tat."

Ich war glücklich zu sehen, wie meine Frau sich verändert hatte. Zuvor hatte sie sich nur gezwungenermaßen bei meiner Mutter entschuldigt, damit wir unsere Ehe wieder aufnehmen und meine Hochzeitspläne mit der anderen Frau absagen konnten.

Durch die überfließende Gnade Gottes hörte ich auch auf zu trinken und zu rauchen. Ich lernte, wie ich als Christ, der Gott wirklich liebt, leben sollte. Von diesem Zeitpunkt an fügte ich meinem Gebet die Bitte hinzu: „Gott, bitte hilf mir, das Böse in meinem Herzen loszuwerden."

Bitte hilf mir, anderen zu vergeben

„Jeder, der seinen Bruder hasst, ist ein Menschenmörder, und ihr wisst, dass kein Menschenmörder ewiges Leben bleibend in sich hat."

Die Predigt des Pastors traf den wunden Punkt in meinem Herzen. Ich betete aus tiefster Seele.

„Oh, Herr! Ich erinnere mich noch daran, wie meine Schwiegermutter mich ‚Krüppel' und ‚Lügner' genannt hat. Bitte hilf mir, diese schlimme Erinnerung zu vergessen.

Jesus! Bitte schmelze meinen Hass auf meine Frau weg, die sich beklagt hat, dass ich kein Geld verdiene. Bitte vergib mir, dass ich zu ihr gesagt habe: ‚Ich werde mich an dir rächen, wenn ich wieder gesund und reich geworden bin!'

Oh, Herr! Ich erinnere mich auch noch daran, dass meine Eltern und Brüder mich verlassen und beschimpft haben, indem sie sagten: ‚Du solltest besser sterben!' Bitte lass meinen Hass wegschmelzen, damit ich ihnen vergeben kann.

Jesus! Ich hasse diejenigen, die mich aufgrund meiner Erscheinung und nicht aufgrund meines Herzens beurteilt und mich wegen meiner Unfähigkeit, Geld zu verdienen, missachtet haben. Sie schmeicheln denjenigen, die sie mögen, und ignorieren oder beschimpfen diejenigen, die sie ablehnen. Bitte hilf mir, für diese Menschen Liebe statt Hass zu empfinden. Bitte hilf mir, allen zu vergeben."

Meine Frau und ich weinten auf jeder einzelnen der Erweckungsversammlungen. Wir weinten wegen der kummervollen Tage unserer Vergangenheit. Wir weinten und waren dankbar für die Liebe Gottes, die es uns ermöglichte, allen zu vergeben.

Oh Gott! Du hast meinen Hass in Liebe verwandelt!
Du hast meinen Hass in Vergebung umgeformt!
Du hast mein Unglück in Glück verwandelt!
Danke für deine Majestät!

Gott arbeitete an meiner Familie und mir. Er veränderte den Sturm – das Weglaufen meiner Frau, die Scheidung und die erneute Vereinigung – in ein friedliches Leben des Gehorsams und der Liebe.

Bis zum Ende meiner Reise

Wenn der Sturm sich gelegt hat, wird es still. Ebenso beruhigte sich alles in meinem Heim, nachdem meine Frau zurückgekommen war. Meine Frau, die sich die Vergebung meiner Familie wünschte, war entschlossen, ein neues Leben zu beginnen. Meine Familie freute sich sehr über ihre Veränderung. Auch ich hatte meiner Frau vergeben und wollte mir ihr ein würdiges und glückliches Leben leben.

Es schien, als gäbe es nichts, worauf ich neidisch sein könnte, wenn ich in der Gnade und der Liebe Gottes lebte, der mich sofort geheilt hatte. Es bedeutete das größte Glück für uns, dass wir in Freude und Frieden in dieser Welt leben konnten und dann in den Himmel kommen würden. Wie wundervoll würde es im Himmel sein! Dort gibt es weder Tränen noch Kummer, weder Schmerz noch Krankheit. Wir werden dort für immer in der Liebe Gottes leben.

Es gefiel mir, weil es dort keine Krankheiten gibt und ich schon so lange an Krankheiten gelitten hatte. Ich glaubte wirklich an den Himmel und wollte dort hingehen, weil ich von vielen Menschen ignoriert und verachtet worden war, viele Tränen vergossen und viel Leid in dieser Welt ertragen hatte.

Als ich mich entschieden hatte, als ein Kind Gottes zu leben, bat ich den allmächtigen Gott, sich um alles, was mich betraf, zu kümmern, damit ich unter seinem Schutz und seiner Führung lebte.

„Oh, himmlischer Vater! Du bist mein wirklicher Vater. Ich bin dein Sohn. Ich möchte mein Leben als dein Kind leben. Bitte gib immer acht auf mich, führe mich, lehre mich und hilf mir. Du bist mein Vater, für immer, in dieser Welt und im Himmel."

Ich wollte Gott lieben

Eines Tages schenkte Gott mir durch die Botschaft einer Predigt wunderbaren Segen. *„Ich liebe, die mich lieben; und die mich frühe suchen, finden mich"* (Sprüche 8, 17). Ich verstand nicht ganz, was das bedeutete, doch ich strebte eifrig danach, Gott zu lieben und von Ihm geliebt zu werden. Ich wollte Ihn wirklich suchen und finden.

Von diesem Zeitpunkt an wurde mein Leben vollkommen erneuert.

Ich verpasste keinen Anbetungsgottesdienst. Sonntag morgens, Sonntag abends und Mittwoch abends verlieh ich meiner Liebe zu Gott Ausdruck, indem ich die Gottesdienste besuchte. Wenn ich die Predigt hörte, tat ich, was ich konnte, um das Gehörte in die Praxis umzusetzen.

Ich verstand nicht alles, was in den Predigten gesagt wurde. Ich hatte auch keinen Seelsorger, der mir geholfen hätte, in meinem Glauben zu wachsen. Doch obwohl ich das Wort Gottes nicht vollständig begreifen konnte, tat ich mein Bestes, seinen Weisungen zu folgen.

‚Sei stets dankbar.' Diese Botschaft bewahrte ich in meinem Herzen. Ich prüfte mich selbst, ob ich für alles dankte, und gelangte zu dem Schluss, dass ich dies in allen Umständen, in denen ich mich befunden hatte, getan hatte.

„Gott, ich glaubte, ich hätte dir für alles gedankt. Doch ich erinnere mich, dass ich für meine harte Arbeit nicht gedankt habe, deshalb würdest du wahrscheinlich verneinen, dass ich in allen Situationen dankbar war. Bitte hilf mir, dir von jetzt an für alles zu danken."

Ich betete zu Gott und sprach mit Ihm wie ein Kind. Dann machte Gott mir bewusst, ob ich Ihm gedankt hatte oder nicht. Das war Gottes Art und Weise, mich zu lehren, wofür ich Ihm Dank schuldete.

Ich arbeitete immer als Bauarbeiter. Ich musste morgens früh aufstehen, um zur Arbeit zu gehen. Meine Arbeit war sehr hart. Während ich nachts schlief, stöhnte ich und mein ganzer Körper schmerzte.

Meine innere Stimme sagte nach vor: ‚Gib die Arbeit auf!' Doch ich ermutigte mich selbst, diese Stimme zu überwinden. Im Lauf der Zeit war ich nicht mehr so müde. Mein Appetit nahm zu und ich aß mehr. Ganz gleich, was ich aß, ich verdaute es gut. Ich war zufrieden mit jeder schweren Arbeit. Mein Körper wurde gesünder und stärker.

Gott ließ mich diese harte Arbeit annehmen. Ich dankte Gott für seine Weisheit und Liebe. „Oh Gott! Ich danke dir so sehr. Du hast mich zu dieser schweren Arbeit geführt. Wie konnte ich wissen, dass das dein Weg ist? Jetzt verstehe ich es. Ich habe jetzt erkannt, wie weise du bist und wie wunderbar deine Liebe ist."

Obwohl ich geheilt war, war mein Körper noch nicht stark, weil ich ihn noch nicht lange trainiert hatte. Um meinen Körper zu kräftigen, hatte Gott mir schwere Arbeiten gegeben. Ich dankte Gott zutiefst dafür.

Seit ich die biblischen Botschaften in meinem täglichen Leben anwendete, leitete Gott mich an, als eines seiner Kinder zu leben.

Manchmal konnte ich nachts nicht schlafen. Stattdessen träumte ich von meiner Zukunft, wie ich mein neues Leben als ein Kind Gottes gestalten würde.

Mein schönes Heim

Meine größte Hoffnung war es, nach dem Wort Gottes zu leben und ein schönes Heim zu schaffen. Ich kniete nieder und betete zu dem allmächtigen Gott, weil ich sicher war, dass Er mir antworten würde.

„Oh, himmlischer Vater! Danke, dass du meiner Familie Freude und Leben gibst. Danke, dass du uns Glauben schenkst. Vater, bitte segne mich, damit ich meinen Glauben während meines Lebens auf dieser Erde noch erheblich vergrößern kann. Bitte segne mich mit größerer Hoffnung. Bitte segne mich mit noch mehr kostbarer Liebe. Bevor ich Jesus angenommen hatte, hatte ich keinen Glauben, nur Schmerz. Ich hatte keine Hoffnung, nur Leid. Ich hatte keine Liebe, nur Gram. Doch jetzt liebe ich unseren Herrn."

Ich betete weiter:

„Bitte segne mich damit, dass ich meine Frau noch mehr liebe, segne meine Frau damit, dass sie mir gut dient, und segne uns beide, damit wir uns gut um unsere Kinder kümmern und uns ein schönes Zuhause aufbauen können. Bitte führe mich, dass ich bis an das Ende meiner Reise ein glückliches Leben im Glauben führe. Bitte hilf mir, ein freudiges, hoffnungsvolles Leben zu leben. Bitte segne mich mit einem friedlichen Leben voller Liebe."

Ich betete ernsthaft. Ich glaubte, Gott würde es nicht zulassen, dass sich nochmals auch nur der Schatten eines Unglücks auf meine Familie legte.

Unser Zuhause war sehr schön. Wenn wir beteten war es überfließend mit Jubel und Dankbarkeit, mit Liebe und Frieden und mit Lobpreis und Gebet. Wenn es etwas gab, das wir brauchten, war es Geld. Nachdem meine Frau weggelaufen war und die Scheidung eingereicht hatte, wurde die Snackbar geschlossen. Dementsprechend waren noch mehr Zinsen auf unsere Schulden aufgelaufen, was unsere finanzielle Situation noch verschlechterte.

Mein Problem war, dass ich meine Gläubiger bezahlen musste, obwohl wir nichts zu essen hatten. Ich arbeitete noch härter. Ich machte jede schmutzige oder schwere Arbeit, die sich mir bot. Es waren viele sehr harte Jobs dabei, wie beispielsweise das Befördern von Kohle. Auch meine Frau arbeitete sehr hart. Manchmal kaufte sie in Incheon gesalzene Quahogmuscheln zum Großhändlerpreis, um sie mit Gewinn wieder zu verkaufen, bereitete braunen Seetang zu und hatte außerdem eine Arbeit, in der sie Felsbrocken befördern musste. Wir arbeiteten beide wirklich schwer, um Geld zu verdienen. Doch ganz gleich, welche Arbeit wir taten, wir verspürten nie Scham, nur Freude.

Ich wollte Gott verherrlichen

Ich hatte noch einen weiteren Wunsch. Als eines der Kinder Gottes wollte ich in meiner von Gott gegebenen Arbeit gesegnet sein und Ihn verherrlichen, indem ich armen Menschen half. In meinem Gebet glaubte ich fest daran, dass Er mich mit einer besseren Arbeit segnen würde.

„Gott, du hast mir Gesundheit geschenkt. Ich glaube, dass du mich auch segnest. Während ich einige schwere Arbeiten verrichtet habe, habe ich darauf gewartet, dass du mir eine gute Arbeit gibst. Gott, bitte gib mir bald einen tollen Job. Du kennst meine finanzielle Situation. Ich glaube daran, dass du mich mit einer wunderbaren Arbeit segnest."

Ich betete um finanziellen Segen, weil ich meine Pflicht als Oberhaupt der Familie erfüllen und dem Reich Gottes dienen wollte. Mein Wunsch, Ältester zu werden und für die Gemeinde zu arbeiten wurde stärker. Obwohl ich einige Dinge brauchte, bat ich niemanden um Hilfe. Ich glaubte, es würde Gott nicht verherrlichen, wenn ich Hilfe von anderen Menschen annähme. Als mein Bruder mir freiwillig anbot, mich zu unterstützen, lehnte ich ab. Wenn ich durch seine Unterstützung in der Zukunft wohlhabend würde, gebührte der Ruhm nicht Gott, sondern ihm.

Als mir eine andere, gut bezahlte Arbeit angeboten wurde, lehnte ich diese sofort ab, weil ich dort zwei Sonntage im Monat hätte arbeiten müssen. Ich war jedoch nicht bereit, den Tag des Herrn für Geld zu missachten. Ich würde kein Angebot für eine

Arbeit mit hohem Gehalt annehmen, wenn ich dafür Gottes Gebote brechen musste. Ich wartete einfach auf den Tag, an dem Gott die Tür zu meinem Segen öffnen würde. Deshalb verrichtete ich weiterhin schwere Arbeiten.

Ich wollte das Evangelium verkünden

Ich hatte noch einen dritten Wunsch.

„Gott, du hast mich vollkommen von all meinen Krankheiten geheilt. Ich glaube, dass du meine Familie und mich vor allen Krankheiten schützt. Als ich geheilt wurde, lernte ich dich zum ersten Mal kennen und lernte, an dich, den lebendigen Gott, zu glauben. Es gibt so viele kranke Menschen in dieser Welt. Ich würde sie gerne wissen lassen, dass du der lebendige Gott bist."

Ich versuchte, so vielen Menschen wie möglich das Evangelium zu verkünden. Ich erzählte meinen Kollegen, Verwandten und Nachbarn, wie Gott mich geheilt hatte, wie viele Krankheiten ich gehabt hatte, bevor ich geheilt wurde, wie sehr Gott uns liebt und welchen Segen wir bekommen, wenn wir an Jesus Christus glauben.

Aus der Sicht der anderen hatte meine Familie nichts, dessen sie sich hätte rühmen können. Doch wir jubelten unentwegt und dankten für alles. Nicht nur ich, sondern auch meine Frau und meine Kinder hatten nichts, das uns glücklicher machte, als in die Gemeinde zu gehen.

In meinem Haus waren ständig Lobpreislieder zu hören. Meine Kinder tanzten und sangen sehr oft. Sie waren niedlich und wunderschön anzusehen. Ich konnte mir vorstellen, wie glücklich unser Gott war, wenn Er sie betrachtete.

Meine Familie hatte sehr gelitten, als sie Gott noch nicht kannte. Nachdem wir jedoch Gott kennengelernt hatten, wurden wir glücklich und empfingen seine Liebe. Seit dieser Zeit setzen wir unsere Hoffnung auf den Himmel, damit wir keinen Neid auf Reichtum und Ehre in dieser Welt verspüren.

Wenn Nachbarn uns das erste Mal in die Gemeinde begleiteten, waren wir glücklicher als sonst. Spontan begann ich, Lobpreislieder zu singen, und meine Frau stimmte mit ein.

> Mein Retter führt mich auf dem ganzen Weg,
> Worum soll ich noch bitten?
> Kann ich seine sanfte Gnade anzweifeln,
> Der mich durch mein ganzes Leben führt?
> Himmlischer Friede, göttlicher Trost,
> Im Glauben wohne ich in Ihm;
> Denn ich weiß, was immer mir widerfahren wird,
> Jesus wendet alles zum Guten.
> Denn ich weiß, was immer mir widerfahren wird,
> Jesus wendet alles zum Guten.

4

Charakter Schafft Hoffnung

Ich war ein Sünder

Das Kreuz des Herrn

Der lebendige Gott

Wenn du kannst?

Der Gründung einer Gemeinde

Das Gefäß

Ich war ein Sünder

Meine Frau und ich lebten ein neues Leben, erfüllt mit neuer Hoffnung. Eines Tages schenkte Gott uns großen Segen. Im November 1974 hielt die Oksoo-dong Sungdong-Gemeinde eine Erweckungsveranstaltung ab. Auf dieser Veranstaltung predigte der Hauptredner, Pastor Byong-ok Pak, über das Thema: ‚Lasst uns alles geben, was wir haben!'

Bei dem Treffen am Montag Abend kam Pastor Pak von der Kanzel herunter und legte seine Hände auf meine Frau und mich. Das war ein unerwartetes, besonderes Gebet für uns.

Aus verschiedenen Gründen konnten wir den Morgengottesdienst am nächsten Tag nicht besuchen. Später hörten wir, dass der Sprecher uns gesucht hatte. Als er feststellte, dass wir nicht da waren, sagte er: „Gott hat diese Erweckungsveranstaltung für ein bestimmtes Paar, das jetzt nicht anwesend ist, vorbereitet. Dieses Paar sollte keinen der Gottesdienste verpassen. Bitte sagt ihnen das, wenn ihr in ihrer Nähe wohnt." Nachdem wir das gehört hatten, besuchten wir von Dienstag Abend an alle Gottesdienste und Versammlungen.

Durch die Predigten des Sprechers lernte ich, dass Gott alles im Universum und die ganze Menschheit erschaffen hat, und dass Er seinen einzigen Sohn Jesus geschickt hat, um uns von unseren Sünden zu erlösen. Ich konnte seine Liebe und seine Gegenwart in meinem Herzen spüren.

Wir sollten an Gott den Schöpfer glauben

Um an Jesus zu glauben, müssen wir zuerst erkennen, dass wir Sünder sind. Wenn man das nicht erkennt, kann man auch nicht glauben, dass Jesus am Kreuz starb, um uns von der Sünde zu erlösen.

In Matthäus 1, 21 heißt es: *„Und sie wird einen Sohn gebären, des Namen sollst du Jesus heißen; denn er wird sein Volk selig machen von ihren Sünden."*

Um einzugestehen, dass wir Sünder sind, müssen wir glauben, dass Gott jegliche Kreaturen, einschließlich der Menschheit, geschaffen hat und die Kontrolle über alles besitzt – über Geburt, Tod, Unglück und Glück.

Als Gott mit der Schöpfung begann, wie es in 1. Mose 1, 1 geschrieben steht: *„Am Anfang schuf Gott Himmel und Erde.",* schuf Er Tag und Nacht, Himmel und Erde, das Meer, Pflanzen, die Sonne, den Mond, die Sterne, Tiere und Menschen.

In 1. Mose 2, 7 heißt es: *„Und Gott der HERR machte den Menschen aus einem Erdenkloß, uns blies ihm ein den lebendigen Odem in seine Nase. Und also ward der Mensch eine lebendige Seele."*

Gott schuf Mann und Frau. Gott segnete sie und sagte zu ihnen: *„Seid fruchtbar und mehrt euch und füllt die Erde und macht sie euch untertan;"* (1. Mose 1, 28).

So ging die Schöpfung vor sich: Gott der Schöpfer plante, schuf und regelte alles.

Auf der anderen Seite gibt es die Evolutionslehre. Diese besagt, dass das Leben zufällig entstanden sei und sich die Arten unabhängig voneinander entwickelt hätten. Einige Evolutionisten sind von dieser Lehre jedoch neuerdings abgekommen.

Es ist wahr, dass wir unser Leben entsprechend der Lehre leben, an die wir glauben. Diejenigen, die den Ursprung des Lebens in der Evolution sehen, werden für weltliche Wünsche leben, die auf dem Humanismus basieren. Im Gegensatz dazu werden diejenigen, die glauben, dass Gott alles erschaffen hat, gemäß dem Willen Gottes, des Schöpfers leben, der auf himmlischen Wünschen basiert.

An welche Lehre sollten wir glauben?

Lass uns ein hohes Gebäude betrachten. Zuerst entwirft der Architekt das Gebäude nach seinen Vorstellungen. Bauarbeiter bauen es dann gemäß den Zeichnungen. Kein Gebäude kann ohne einen Plan erstellt werden. Ebenso wenig können Fernseh- oder Radiosendungen ohne einen Plan produziert werden.

Wie verhält es sich mit dem Sonnensystem, das ohne den geringsten Fehler abläuft? Was ist mit all den anderen Dingen im Universum, die sich in Ordnung und Harmonie bewegen? Nichts ist durch Zufall entstanden. Gott hat jeden einzelnen Teil des Universums geplant und erschaffen. Wir müssen glauben, dass das wahr ist.

Wie wurde der Mensch erschaffen?

Gott formte den Menschen aus Staub vom Boden nach seinem eigenen Bild. Mit großer Sorgfalt und Liebe erschuf Er einen Mann, wie der Töpfer einen Topf formt. Als Er ihm den Atem des Todes in seine Nasenlöcher blies, wurde der Mann ein menschliches Wesen. Der Mann atmete und hatte einen Blutkreislauf in seinem Körper. Gott gab ihm auch ein Herz und einen Verstand, mit dem er sich bewegen und denken konnte wie ein lebendiges Wesen. Das ist ähnlich dem Bau eines Fernsehers: Wenn er fertig montiert ist und an Strom angeschlossen ist, produziert er Bilder und Töne.

Wenn der Mensch in der Lage ist, solche Maschinen zu bauen, muss der allmächtige Gott wohl wissen, wie man einen Menschen erschafft, der denkt, spricht und sich bewegt.

Gott lebte mit Adam, dem ersten Menschen, den Er erschaffen hatte, und lehrte ihn über die Harmonie des Universums, die Gesetze des geistlichen Reichs und die Worte der Wahrheit.

„Seid fruchtbar und mehrt euch und füllt die Erde und macht sie euch untertan und herrscht über die Fische im Meer und über die Vögel unter dem Himmel und über alles Getier, das auf Erden kriecht."

„Du sollst essen von allerlei Bäumen im Garten; aber von dem Baum der Erkenntnis des Guten und des Bösen sollst du nicht essen; denn welches Tages du davon ißt, wirst du des Todes sterben."

„Darum wird ein Mann Vater und Mutter verlassen und an seinem Weibe hangen, und sie werden sein ein Fleisch."

Wie oben angeführt, lehrte Gott Adam Schritt für Schritt, wie er als der Herr über alle Schöpfung leben sollte. Gott führte ihn auch zum Weg des Segens.

Warum erschuf Gott den Menschen?

Obwohl die Himmlischen Heerscharen und die Engel bei Ihm waren, erschuf Gott den Menschen. Er wusste bereits vorher, dass der Mensch Ihm anfangs gehorchen, Ihm später jedoch ungehorsam sein würde. Warum erschuf Er den Menschen trotzdem?

Menschen wissen, dass es neun Monate dauert, bis ihre Babys geboren werden. Sie wissen auch, dass die Geburt sehr schmerzhaft wird. Sie besitzen auch Kenntnis darüber, dass sie viele Sorgen haben werden, wenn sie ihre Kinder großziehen. Warum wollen Eltern trotz alledem Kinder haben? Weil sie sie lieben und von ihnen wiedergeliebt werden wollen.

Gleichermaßen wollte unser Vater Gott seine wahren Kinder haben, um Liebe mit ihnen auszutauschen. Die Himmlischen Heerscharen und die Engel waren wie Roboter, die keinen freien Willen hatten, sondern nur gehorchten. Aus diesem Grund erschuf Gott den Menschen mit der Fähigkeit zu denken und einem freien Willen. Er wollte mit diesem denkfähigen Menschen Liebe austauschen.

Gott hatte den Plan aufgestellt, den Menschen 6.000 Jahre lang zu kultivieren, damit seine wahren Kinder in der Wahrheit leben können. Diese 6.000 Jahre sind die Geschichte der Menschheit, seit Adam und Eva aufgrund ihres Ungehorsams aus dem Garten Eden vertrieben wurden. Dies wird detailliert in der Bibel beschrieben.

Warum waren Adam und Eva Gott ungehorsam?

Gott lehrte Adam und Eva nur das Gute, nichts Böses. Adam hatte mit allen Arten von Tieren im Garten Eden gelebt, wo es nichts Böses gab. Eine unendlich lange Zeit hatte er zusammen mit Gott gelebt. In diesen unzähligen Jahren hatte Adam ein glückliches Leben geführt, war fruchtbar gewesen und hatte sich vermehrt.

Während Adam bei Gott lebte, war Satan auf der Suche nach einer Möglichkeit, wie er Adam versuchen konnte, um Gott zu betrügen. Adam und Eva waren stets in der tiefen Liebe Gottes. So wählte Satan als Mittel für die Versuchung die Schlange, die listiger war als all die anderen Tiere des Feldes.

Obwohl Eva den Willen Gottes sehr wohl kannte, gab sie der List Satans nach.

Die Schlange fragte Eva: „Ja, sollte Gott gesagt haben: Ihr sollt nicht essen von den Früchten der Bäume im Garten?"

Da sprach das Weib zu der Schlange: „Wir essen von den Früchten der Bäume im Garten; aber von den Früchten des Baumes mitten im Garten hat Gott gesagt: Eßt nicht davon, rührt's auch nicht an, daß ihr nicht sterbt."

Satan sah, dass seine Versuchung bei Eva erfolgreich war, weil er Gottes Wort verdreht und gesagt hatte: „Keineswegs werdet ihr sterben!"

„Ihr werdet mitnichten des Todes sterben; sondern Gott weiß, daß, welches Tages ihr davon eßt, so werden eure Augen aufgetan, und werdet sein wie Gott und wissen, was gut und böse ist."

Eva bekämpfte Satan nicht mit Gottes Wort, sondern

reagierte, indem sie es anzweifelte. Deshalb konnte Satan in Eva das fleischliche Verlangen säen – die Sehnsucht des Sünders, die Lust der Augen und den Stolz des Lebens.

Und das Weib schaute an, daß von dem Baum gut zu essen wäre und daß er lieblich anzusehen und ein lustiger Baum wäre, weil er klug machte; und sie nahm von der Frucht und aß und gab ihrem Mann auch davon, und er aß.

In diesem Moment begann die tragische Geschichte der Menschheit. Adam war die Autorität gegeben worden, sich die Erde untertan zu machen und über alle Tiere zu herrschen. Dennoch war er dem Herrscher Gott ungehorsam, der ihn die Regeln gelehrt hatte – fürchte Gott und iss nicht die Frucht vom Baum der Erkenntnis des Guten und des Bösen. Das ist der Grund, warum Adam und Eva Sünder wurden.

Gott, der gerecht ist, fragte Adam: ‚Hast du nicht gegessen von dem Baum, davon ich dir gebot, du solltest nicht davon essen?'

So trieb der Herr Adam und Eva aus dem Garten Eden hinaus, denn Er hatte sie gewarnt: „...an dem Tag, denn welches Tages du davon ißt, wirst du des Todes sterben.'

Nachdem Er sie weggeschickt hatte, stellte Gott auf dem Weg zum Baum des Lebens Wachen auf.

Nachdem sie aus dem geistlichen Reich vertrieben worden waren, erstarb ihr Geist. Darüber hinaus folgten noch viel Schmerz und Flüche. Der Frau vermehrte Gott das Mühsal ihrer Schwangerschaft, sodass sie ihre Kinder unter Schmerzen gebären musste. Nach ihrem Mann war ihr Verlangen, er aber herrschte über sie. Der Mensch konnte die Tage seines Lebens nur durch harte Arbeit überleben. Er musste das Kraut des

Feldes essen, doch er konnte nur im Schweiße seines Angesichts sein Brot essen. Und er war dazu bestimmt zu sterben, zum Staub zurückzukehren.

Die Schlange wurde verflucht unter allem Vieh und unter allen Tieren des Feldes. Sie musste alle Tage ihres Lebens auf ihrem Bauch kriechen und Staub fressen. Gott sagte zu der Schlange: „Und ich will Feindschaft setzen zwischen dir und dem Weibe und zwischen deinem Samen und ihrem Samen. Derselbe soll dir den Kopf zertreten, und du wirst ihn in die Ferse stechen."

‚Staub' bedeutet im geistlichen Bereich, dass der Mensch aus Staub gemacht ist. ‚Staub sollst du fressen' bedeutet, dass der Mensch durch Adams Ungehorsam zu Futter für die Schlange geworden war, was bedeutet, dass der Mensch unter die Kontrolle des Feindes Satan geriet.

Außerdem führte Adams Ungehorsam zum großen Sündenfall. Adam, der der Herrscher über die Erde gewesen war, wurde verflucht, und der Erdboden wurde ebenfalls verflucht. Und alle seine Nachkommen waren dazu verflucht, Sünder zu sein. Sie alle wurden Erben der Verdammnis, denn der Lohn der Sünde ist der Tod (Römer 3, 23; 6, 23).

Darüber hinaus wurde die Autorität Adams aufgrund seines Ungehorsams Satan übertragen (Lukas 4, 6). Auf diese Weise wurde die Welt von Schmerz, Kummer, Krankheiten, Kämpfen und Bosheit erfüllt.

Wie können wir errettet werden?

Unser Vater Gott wusste im voraus, dass Adam Ihm

ungehorsam sein würde. Doch Er wollte nicht, dass Adam, sein Kind, ein Kind Satans würde. Deshalb bereitete Gott für seine Kinder den Weg zur Errettung vor. Der einzige Weg zur Erlösung ist durch Jesus Christus.

„Also hat Gott die Welt geliebt, daß er seinen eingeborenen Sohn gab, auf daß alle, die an ihn glauben, nicht verloren werden, sondern das ewige Leben haben" (Johannes 3, 16).

„Wie viele ihn aber aufnahmen, denen gab er Macht, Kinder Gottes zu werden, die an seinen Namen glauben" (Johannes 1, 12).

Alle Menschen sind dazu bestimmt, zu sterben. Deshalb kam Jesus vor über 2.000 Jahren auf diese Erde. Er wurde gekreuzigt, um all unsere Sünden wegzunehmen.

Gott hatte den Weg zum ewigen Leben festgelegt. Wenn wir an Jesus glauben, der gekreuzigt wurde und wieder auferstanden ist, erhalten wir als Kinder Gottes Vergebung und ewiges Leben. Wie wunderbar dies ist, und was für ein Grund, dankbar zu sein! Unser Gott hat uns seine Art von Liebe gegeben. Halleluja!

Ich wurde als Kind Gottes wiedergeboren, indem ich erkannte, dass ich ein Sünder war

Obwohl Gott uns so sehr liebt, haben wir noch nicht erkannt, dass Er für uns das Universum erschaffen hat, damit wir darüber herrschen.

„Oh, himmlischer Vater! Jeder einzelne in meiner Familie war ein Sünder. Wir wussten nichts von dir. Wir kannten dich auch nicht. Du hast Jesus gesandt, um am Kreuz für uns zu sterben. Danke, dass du uns vergibst. Du hast dich uns durch deine wundersame Heilung offenbart. Danke für deine Gnade."

Meine Tränen der Dankbarkeit flossen. Wenn Gott mir nicht Gnade geschenkt hätte, würde ich noch immer das schmerzvolle Leben eines Sünders führen, der Gott nicht kennt und dazu bestimmt ist, zu sterben. Wie reichlich Gott mir seine Liebe schenkte! Und das völlig umsonst! Wie wundervoll und wie dankbar seine Liebe ist!

Gott heilte mich, bevor ich Jesus Christus annahm. Warum gab Er mir dieses Vorrecht? Weil Er wusste, dass ich weder seine Gnade vergessen noch Ihn verlassen würde, und weil Er die ernsten Gebete meiner Schwester für mich hörte. Er beantwortete ihre Gebete, indem Er mich heilte.

Nach diesen Erfahrungen entschloss ich mich, zu Gottes Liebe und Gnade zurückzukehren. Ich besuchte Anbetungsgottesdienste und praktizierte, was das Wort Gottes sagte. Ich war ein wiedergeborener Mensch mit einer großen Veränderung in meinem Leben geworden, ich war verflucht gewesen und war jetzt gesegnet.

„Oh, Vater! Gott der Liebe! Danke, dass du mich geheilt hast und mich den Weg zur Erlösung und zum ewigen Leben wissen ließest. Danke, dass du mich damit gesegnet hast, dein Kind zu sein, und die Sünde in mir zerstörst. Bitte segne mich, damit für mich alles neu wird und ich wahrhaft eines deiner

Kinder werde!"

Das Kreuz des Herrn

Ich konnte die Segnungen, die ich von Gott erhalten hatte, nicht mehr zählen. Ich muss der Rekordhalter im Guinnessbuch der Rekorde gewesen sein.
Alle meiner Familienmitglieder nahmen Jesus an. Meine Frau wurde innerhalb von vier Monaten so sanftmütig wie ein Lamm und richtete unser Heim wunderschön ein. Ich war nach siebenjähriger Krankheit geheilt worden und arbeitete hart, doch stets voller Freude über meine wiederhergestellte Gesundheit. Immer wenn ich an all diese Segnungen dachte, gab ich Gott die Ehre, der Hoffnung durch Charakter schafft.

Als ein Kind Gottes

Nachdem ich nun erkannt hatte, dass ich ein Sünder war, fasste ich den Entschluss, von jetzt an als ein wahres Kind Gottes zu leben. Wie kann ich gemäß dem Wort Gottes leben? Dies zu erreichen war mein Ziel und meine Pflicht. Ich war so eifrig nach Gerechtigkeit, dass ich so viele Erweckungsveranstaltungen wie möglich besuchte. Ich wollte die Gnade Gottes, die durch die Predigten vermittelt wurde, verstehen. Wenn ich die Bibel las, nahm ich mir die Zeit, dies sehr aufmerksam zu tun, weil jedes Wort wichtig war, um mich von meinen schlechten Verhaltensweisen zu trennen. Wenn es mir nicht gelang, eine üble Gewohnheit abzulegen oder etwas zu tun, was das Wort mich lehrte, fastete ich, damit Gott mir Weisung gab.

Wenn ich die biblischen Verse nicht ganz verstand, fragte ich meinen Pastor danach. Er empfahl mir, eine Bibel zu kaufen, die mit Kommentaren versehen war, doch auch diese konnten nicht alle meine Fragen zu meiner Zufriedenheit beantworten. Ich wollte das Wort der Wahrheit wirklich eindeutig verstehen. Deshalb ging ich oft in Gebetshäuser, wo ich fastete, Nachtgottesdienste besuchte und ernsthaft zu Gott betete, Er möge meine Fragen beantworten.

„Vater, bitte gib mir klare Antworten auf meine Fragen. Die Antworten meines Pastors können meine Verwirrung nicht auflösen, und die Kommentare zur Bibel zeigen mir zu viele verschiedene Interpretationen. Ich glaube, dass ich die wahren Antworten bekommen kann, wenn ich mit dem Heiligen Geist erfüllt bin. Ich habe sogar gehört, dass zu jemandem für drei Jahre ein Engel herabgekommen ist, um seine Fragen zur Bibel zu beantworten. Vater, würdest du mir bitte helfen, dein Wort vollkommen zu verstehen? Bitte beantworte mein Gebet auf deine Art."

Eines Tages pries und betete ich inspiriert.

Auf meiner ganzen Reise wandle ich im Sonnenlicht,
Über die Berge, durch das tiefe Tal,
Jesus sagte: „Ich werde dich nie verlassen."
Göttliches Versprechen versagt nie.
Himmlisches Sonnenlicht, himmlisches Sonnenlicht,
Das meine Seele mit göttlichem Ruhm überflutet:

Halleluja! Ich bin voller Freude
Und singe Ihm Lobpreis, Jesus ist mein.

Mein Wunsch war es, im Licht zu wandeln. Ich fragte mich, was dieses Licht ist, und wie ich darin wandeln könnte. Da kam mir eine Bibelstelle in den Sinn.

„Im Anfang war das Wort, und das Wort war bei Gott, und Gott war das Wort. Dasselbe war im Anfang bei Gott. Alle Dinge sind durch dasselbe gemacht, und ohne dasselbe ist nichts gemacht, was gemacht ist. In ihm war das Leben, und das Leben war das Licht der Menschen. Und das Licht scheint in der Finsternis, und die Finsternis hat's nicht begriffen. Es ward ein Mensch von Gott gesandt, der hieß Johannes. Dieser kam zum Zeugnis, daß er von dem Licht zeugte, auf daß sie alle durch ihn glaubten. Er war nicht das Licht, sondern daß er zeugte von dem Licht. Das war das wahrhaftige Licht, welches alle Menschen erleuchtet, die in diese Welt kommen. Es war in der Welt, und die Welt ist durch dasselbe gemacht; und die Welt kannte es nicht. Er kam in sein Eigentum; und die Seinen nahmen ihn nicht auf. Wie viele ihn aber aufnahmen, denen gab er Macht, Kinder Gottes zu werden, die an seinen Namen glauben; welche nicht von dem Geblüt noch von dem Willen des Fleisches noch von dem Willen eines Mannes, sondern von Gott geboren sind. Und das Wort ward Fleisch und wohnte unter uns, und wir sahen seine Herrlichkeit, eine Herrlichkeit als des eingeborenen Sohnes vom Vater, voller Gnade und Wahrheit" (Johannes 1, 1-14).

Gott half mir durch Inspirationen zu erkennen, warum Jesus in die Welt kam.

Warum kam Jesus in die Welt?

Gemäß dem Gesetz des geistlichen Reichs wurden Adam und Eva Kinder Satans, weil sie eine Sünde begangen hatten. Um als seine Kinder zu Gott zurückzukehren, mussten sie ohne Sünde sein. Deshalb brauchten sie jemanden, der ihre Sünden wieder gutmachte. Niemand in der Welt konnte das tun. Deshalb kam Jesus im Fleisch von Gott zu uns, um uns freizukaufen.

Jesus war ohne Sünde, weil Er vom Heiligen Geist erfüllt war. Er besaß die Macht, den Teufel zu überwinden, weil Er der Sohn Gottes war. Und am wichtigsten von allem: Er besaß Liebe und starb am Kreuz für uns. Er kam in die Welt, heilte die Kranken, vergab Sündern, trieb Dämonen aus und schenkte den Menschen Freiheit, Frieden, Freude und Liebe.

Satan jedoch ließ nichts unversucht, um den gerechten Jesus zu kreuzigen. Satan wusste, dass die Nachkommen der Frau ihm die Autorität, die ihm übertragen worden war, wieder wegnehmen würden und setzte alles daran, dass Jesus, der König der Könige, der Nachkomme der Frau, gekreuzigt wurde. Als er schließlich erreicht hatte, dass Jesus getötet wurde, schrie er aus Freude über seinen Sieg.

Gottes Liebe

„Sondern wir reden von der heimlichen, verborgenen Weisheit Gottes, welche Gott verordnet hat vor der Welt zu unsrer Herrlichkeit, welche keiner von den Obersten dieser Welt erkannt hat; denn so

sie die erkannt hätten, hätten sie den HERRN der Herrlichkeit nicht gekreuzigt" (1. Korinther 2, 7-8).

Satan wusste nichts von der weisen Vorherbestimmung Gottes, deshalb ließ er die Menschen Jesus töten, um den Sieg über Ihn zu erringen. Doch Jesus, der ohne Sünde war, zu töten, verstieß völlig gegen das Gesetz des geistlichen Reiches.

Jesus war nicht mit der Erbsünde behaftet, weil Er vom Heiligen Geist empfangen worden war. Jesus beging auch keine Sünden, weil Er gemäß den Geboten Gottes lebte. Das bedeutet, dass es keinen Grund gab, der seine Verurteilung zum Tode rechtfertigte. Der Feind Satan jedoch verletzte Gottes Gesetz, indem er Pilatus, den römischen Herrscher, veranlasste, Jesus kreuzigen zu lassen. Damit verlor Satan die Autorität, über Menschen zu herrschen, die an Jesus Christus glauben.

Durch die Liebe Jesu, der gekreuzigt wurde, werden diejenigen, die an Jesus glauben, von den Kindern Satans zu Kindern Gottes. Deshalb kann die Errettung nur im Namen Jesus Christus erfolgen.

Wie Gott es vorhergesagt hatte, kam Jesus als Mensch auf die Welt. Er wurde vom Heiligen Geist empfangen und von der Jungfrau Maria geboren. Er war allen Geboten vollkommen gehorsam. Er zeigte wahre Liebe und gab sich selbst als Opfer hin und ließ sich kreuzigen.

‚Himmlischer Vater! Jetzt verstehe ich, dass Jesus auf die Welt kam, um für uns den Weg für unsere Errettung zu bahnen, damit wir Kinder Gottes sein können und nicht zum Teufel gehören. Ich danke dir so sehr für deine Weisheit, für das Geheimnis, das verborgen wurde, bevor die Zeit begann, und für deine Liebe."

Das Kreuz Jesu

„Vater, bitte lass mich verstehen, warum es notwendig war, dass Jesus ans Kreuz gehängt wurde und all diese Qualen erleiden musste."

Christus aber hat uns erlöst von dem Fluch des Gesetzes, da er ward ein Fluch für uns (denn es steht geschrieben: „Verflucht ist jedermann, der am Holz hängt!"), auf daß der Segen Abrahams unter die Heiden käme in Christo Jesu und wir also den verheißenen Geist empfingen durch den Glauben. (Galater 3, 13-14).

Es leuchtete mir ein, dass Jesus ans Kreuz geschlagen wurde, um zu einem Fluch für uns zu werden. Er hat uns von dem Fluch losgekauft, damit der Segen Abrahams – Glauben, Gesundheit, langes Leben, Wohlstand und Kinder – durch Ihn auch auf uns fallen würde. Er ließ uns durch Glauben gerecht werden und den Heiligen Geist empfangen, damit wir als Kinder Gottes leben können.

Als Jesus mit Nägeln ans Kreuz geschlagen wurde, spritzte Blut und Wasser aus Ihm heraus. Das ist ein offensichtlicher Beweis dafür, dass Jesus, das Wort, Fleisch geworden (Johannes 1, 14) und in diese Welt gekommen war. Gleichzeitig beweist es, dass wenn wir, als das selbe Fleisch wie Jesus, das Herz Jesu entwickeln, auch sein können wie Jesus, obwohl wir einen

fleischlichen Körper haben. Dazu heißt es in Philipper 2, 5: *„Ein jeglicher sei gesinnt, wie Jesus Christus auch war."*
Jesus wurde ausgepeitscht und vergoss sein Blut. Ich fragte mich, warum Gott zuließ, dass das geschah.

„Aber er ist um unsrer Missetat willen verwundet und um unsrer Sünde willen zerschlagen. Die Strafe liegt auf ihm, auf daß wir Frieden hätten, und durch seine Wunden sind wir geheilt" (Jesaja 53, 5).

Jesus trug die Dornenkrone und wurde durchbohrt. Warum? Er wurde für unsere Übertretungen, die wir mit unseren Gedanken begehen, durchbohrt.

Jesus wurden Nägel durch Hände und Füße geschlagen. Warum? Er wurde für unsere Missetaten, die wir mit unseren Händen und Füßen begehen, zerschlagen.

Jesus sagte in Matthäus 5, 30: *„Ärgert dich deine rechte Hand, so haue sie ab und wirf sie von dir. Es ist dir besser, daß eins deiner Glieder verderbe, und nicht der ganze Leib in die Hölle geworfen werde."*

Als Jesus vor über 2.000 Jahren gekreuzigt wurde, wurde Er für unsere Sünden bestraft. Er hat uns von all unseren Sünden der Vergangenheit, der Gegenwart und der Zukunft freigekauft. Wie groß ist seine Liebe!

Wandeln im Licht

„Vater, ich habe eine Frage. Du hast gesagt, wenn wir an das Kreuz Jesu Christi glauben, erhalten wir ewiges Leben.

Wie kommt es dann, dass wir kein Leben in uns haben, wenn wir nicht das Fleisch des Menschensohnes essen und sein Blut trinken?"

Jesus Christus anzunehmen bedeutet nicht, dass wir keine Sünde mehr begehen werden. Jesus ist der Weg, die Wahrheit und das Leben (Johannes 14, 6). Wenn wir den Leib Jesu Christi, das Wort der Wahrheit, essen und sein Blut trinken, können wir unsere Sünden mit der Kraft Gottes, die uns hilft, gemäß seinem Wort der Wahrheit zu leben, hinter uns lassen. Das ist es, was die Bibel in 1. Johannes 1, 7 sagt: *„So wir aber im Licht wandeln, wie er im Licht ist, so haben wir Gemeinschaft untereinander, und das Blut Jesu Christi, seines Sohnes, macht uns rein von aller Sünde."*

Wie in der Apostelgeschichte 3, 19 geschrieben steht: *„So tut nun Buße und bekehrt euch, daß eure Sünden vertilgt werden;"*, müssen wir von ganzem Herzen Buße tun und dürfen nicht mehr sündigen. Deshalb sagte Jesus in Matthäus 7, 21: *„Es werden nicht alle, die zu mir sagen: HERR, HERR! ins Himmelreich kommen, sondern die den Willen tun meines Vaters im Himmel."*

Mein Leben begann sich Tag für Tag zu verändern und zu erneuern. Ich las weiterhin eifrig die Bibel und hörte mir Predigten an. Sobald ich eine Sünde in mir entdeckte, betete ich, um sie von mir zu werfen. Noch häufiger fastete ich und betete die ganze Nacht hindurch. Gott sah meine Herzenshaltung und half mir, in der Wahrheit zu leben. So verbrachte ich jeden einzelnen Tag voller Freude, indem ich mein Leben ganz neu lebte.

Meine Liebe, das Kreuz des Herrn;
Das mächtige Kreuz,
überfließend von Gnade und der Weisheit Gottes.

Mein Leben, das Kreuz des Herrn;
Das Kreuz des kostbaren Blutes,
das die Liebe und das Leiden Jesu offenbart.

Meine Freude, das Kreuz des Herrn;
Das Kreuz des Verborgenen,
das meine Sünden und Fehler verbirgt.

Der lebendige Gott

"Es werden nicht alle, die zu mir sagen: HERR, HERR! ins Himmelreich kommen, sondern die den Willen tun meines Vaters im Himmel" (Matthäus 7, 21).

"Selig ist, der da liest und die da hören die Worte der Weissagung und behalten, was darin geschrieben ist; denn die Zeit ist nahe" (Offenbarung 1, 3).

Ich wurde zu einem, der liest und die Worte Gottes hört, und der betet, indem er zu Jesus Christus ‚Herr, Herr!' sagt. Allmählich bekam ich ein immer tieferes Verständnis von Gottes Wort. Ich verstand, warum wir errettet werden können und die Hoffnung auf das Himmelreich erhalten, wenn wir an Jesus Christus glauben. Ich spürte in meinem Herzen, dass die Liebe Gottes grenzenlos ist, denn sie ist größer als der Himmel und tiefer als das Meer.

Ich nahm Jesus Christus an und glaubte an seinen Namen. Deshalb gab Gott mir das Recht, sein Kind zu werden. Der lebendige Gott ließ mich nie allein wie eine Waise, sondern bewahrte mich sicher vor der Sünde, weil ich aus Ihm geboren war. Er führte mich und wachte über mich, sodass kein Übel mir Schaden zufügen konnte.

Gott bewahrte mich bei einem Unfall

Nachdem ich Jesus Christus als meinen Retter angenommen hatte, führte Gott mich zu einem Job als Bauarbeiter. Ich war nicht sicher, ob ich diese Arbeit tun konnte, weil ich keine Erfahrung darin besaß. Dennoch war ich gewillt, es zu versuchen, denn hier musste ich sonntags nicht arbeiten und konnte somit den Sabbat einhalten, bis Gott mir die Tür zum Segen öffnen würde.

Die Arbeit war viel schwerer als ich erwartet hatte. Es war mir unmöglich, mit den anderen mitzuhalten, obwohl ich ohne Pause arbeitete. Glücklicherweise hatte ich Geduld, und ich arbeitete hart. Meine Geduld war so unerschütterlich, sodass ich es letzten Endes schaffte, meinen Teil der Arbeit zu erledigen.

Zu dieser Zeit war ich erst seit zwei Monaten Christ. Bisher hatte mich niemand gelehrt, wie man betet. Die einzigen Gebete, die ich kannte, waren das Apostolische Glaubensbekenntnis und das Vaterunser.

Eines Tages spürte ich ein starkes Drängen in meinem Herzen. Schon seit dem frühen Morgen wollte ich zu Gott beten. Deshalb wiederholte ich die mir bekannten Gebete, bis ich auf meiner Baustelle ankam.

Es war noch im Laufe des Morgens. Ich war gerade dabei, mit einigen langen Rohren auf meiner Schulter aufzustehen. Plötzlich spürte ich, wie etwas auf meinen Rücken schlug und verlor das Bewusstsein. Später erfuhr ich, dass mich ein Auto gerammt hatte und ich wie ein Frosch mit von mir gestreckten Armen und Beinen auf den Boden geworfen worden war. Als ich wieder zu mir kam, war ich von lauter Menschen umringt, die besorgt über mich sprachen. Ich stand auf und klopfte den Staub aus meinen Kleidern, als sei nichts passiert.

Der Fahrer (vom Rathaus Seouls), der mich angefahren hatte, war bleich und verängstigt. „Sind Sie in Ordnung? Ich bringe Sie jetzt ins Krankenhaus." – „Nein, nein, das müssen Sie nicht. Ich bin okay."

Er wusste, dass er mich recht hart getroffen hatte, deshalb konnte er nicht glauben, dass ich überhaupt nicht verletzt war. Das war ein Wunder für ihn. „Sind Sie sicher, dass sie keine Verletzung haben? Das glaube ich nicht."

Meine Arbeitskollegen hatten mir die Kleider ausgezogen und meinen Körper untersucht und wunderten sich, weshalb nichts zu sehen war. „Du solltest besser ins Krankenhaus gehen. Du weißt nicht, was mit deiner Wirbelsäule geschehen ist. Du solltest sie röntgen lassen, sonst könntest du vielleicht ernsthafte Nachwirkungen haben." – „Es wird alles in Ordnung sein, weil Gott mich beschützt hat."

Ich verspürte wirklich keinen Schmerz. Nur die Stelle, wo ich getroffen worden war, war ein wenig angeschwollen. Ich hatte nicht einmal einen blauen Fleck. Es war auch für mich ein Wunder.

„Wenn du willst, geh nach Hause und ruhe dich aus", bot der Baustellenleiter mir an. Doch ich blieb, bis ich meine Tagesarbeit fertiggestellt hatte. Als ich nach Hause kam, fühlte ich mich ein wenig unwohl. Am nächsten Tag konnte ich nicht zur Arbeit gehen. Doch Gott sorgte dafür, dass der Unfall keine weiteren Auswirkungen hatte und es mir gut ging.

Meine Kollegen sprachen über die möglichen Nachwirkungen, doch das war nur eine unbegründete Sorge, die ich nach wenigen Sekunden wieder vergessen hatte.

Der Fahrer, der mich angefahren und gehört hatte, dass ich nicht zur Arbeit erschienen war, besuchte mich mit sorgenvollem Gesicht. Er war sehr erleichtert zu sehen, dass ich keine Verletzungen hatte. Er bat mich um Vergebung und wollte mir als kleine Wiedergutmachung Geld geben, doch ich sagte zu ihm: „Ich brauche kein Geld von Ihnen."

Er bedankte sich mehrmals. Später fand ich einen Umschlag, den er zurückgelassen hatte. Er enthielt 2.500 Won ($ 3). Drei Dollar zur Wiedergutmachung! Wie schäbig er war!

Ich trank, um nicht müde zu werden

Ich arbeitete weiterhin hier und dort auf Baustellen. Da ich auf diesem Gebiet keine spezielle Ausbildung hatte, musste ich den Technikern als Hilfsarbeiter assistieren. Manchmal beförderte ich Sand oder Betonmischung in einem Eimer auf meinem Rücken. Ohne Geländer Stufen hinaufzugehen war so schwer, dass meine Knie vor Schwäche zitterten. Die beiden anderen Träger sahen aus, als würden sie rennen, wenn sie an mir vorbeikamen. Ich biss die Zähne zusammen und versuchte, mit ihnen mitzuhalten, doch es war sehr schwer für mich. Nachmittags war mir stets schwindlig und ich war bereits so müde, dass ich glaubte, nicht weiterarbeiten zu können. Ich ermutigte mich jedoch, durchzuhalten. ‚Los jetzt. Ich muss das tun.'

Ich konnte diese Arbeit nicht aufgeben. Ich beschloss, so hart wie möglich zu arbeiten. Glücklicherweise wurden mir dann leichtere Aufgaben wie das Öffnen von Zementsäcken oder das

Überprüfen der Betonmischung mit einem Stock übertragen. Da war ich froh, dass ich die Arbeit nicht aufgegeben hatte. Der lebendige Gott hatte mich mit dieser schweren Arbeit gesegnet, um meine Ausdauer zu stärken und Ihn als den lebendigen Gott zu erleben.

Sein Segen für mich kannte keine Grenzen. Der folgende Zwischenfall ereignete sich, als ich in einer Geschäftsstelle der Wasserwerke in der Nähe des Walker Hill Hotels arbeitete. Meine Aufgabe war es, den Beton mit einem Handwagen vom Betonmischer in das zu erstellende Kellergeschoss des Gebäudes zu bringen. Dafür musste ich durch eine holprige Straße gehen, die sich gerade im Bau befand. Wenn ich den Beton ablud, indem ich ihn in den tiefen Schacht hineinfließen ließ, musste ich sehr aufpassen, dass ich nicht selbst hineinfiel, denn im Vergleich zu den anderen war ich bei dieser Aufgabe nicht sehr geschickt. Der geringste Fehler könnte fatale Folgen haben.

An diesem Abend wurde uns mitgeteilt, dass wir bis spät in die Nacht arbeiten würden. Plötzlich fühlte ich mich schrecklich erschöpft. Die anderen tranken Alkohol, um wieder zu Kräften zu kommen, doch ich hatte keine Energie mehr. Ich war zu müde, um auch nur einen Schritt zu machen. Mein Körper fühlte sich an wie ein nasser Wattebausch.

Ich zögerte. Schließlich beschloss ich, ein wenig zu trinken, um wieder Kraft zu bekommen. Seit meiner Heilung hatte ich keinen Alkohol mehr getrunken, doch ich dachte, es wäre in Ordnung, wenn ich nur ein wenig trank. Kurz darauf spürte ich, dass meine Lebensgeister zurückkehrten.

Nach der Arbeit machte ich mich auf den Heimweg. Im

Bus wurde mir plötzlich schwindlig und ich bekam starke Kopfschmerzen. Es war unerträglich. Ich stieg vorzeitig aus, um frische Luft zu atmen, doch das änderte überhaupt nichts.

Schließlich erkannte ich, dass Gott nicht zulassen würde, dass ich auch nur die geringste Menge Alkohol trank. Ich tat von ganzem Herzen Buße dafür, dass ich etwas getrunken hatte. Es war fast Mitternacht, als ich schließlich tief in Gedanken versunken nach Hause trottete.

‚Wie lange werde ich diese schwere Arbeit tun müssen? Gott wird mir seinen Segen zur richtigen Zeit zukommen lassen. Hat Er nicht gesagt, dass derjenige gesegnet ist, der ausharrt?'

Ich werde nicht mehr trinken

Einige Monate später arbeitete ich auf einer Baustelle in Wooi-dong, wo wir ein zweistöckiges Haus errichteten. Meine Aufgabe war es, den Boden auszuheben, wobei ich in einem engen Gang stehen musste. Wegen des Termindrucks musste ich ohne Pause arbeiten. Das war sehr hart. Wenn ich mein Morgengebet versäumte, war die Arbeit um vieles schwerer für mich.

Meine Kollegen schlugen mir vor, ich solle doch etwas trinken, damit ich nicht so müde würde. Immer wenn sie in einer Pause Alkohol tranken, luden sie mich dazu ein. Schließlich hielt ich ihrer Aufforderung zu trinken nicht mehr stand.

Es geschah gleich, nachdem ich etwas getrunken hatte. Als ich meine Spitzhacke in den Boden rammte, hörte ich, dass sie auf etwas gestoßen war – es hörte sich an wie festes Gestein oder

Metall – sodass die Hacke zurückprallte und mich in die Stirn traf. Sofort war mir klar, dass dieser Unfall die Folge meines Alkoholgenusses war. Ich betete zu Gott und hielt mir die Stirn, die heftig blutete.

„Oh, Vater! Bitte vergib mir. Ich werde nie wieder trinken." Genau in diesem Moment hörte meine Stirn auf zu bluten. Meine Kollegen sagten mir, ich solle ins Krankenhausgehen. Stattdessen stellte ich nach einer kurzen Pause mein Tagwerk fertig. Der lebendige Gott ist der Herr, der diejenigen züchtigt, die Er liebt, und Er schlägt jeden Sohn, den er aufnimmt. (Hebräer 12, 6).

Ich schüttelte mein Verlangen nach Reichtum ab

Meine Frau trat eine neue Stelle als Kosmetikverkäuferin an. Sie war für ein einträgliches Gebiet zuständig und verdiente recht gut, sodass unsere finanziellen Schwierigkeiten etwas gelindert wurden.

Ich wollte Gott mit einem finanziellen Segen verherrlichen. Mein Verlangen nach Reichtum war jedoch zu übermäßig. Ich schmiedete Pläne, mit dem Geld, das meine Frau verdiente, eine Bar zu eröffnen, während ich mit meinem Einkommen für den Unterhalt der Familie sorgte. Wir arbeiteten hart für unseren Traum.

Wir waren zuversichtlich, dass wir mit einem Restaurant, in dem wir alkoholische Getränke und Essen verkaufen würden, viel Geld verdienen konnten, zumal meine Frau große Erfahrung bei der Zubereitung von Speisen hatte. Der Erfolg des zweistöckigen japanischen Restaurants meiner Schwester ermutigt uns zusätzlich.

Gott wusste, dass wir ein starkes Verlangen nach Geld hatten, doch Er gab uns eine Anweisung: Werdet nicht trunken von Wein. Da erkannten wir, dass Er von unserem Vorhaben nicht erfreut war.

Wenn ich seit meinem Besuch der Erweckungsveranstaltung ein starkes Verlangen hatte, war es, Gott größere Opfer zu geben. Eines nachts träumte ich, dass eine große Sau zwölf Ferkel bekam. Viele Koreaner sagen, dass ein Schwein in einem Traum großes Glück bedeutet. In dieser Hoffnung kaufte ich ein Lotterielos.

„Liebling, lass uns ein Lotterielos kaufen. Wenn wir beten und es kaufen, wird es gewinnen. Dann können wir all unsere Schulden zurückbezahlen und haben noch etwas für ein Opfer übrig."

Nachdem wir ein Los gekauft hatten, beteten wir eine Woche lang, dass es gewinnen möge. Wir glaubten fest daran. Das Los gewann jedoch nicht. Damit ließ Gott uns wissen, dass wir den falschen Weg eingeschlagen hatten.

Ich hörte auf, Hwatoo (ein koreanisches Kartenspiel) zu spielen

An meinen freien Tagen spielte ich oft Hwatoo. Während meiner Krankheit hatte ich dieses Spiel mehrere Jahre lang gespielt und war deshalb recht gut darin gewesen. Nun jedoch war ich kein guter Spieler mehr. Ich wusste nicht, warum ich fortlaufend Geld verlor. Um mein verlorenes Geld zurückzugewinnen, spielte ich immer weiter.

Eines Tages ging ich nach Boochun, wo ich zu dieser Zeit mehrere Wochen lang arbeitete. Wenn unser Lohn ausbezahlt wurde, spielten wir am Abend stets Hwatoo. So auch an diesem Tag, wo wir den Lohn für 15 Tage bekamen. Ich musste mich dem Glücksspiel anschließen. Dieser Abend war mein Abend. Ich gewann fast jede der ersten Runden. So war meine Tasche bald mit Banknoten gefüllt. Die Höflichkeit ließ es jedoch nicht zu, dass ich nun ging, und so blieb ich und spielte die ganze Nacht. Nach Mitternacht hielt mein Glück nicht länger an. Im Gegenteil, ich verlor ständig, und am nächsten Morgen hatte ich kein Geld mehr in der Tasche.

Ich war beschämt. Ich konnte nicht mit leeren Händen nach Hause gehen. Ich betete zu Gott: „Vater, ich wollte viel Geld gewinnen, damit ich dir ein großes Opfer bringen kann. Aber ich habe alles verloren. Bitte hilf mir."

Ich lieh mir etwas Geld und ging wieder zum Glücksspiel. Doch es gelang mir nicht, mein verlorenes Geld zurückzugewinnen.

In meinem Dorf waren die meisten Bewohner harte Arbeiter. Sie spielten Hwatoo oft einfach zum Spaß.

Eines Tages trafen sich die Verlierer bei mir zu Hause, wo wir eine weitere Runde Hwatoo spielten. Unerwarteterweise kam die Pastorin meiner Gemeinde zu Besuch. Doch ich wollte keine Anbetungszeit mit der Pastorin haben, sondern in dieser Runde Hwatoo Geld gewinnen, um meine Verluste auszugleichen. So ließ ich meine Frau lügen und sagen, ich sei nicht zu Hause. Daraufhin verkürzte die Pastorin ihren Besuch auf eine kurze Zeit des Lobpreises und ging wieder. Als ich sie singen hörte, tat mir das Herz weh. Ich fühlte mich unwohl und schuldig. ‚Was ist mit mir los? Ich habe doch alle Besucher von der Gemeinde stets freudig willkommen geheißen. Was habe ich heute getan?' Ich tat mir selbst leid. Mein Herz schmerzte, weil ich nicht sofort Buße für meine Sünde tun konnte. Als ich schließlich die Gelegenheit dazu hatte, bat ich mit Tränen in den Augen: „Oh, Vater! Bitte verzeih mir. Ich werde nie wieder Hwatoo spielen. Ich werde meine Gewohnheit des Glücksspiels abwerfen."

Ich warf meine Hwatoo-Karten weg und schüttelte mein Verlangen Hwatoo zu spielen und meine Gewohnheit zu lügen, ab. Seit damals habe ich nie wieder Hwatoo gespielt, sei es zum Spaß oder um Geld. Stattdessen züchtigte ich mich selbst, indem ich gemäß dem Wort Gottes lebte und fastete und betete.

Ich betete mit lauter Stimme

Nachdem ich mit dem Glücksspiel aufgehört hatte, versuchte ich, so viele Erweckungsveranstaltungen wie möglich zu besuchen. Ich bekam starken Glauben. Ich glaubte, dass Gott meine Gebete, die ich auf den Veranstaltungen sprach, beantworten würde. Ich ging auch oft in Gebetshäuser, um zu beten. Es war mein Traum, nach dem Wort Gottes zu leben, von Gott gesegnet zu werden, die Armen und Kranken zu unterstützen und allen Menschen vom Evangelium zu erzählen.

Eines Tages im Jahr 1975 als ich in Chilbo Mountain, Suwon, betete, hörte ich die Stimme Gottes zum ersten Mal. Ich hatte mir diesen hohen Platz ausgesucht, weil ich dort allein war

und laut beten konnte.
„*Lies Lukas 22, 44.*"
Die Stimme Gottes war sehr klar, stark und rein. Überrascht, seine rätselhafte Stimme zu hören, beeilte ich mich, die Bibelstelle aufzuschlagen.

„*Und es kam, daß er mit dem Tode rang und betete heftiger. Es ward aber sein Schweiß wie Blutstropfen, die fielen auf die Erde.*"

Ich fragte mich, warum Gott mir diese Schriftstelle gegeben hatte. Durch meine Gebete kam ich schließlich auf die beste Art zu beten.

In Israel sind die täglichen Temperaturschwankungen recht groß. Auch im Sommer fällt die Temperatur nachts stark ab. Es muss fast unmöglich gewesen sein, dass man dort im April, zu der Zeit, als Jesus gekreuzigt wurde, ins Schwitzen geriet. Jesus jedoch schwitzte Blutstropfen. Ich konnte mir vorstellen, wie inständig Jesus gebetet hatte. Wenn Er in der Stille gebetet hätte, hätte Er nicht derart geschwitzt.

Gott wollte, dass ich ernsthafter betete, unter Qualen, wie Jesus es auf dem Berg Gethsemane tat. Deshalb ließ Gott mich seine Stimme hören. Nachdem dies geschehen war, betete ich auf die Art und Weise, wie es Ihm gefiel. Dann spürte ich, dass ich mit dem Heiligen Geist erfüllt wurde. Ich lebte durch die Gnade und gemäß der Weisung, die ich von oben erhielt. Von diesem Zeitpunkt an beantwortete Gott meine Gebete schneller.

Gott wirkt in allen Dingen zum Guten

Ich hatte mein Leben im Griff, und so konnte ich gemäß dem Willen Gottes leben.
Mein Vorarbeiter, der mir geholfen hatte, den Job auf dem Bau zu bekommen, musste nach Chunho-dong ziehen, weil sein illegal errichtetes Haus niedergerissen wurde. Die Regierung zerstörte auch das Haus, das ich gemietet hatte, ohne dass wir eine Entschädigung dafür bekommen hätten. Und was noch schlimmer war: mein Vermieter weigerte sich, mir die Kaution zurückzubezahlen, da er sein Gebäude an die Regierung verloren hatte. Ich war betrübt, dass mein christlicher Vermieter die Bestimmungen unseres Mietvertrags aufgrund seines Verlusts nicht einhielt. Ich fragte mich, warum Gott zuließ, dass er mich so enttäuschte. Um ein anderes Haus mieten zu können, musste ich mir Geld borgen.

Dann versorgte Gott mich mit einer neuen Arbeit.

Unser neues Haus verfügte über einen Raum, der für ein Geschäft geeignet war. Darin eröffneten wir ein Geschäft, in dem man Bücher, Zeitschriften und Comics ausleihen konnte. Nach ein paar Monaten zogen wir in einen Laden um, der direkt an der Straße gelegen war. Es gelang uns jedoch nicht, Gewinn zu erzielen, weil wir ständig neue Bücher kaufen und unsere monatliche Miete bezahlen mussten. Als uns schließlich klar wurde, dass wir auf diese Art und Weise nicht zu Geld kommen würden, verkauften wir den Laden.

Meine Frau und ich hatten unsere Geldgier bereits abgelegt.

Wir beschlossen, zu Gott zu beten und waren sicher, dass Er uns bald segnen würde. Eine Woche lang beteten wir ernsthaft jeden Abend bis spät in die Nacht.

„Vater, bitte segne uns, um dich zu verherrlichen. Bitte schenke uns einen Laden, mit dem wir viel Geld verdienen können."

Zwar hatten wir kein Geld, doch wir hatten großen Glauben. Eine Woche später beantwortete Gott unsere Gebete. Einer meiner Freunde erzählte mir, dass in Geumho-dong unter Mt. Dolsan ein Laden zu vermieten war. Wir glaubten, das sei Gottes Segen für uns. Sofort suchte ich den Laden auf und unterzeichnete den Vertrag über 800.000 Won (US $ 670). Ich brauchte noch eine Menge Geld, um diesen Betrag bezahlen zu können. Als ich einen Diakon bat, mir Geld zu borgen, lehnte er kalt ab. Seine Weigerung ließ mich erkennen, dass dies möglicherweise doch nicht Gottes Segen für uns war. Deshalb traf ich mich mit dem Besitzer des Ladens, um den Vertrag rückgängig zu machen und das Geld, das ich bereits bezahlt hatte, zurückzubekommen. Als dieser meine Erklärung hörte, erbot er sich unerwartet, mir den Rest des Geldes vorzustrecken.

Wie wunderbar Gottes Wille und seine Liebe sind! Ich hätte nicht zum Diakon meiner Gemeinde gehen sollen, um mir Geld zu borgen. Gott hatte bereits alles durch einen Nichtgläubigen vorbereitet.

Wir hatten mittlerweile genug Erfahrung, um den Laden erfolgreich zu betreiben. Schließlich keimte in uns der Wunsch auf, irgendwo anders ein größeres Geschäft zu eröffnen.

Eines Tages bat mich ein Mann, ihm meinen Laden zu

verkaufen, obwohl ich ihn nie ausgeschrieben hatte. In dem Glauben daran, dass Gott uns in allem anleitet, verkaufte ich ihm mein Geschäft und suchte in der Gegend nach geeigneteren Räumlichkeiten. Der Eigentümer des am besten aussehenden Geschäfts, das direkt vor der Schule gelegen war, weigerte sich, es mir zu überlassen, weil er durch meine Konkurrenz Einbußen gemacht hatte. Schließlich mietete ich einen Laden in der hinteren Allee von Geumho-dong.

Gott wirkt in allen Dingen zum Guten. Er wusste, dass gegenüber von dem Laden, den ich für den besten hielt, in Kürze ein großer, moderner Buchladen eröffnen würde. Deshalb hatte Er verhindert, dass ich diese Räume mieten konnte.

Mein neuer Laden hatte bald viele Kunden. Einige von ihnen waren ehemalige Kunden des Ladenbesitzers, der sich geweigert hatte, mich sein Geschäft übernehmen zu lassen. Allmählich war mein Laden bis spät in die Nacht hinein voller Kunden. Manche von ihnen mussten im Stehen lesen. Manchmal musste ich sogar selbst vor der Tür bleiben, damit meine Kunden mehr Platz hatten.

Sonntags war unser Geschäft stets geschlossen, und wir erlaubten nicht, dass darin getrunken oder geraucht wurde. Diese Regeln stießen nicht auf allseitige Beliebtheit, doch Gottes Segen war wunderbar. Die Zahl unserer Kunden und unser Gewinn nahmen zu. Wir konnten fast alle unsere Schulden zurückbezahlen. Und wir arbeiteten soviel wie möglich in der Gemeinde mit. Es war immer der Wunsch unseres Herzens, Gott durch finanziellen Segen zu verherrlichen.

Tagsüber arbeiteten meine Frau und ich hart, und abends beteten wir ernsthaft. Wir glaubten daran, dass alles gut werden würde.

Mein Knecht, den ich von Anfang an erwählt hatte!

Es war im Monat Mai, als ich Gottes Stimme während meines Gebets ganz klar hörte.

„Mein Knecht, den ich von Anfang an erwählt hatte! Ich habe dich drei Jahre lang verfeinert. Die nächsten drei Jahre sollst du dich dem Wort widmen. Du liebst mich mehr als deine Eltern, deine Brüder und Schwestern, deine Frau und Kinder. Verlasse nun deine jetzige Arbeit und gehe deinen Weg. Lass deine Frau den Laden betreiben."

Seine Stimme war klar und laut, doch gleichzeitig sanft und warm. Er sprach weiter.

„Meine Gedanken sind nicht dieselben wie die des Menschen. Deine Frau wird mehr Geld verdienen, als ihr zusammen verdient habt. Deine Familie wird vielen Menschen Geld leihen, doch selbst wird sie kein Geld borgen müssen. Ein gutes, gedrücktes und gerütteltes und überlaufendes Maß wird in euren Schoß gegeben werden.

Tut, wie ich euch gesagt habe. Dann wird euer Reisvorrat nie leer sein und eure Kasse stets voll.

Wenn du dich drei Jahre lang mit dem Wort bewaffnet hast, wirst du über Flüsse und Meere reisen und Zeichen und Wunder tun."

Ich war erschrocken zu erfahren, dass Gott mich als seinen Diener berief, denn ich hatte nie Absichten in diese Richtung gehegt. Doch ich verstand ganz eindeutig, dass es Gottes Berufung für mich war, sein Diener zu sein. Doch ich war noch nicht bereit dazu.

‚Ich habe so viele Male darum gebetet, Ältester zu werden, um Gott zu verherrlichen... nicht um ein Diener Gottes zu werden. Wie kann ich sein Diener sein? Ich bin ziemlich alt und mein Gedächtnis ist schlecht. Wie kann ich an der Schule Theologie studieren?'

Ich fragte mich, warum Gott mir das sagte. Ich wollte dem gehorchen, was Er sagte, doch ich wusste nicht wie. Ich fühlte mich völlig verloren.

Wenn du kannst?

Mein Herz litt unter dem Konflikt. Ich wollte Gott gehorsam sein, doch ich konnte nicht. Das betrübte mich sehr. In meinem Kopf kämpften zwei Stimmen gegeneinander. ‚Gehorsam ist besser als Opfer.' – ‚Wie kann ich es wagen, ein Diener Gottes zu werden?'

Es war mir nicht möglich, in meinem Laden zu bleiben und zu arbeiten. Ich packte ein paar Sachen zusammen und ging auf einen Gebetsberg, um Frieden in meinem Herzen zu finden.

„Vater, soll ich ein Pastor werden? Wenn dies dein Wille ist, dann bitte lass mich deine Stimme nochmals hören. Dann werde ich dir vertrauensvoll gehorchen."

Ich fastete und betete, doch ich konnte seine Stimme nicht hören. Als ich von dem Berg herunterkam, war ich erschöpft. Ich fühlte mich wie ein toter Mann.

Ich stieg noch auf weitere Gebetsberge, doch Gott gab mir noch immer keine klare Antwort. Mein Herz schmerzte immer mehr, je mehr die Zeit verging. Ein Monat, zwei Monate, drei Monate... Ich war wirklich erpicht darauf, Gottes Antwort zu hören.

Mein Wandern hatte ein Ende

„Oh, Vater! Ich will dem gehorchen, was du mir gesagt hast, wenn das dein Wille ist. Ich will zu einem deiner Diener werden,

wenn ich es muss. Ich kann es tun, wenn du es mir nochmals sagst."
Es war Samstag Nacht, die letzte meiner sieben Gebetsnächte. Ich war in solcher Not, dass ich glaubte, ich würde nicht in der Lage sein, in dem Anbetungsgottesdienst am nächsten Tag das Gebet zu sprechen, es sei denn, ich würde Gottes Stimme nochmals hören. Ich schrie von ganzem Herzen zu Gott. Da sprach Gott zu mir: „*Was hast du gemeint mit ‚wenn du kannst'? Demjenigen, der glaubt, ist alles möglich. Gehorsam ist besser als Opfer. Ich sehe das Herz eines Menschen, nicht seine Erscheinung.*"

Wie glücklich ich war! Ich fühlte mich, als ob mir die ganze Welt gehörte. Ich glaube zu fliegen, fühlte mich völlig schwerelos. Es lässt sich kaum mit Worten beschreiben, wie froh ich war.

Der Heilige Geist gab mir klare Erkenntnis.

„*Gott hat dich aus dem Elend und vom Schmerz errettet. Er hat dich vollkommen geheilt und dich angeleitet, nur den Herrn zu lieben. Er gab dir den Glauben, die Fähigkeit zu beten und die Kraft, gemäß dem Wort zu leben. Er verhalf dir zu einem schönen Heim, hat dich finanziell gesegnet und mit allem versorgt, was du brauchtest. Gott hat dich zu seinem Diener berufen, weil Er weiß, dass du es kannst. Gott hat dich als gerecht genug erachtet, um sein Knecht zu sein, weil du Gott mehr liebst als alles andere. Gott will, dass du ausschließlich gemäß dem Wort lebst und Ihm die Ehre gibst. Gott hat Gefallen an deinem Herzen, sodass er dich dazu berufen hat, sein Diener zu sein.*"

Meine Freude hielt bis zum Sabbat an. Ich war erfüllt von der Erkenntnis: ‚Ich-kann-es!' Ich beschloss, mich ganz der Aufgabe zu widmen, ein Diener Gottes zu werden.

Die drei Monate meines Umherwanderns hatten ein Ende. Das war im frühen September 1978. Meine Frau gab ihren Verkaufsjob auf und führte unseren Buchladen, um Gottes Anweisung zu befolgen. Ihr Einkommen stieg erstaunlicherweise innerhalb weniger Wochen auf über 600.000 Won (US $ 500) pro Monat an.

Ihr Buchgeschäft gewann einen guten Ruf, sodass einige andere Betreiber von Buchläden kamen um zu sehen, welche besonderen Verkaufsstrategien meine Frau anwandte. Ihre Neugier wurde jedoch nicht befriedigt, denn der Geschäftsführung meiner Frau lagen einige negativ anmutenden Prinzipien zugrunde:

1. Sie sah sich ihre Kunden genau an – respektlose Studenten wurden nicht eingelassen.
2. Sie schloß den Laden jeden Sonntag.

Sie konnten nicht verstehen, warum meine Frau so viele Kunden hatte. Ebenso wenig konnten sie Gott verstehen, der alles aus nichts erschaffen hatte. Gott segnete meine Frau, die jeden Sabbat einhielt, in der Wahrheit lebte, das Evangelium verbreitete und Ihn lobte, während sie den Laden führte.

Gott segnete meine Frau, sodass sie mehr Geld mit dem Laden verdiente, als wir es zuvor zusammen getan hatten. Er segnete uns so überreichlich, weil Er Wohlgefallen an unserem Gehorsam fand.

100% im Bibeltest

Während ich mich auf die Aufnahmeprüfung der theologischen Schule vorbereitete, mietete ich ein extra Zimmer für mich an. Pastor Younghoon Yi von der Sungdong-Gemeinde, wo ich als Diakon gedient hatte, riet mir, zur Sungkyul Holiness Theology School zu gehen. Ich begann, für den Aufnahmetest zu lernen. Ich wollte ihn unbedingt bestehen und in dem Bibeltest 100% richtig haben, weil ich ein Diener Gottes werden würde. Um diesem Wunsch noch mehr Nachdruck zu verleihen, fastete ich wiederholt, einmal 10 Tage und dann 20 Tage lang.

„Lieber Vater, bitte akzeptiere mein Fasten und gib mir die Fähigkeit, mich an alles zu erinnern, das ich gelernt habe. Bitte hilf mir, klar zu verstehen, was ich in der Bibel lese, und mir alles zu merken, was ich gelesen habe. Im Namen des Herrn, der den Tod überlebt hat, bete ich."

Vom ersten Tag an kniete ich nieder und las sehr sorgfältig in der Bibel. Während ich die Bibel las, die durch die Inspiration des Heiligen Geistes geschrieben worden war, fühlte ich mich ebenfalls inspiriert.

Schließlich war der Prüfungstag gekommen. Ich hatte nur die Bibel studiert. Ich versuchte erst gar nicht, die Fragen zu anderen Themen zu beantworten. Meine Prüfungsblätter waren leer, außer denen über die Bibel, wo ich alles beantwortet hatte.

Am nächsten Tag hatten wir eine mündliche Prüfung. Der Leiter des Colleges fragte mich: „Warum haben sie ihre Prüfungsblätter außer dem über die Bibel leer abgegeben?

Warten Sie einen Moment – Sie haben hier 100% erreicht!"

Die Schule erteilte mir nur widerwillig ihre Zulassung, doch Gott erlaubte mir, dort einzutreten.

Nachdem ich die Theologieschule begonnen hatte, betete ich oft die Nacht hindurch und fastete. Meine Fastentage waren zahlreicher als meine normalen Tage, und ich feierte nur selten meinen Geburtstag oder Feiertage.

Das folgende Ereignis geschah während meines ersten Jahres.

Es war mitten in einem nächtlichen Gebet, dass ich Gott ein Versprechen gab. Es war kurz vor dem Abschlussexamen des Semesters. Ich merkte, dass ich in Schwierigkeiten geriet, denn obwohl ich mich in der Bibel ausgezeichnet auskannte, hatte ich keine Ahnung von Englisch oder Griechisch. Außerdem hatte ich Gott versprochen, noch mehr Nächte hindurch zu beten. Also bat ich Gott um seine Hilfe. Ich hatte keine Möglichkeit, als zu beten. „Vater, ich habe dir versprochen, die Nächte durchzubeten, bevor ich den Termin für das Examen wusste. Bitte hilf mir, beides zu tun und beides gut zu tun. Ich glaube daran, dass du mir hilfst, zu beten und die Prüfung gut abzuschließen."

Als ich eine Stunde lang gebetet hatte, gab Gott mir die Prüfungsfragen. Ich studierte diese Fragen eine Stunde lang und beendete dann meine nächtliche Gebetszeit.

Am nächsten Tag war die Prüfung. Als ich die Prüfungsfragen las, war ich überrascht. Alle Fragen waren dieselben, die Gott mir gezeigt hatte. Wie erstaunlich seine Hilfe und seine Führung sind! Ich gab Gott allen Dank und alle Ehre.

Ich erhielt eine göttliche Offenbarung über das Ende

Im Juni 1979 beendete ich um 4.00 Uhr morgens die letzte von 20 Gebetsnächten. Indem ich Gott dankte, wollte ich gerade mein Gebet schließen, als Gott mir eine Offenbarung über das Ende gab.
„Mein lieber Knecht, bleibe wachsam und besonnen. Das Ende ist nahe."

Ich hatte darum gebetet, die folgenden Bibelstellen genau verstehen zu können:

„*Es wird aber des HERRN Tag kommen wie ein Dieb in der Nacht...*" (2. Petrus 3, 10).

„*Ihr aber, liebe Brüder, seid nicht in der Finsternis, daß euch der Tag wie ein Dieb ergreife*" (1. Thessalonicher 5, 4).

Als ich über die Bibelstelle Amos 3, 7 betete: „*Denn der HERR HERR tut nichts, er offenbare denn sein Geheimnis den Propheten, seinen Knechten*", sagte Gott mir, dass Er seine Gläubigen durch die Bibel von dem zweiten Kommen des Herrn berichtet. Er sagte mir, dass der Tag nahe sei und dass ich wachen solle (Matthäus 24, 42-44). Er sprach auch zu mir über die Zeichen des Endes.

Auch wenn nur Gott weiß, wann das Ende kommt, können wir durch die Prophetien in der Bibel erkennen, dass der Tag nahe ist. Deshalb müssen wir wachsam sein. Wenn wir es nicht sind, wird der Tag sich an uns heranschleichen wie ein Dieb. Dann könnte es geschehen, dass wir die Gelegenheit verpassen, gerettet zu werden.

Noah ist hierfür ein gutes Beispiel. Die Menschen frönten dem Essen, Trinken und Heiraten, bis Noah die Arche bestieg, um der Sintflut zu entkommen, und sie kamen alle um. Da sie nicht wachsam gewesen waren, kam der Tag der Zerstörung über sie wie ein Dieb.

In gleicher Weise werden sich die treuen Gläubigen auf den Tag, der bald kommen wird, vorbereiten. Für die Ungläubigen und die Gelegenheits-Gläubigen, die Beziehungen zu der Welt hegen, wird der Tag kommen wie ein Dieb, weil sie nicht erkannt haben, dass der Tag nahe ist.

Sie können nicht errettet werden.

Eines Tages berichtete mir einer meiner Studienkollegen von einem Traum, den er gehabt hatte. „Ich hatte einen seltsamen Traum. In diesem Traum hast du zu mir gesagt: ,Wir wissen nicht, wann der Herr wiederkommt. Deshalb sei wachsam, denn der Tag ist nahe.'"

Durch diesen Traum bestätigte Gott die Offenbarung, die Er mir gegeben hatte.

Anschließend prüfte ich die Bibel hinsichtlich dieser Offenbarung aufs Gründlichste. Jede Aussage, die Gott zu mir gesprochen hatte, fand ich bestätigt. Ich war überglücklich.

Im August meines ersten Studienjahres nahm ich am Sommercamp der Canaan Farming-Schule teil, wo auch mein Lieblingspastor anwesend war. Ich hatte Pastoren stets respektiert, da ich Jesus diente. Auf dem Camp erlebte ich jedoch eine Enttäuschung.

Eines Tages sprachen wir über das Thema Ehebruch auf der Grundlage von Matthäus 5, 27-28: „*Du sollst nicht ehebrechen. Wer ein Weib ansieht, ihrer zu begehren, der hat schon mit ihr die Ehe gebrochen in seinem Herzen.*" Letztendlich führte ihre hitzige Diskussion zu einem ausgeklügelten Schluss: Wenn man nur in seinem Denken begehrt, begeht man nicht die Sünde des Ehebruchs. Ich war schockiert, das zu hören, weil ich drei Jahre Gebet benötigt hatte, um von Ehebruch in meinen Gedanken frei zu werden.

Ich dankte Gott aus tiefstem Herzen für meinen erfolgreichen Kampf in der Vergangenheit.

„Vater, ich danke dir so sehr! Wenn ich gehört hätte, dass der Ehebruch in unserer Vorstellung nicht zu besiegen ist, hätte ich bis zu dem Tag, an dem ich sterbe, damit zu kämpfen gehabt. Doch du hast mich angeleitet, gemäß den Wort zu leben und viele Jahre lang gegen die Sünde des Ehebruchs anzukämpfen."

Meine Entscheidung, mich auf das Wort Gottes zu verlassen und es zu befolgen, wurde stärker und nahm konkretere Formen an.

Einige der Seminarstudenten gründeten Gemeinden, bevor sie ihren Abschluss machten. Das war auch mein Wunsch. Um meinen Traum zu verwirklichen, fastete ich während der Sommerferien 20 Tage lang für Gott. Ich fühlte mich nicht wohl dabei, zu diesem Zeitpunkt eine Gemeinde zu gründen, weil es noch immer einige Bibelstellen gab, die ich nicht ganz verstanden hatte. Weder Professoren noch gute Konkordanzen konnten meine Fragen klären. Es gelang mir nicht, eine befriedigende Antwort zu erhalten.

Seit ich als neuer Christ die Erweckungsveranstaltung im November 1974 besucht hatte, betete ich, wann immer ich etwas freie Zeit fand:

„Lieber Vater, ich möchte, dass du selbst mir die Bibel erklärst. Ich weiß, dass du mir durch Engel helfen kannst. Bitte arbeite auf deine Art und Weise an mir, damit ich alle deiner 66 Bücher der Bibel verstehe."

Meine 40 Fastentage

Während des Winterurlaubs 1980 veranlasste Gott mich, 40 Tage zu fasten und zu beten. Ich war sicher, dass nicht ich diesen Fastenplan aufgestellt hatte, sondern Gott. Als ich für die Vorbereitung auf mein Fasten betete, sagte Gott zu mir: „Mein lieber Diener! Lies keine anderen Bücher als nur die Bibel und dein Gesangbuch."

Ich war gerade dabei gewesen, einige Bücher einzupacken, die mir helfen würden, mich mit dem Wort zu rüsten. Ich legte diese Bücher zur Seite und stieg auf den Osanri Gebetsberg. Als ich begann zu fasten, dachte ich, Gott würde mir helfen, diese Zeit zu ertragen und durchzuhalten. Ich betete, dass ich Gott als ein kraftvoller Pastor dienen könnte, mit dem Wort gerüstet sein möge und in der Lage wäre, eine Gemeinde zu gründen.

Gott half mir nicht, bis der 40. Tag kam. Ich schlief nicht gut und hatte oft Krämpfe in meinen Armen und Beinen. Ab dem 30. Tag war mir die meiste Zeit schwindlig. Manchmal spuckte ich Blut. Ich konnte kein Wasser trinken, weil ich starke

Halsschmerzen hatte.

Am 40. Tag schien meine Qual ihren Höhepunkt zu erreichen. Zehn Minuten erschienen mir wie eine Stunde. Obwohl ich stark fror, mir schwindlig war und ich Schmerzen hatte und mich schwach und erschöpft fühlte, half Gott mir, meinen täglichen Plan – zwei Stunden laut zu beten – einzuhalten.

Schließlich, um 11.00 Uhr am 40. Tag verschwanden all meine Schmerzen. Es war ein Wunder. Gott ließ mich den Sieg erringen, als ich gegen die Angriffe Satans ankämpfte, der seit dem siebten Tag versucht hatte, mich zu stoppen.

Meine ganze Familie sang und tanzte. Wir hielten einen Anbetungsgottesdienst ab, um Gott zu danken und Ihn zu ehren. Er hatte mich mit seinen glühenden Augen bis zum letzten Tag meines Fastens beobachtet und mir die Kraft gegeben, die 40 Tage durchzuhalten. Wie wunderbar Er ist! Als ich Gott dankte, strömten mir Tränen die Wangen hinab.

„All die Ehre sei dir, Gott!"

Nach dieser Fastenzeit öffnete Gott mir die Tür, um alle 66 Bücher der Bibel vollständig zu verstehen.

Die Gründung einer Gemeinde

„Siehe, ich stehe vor der Tür und klopfe an. So jemand meine Stimme hören wird und die Tür auftun, zu dem werde ich eingehen und das Abendmahl mit ihm halten und er mit mir" (Offenbarung 3, 20).

Gott, der mich Wunder erleben ließ, berief mich und kam in mich und begann, mich in einen Mann Gottes zu verwandeln. Im April 1974 segnete Gott mich mit der Erkenntnis, dass Er lebt. Seit damals besuchte ich die Gemeinde und empfing seine Gnade und seine Liebe. Am Anfang wusste ich nicht, wie ich beten sollte, weil es mich niemand gelehrt hatte.

Im November 1974 besuchte ich eine Erweckungsveranstaltung, wo ich, als ich der Predigt und dem Zeugnis des Sprechers zuhörte, Gott pries und zu Ihm betete, mit dem Heiligen Geist erfüllt wurde. Indem ich Buße tat, erkannte ich, dass ich ein Sünder war. Mir wurde auch klar, dass die Liebe Gottes und die Gnade des Herrn, der gekreuzigt wurde, unermesslich sind. Jede dieser Botschaften war wie Balsam für mich, und ich war damit gesegnet, dass ich ernsthaft beten konnte und Gott all meine Gebete beantwortete.

Nach dem Besuch des Erweckungsgottesdienstes und meiner Erkenntnis, dass ich ein Sünder war, betete ich soviel ich konnte. Gott leitete mich an, gemäß seinem Wort zu leben. Er tröstete und züchtigte mich. Er ließ mich vieles verstehen, sodass ich mich änderte und mein Leben als sein Kind lebte.

Gott veranlasste mich, mein sündiges Verlangen, die Lust meiner Augen und den Stolz meines weltlichen Lebens abzuwerfen. Er veränderte mich in einen Menschen, der Gott liebt, der seine Nächsten liebt wie sich selbst und Gott von ganzem Herzen dient. Als es meiner Seele wohl erging, war auch alles andere gut bei mir und ich erfreute mich bester Gesundheit. Ich wurde ein guter Christ, der Gott die Ehre gibt, von seinen Lebenserfahrungen berichtet und das Evangelium verkündigt.

Von dem Tag an, an dem meine Frau mich verließ – am 10. Juli 1974 – hatte Gott mich drei Jahre lang gezüchtigt, damit ich mein sündiges Wesen loswurde. Als Ergebnis dieser Züchtigung wurde ich ein Mann Gottes, der stets voller Freude ist, Gott für alles dankt und ernsthaft betet.

Vor dem 9. Juli 1977 kauften wir stets nur die kleinste Tüte Reis für unsere Familie, damit wir unsere Schulden abbezahlen und Gott dennoch regelmäßig Opfer geben konnten.

Obwohl das oft bedeutete, dass wir für den nächsten Tag kein Essen hatten, boten wir den Dienern Gottes und den Besuchern, die zu uns kamen, alle Lebensmittel an, die wir hatten. Doch Gott versäumte es nie, meine Familie zu versorgen. Gleich am nächsten Tag schickte er jemanden mit Essen zu uns, sodass niemand in meiner Familie je eine Mahlzeit auslassen musste.

Vom 9. Juli 1977 an, als meine Frau und ich unseren Laden zum dritten Mal eröffneten, segnete Gott meine Familie so überreichlich, dass wir Ihn verherrlichen konnten, indem wir bedürftige Menschen finanziell unterstützten und freiwillige Dienste in der Gemeinde übernahmen.

Als ein Diener Gottes

Im Mai 1978 berief Gott mich zu seinem Diener und sagte mir, ich solle mich auf das Wort vorbereiten. Seit damals habe ich mein Leben geführt, indem ich fastete, Gebetsnächte abhielt und die Gebote der Bibel befolgte, um mit seinem Wort gerüstet zu werden.

Gott bewaffnete mich mit kraftvollem Gebet, Offenbarungen und wundersamer Heilung, sodass ich zu seinem Diener werden und Menschen in die Errettung führen konnte.

Während meiner Zeit als Student des Seminars half Gott mir, mich während der Ferien mit dem Wort und Gebet zu rüsten. Er arbeitete auch an mir, während ich zu Hause war, damit ich viele Besucher in verschiedenen Bereichen beraten konnte.

Durch die wundersame Kraft des Heiligen Geistes, die durch mich sichtbar wurde, erteilte Gott mir geistliches Training. Während meiner Zeit als Diakon machte ich wertvolle Erfahrungen. Ich besuchte mehrere Gemeinden und betete für Menschen, die in Schwierigkeiten steckten oder krank waren.

Von Mai 1981 an konzentrierte ich mein Gebet hauptsächlich auf die Gründung einer Gemeinde. Ich lernte viel über die Dienste der Gemeinde für Schüler verschiedener Stufen und Klassen sowie junge Erwachsene, Collegestudenten und Verheiratete. Ich informierte mich auch über die Organisation einer Gemeinde, wie man eine Gemeinde und ihren Chor leitet und wie die Fakultät strukturiert sein muss. Um weitere nützliche praktische Erfahrungen zu sammeln, bot ich einer anderen Gemeinde, der ich mich verbunden fühlte, meine Hilfe an und predigte auch einige Male dort.

Die letzte Woche im Februar 1982 kennzeichnete das Ende der drei Jahre, in denen Gott mich angewiesen hatte, zu studieren und mich mit dem Wort zu rüsten. Während dieser Woche – der Woche, bevor mein letztes Studienjahr begann – leitete Gott mich dazu an, zum ersten Mal in meinem Leben einen Erweckungsgottesdienst abzuhalten. Dieser fand in der Ilman Gemeinde in Masan statt. Das war eine große Gelegenheit für mich, die meinen Wunsch, eine Gemeinde zu gründen, noch verstärkte. Meine Gebete für diese neue Gemeinde wurden noch stärker und inständiger.

Im Mai 1982 begann Gott Schritt für Schritt, meine Gebete für die Gründung einer Gemeinde zu beantworten. Eines Tages kam ein neues Gemeindemitglied, das meine Frau zwei Wochen zuvor in unsere Gemeinde begleitet hatte, unerwartet zu Besuch.

„Pastor, letzte Nacht bin ich aufgewacht, weil jemand mich drei Mal gerufen hat. Gott ist mir erschienen, und da war Licht, so hell und schön, dass ich meine Augen nicht offen halten konnte, um Ihn anzusehen. Er sagte zu mir: ‚*Ich habe dich erwählt, und du wirst der Welt Zeugnis von mir geben.*‘ Ich verstehe nicht, was das bedeutet."

Sie wusste überhaupt nichts von der Bibel. Das einzige, was sie kannte, waren die Namen Gott und Jesus. Die Erkrankung ihres Magens wurde geheilt, nachdem ich nur einmal für sie gebetet hatte.

Einige Tage später kam sie erneut zu uns.

„Pastor, ich habe eine weitere seltsame Szene im Traum gesehen. Du hast mich mit deiner rechten Hand zu dir gewunken. Dann hast du mir gesagt, ich solle deine Hand halten und hast mich zu einem Lagerhaus mit einem roten Dach geführt. In dem Lagerhaus waren viele Säcke, die mit Gold gefüllt waren. Ich habe dich gefragt: ‚Was ist in dem Gold?', und du hast geantwortet: ‚Es ist Salz darin.' Dann hast du mir zwei Goldbarren gegeben und gesagt: ‚Bewahre sie auf, bis du sie bedeutungsvoll einsetzen kannst.' Anschließend brachtest du mich zurück an den Ort, wo du mich herbeigerufen hattest. Du blicktest in alle vier Richtungen und sagtest zu mir: ‚Von jetzt an sollen wir in Gott miteinander gehen, bis unser Herr kommt, über Felder, Berge und Flüsse wandern, um das Evangelium Gottes zu verkündigen.'"

Ich glaube, dass Gott einen besonderen Plan für sie hatte. Deshalb betete ich oft für sie und leitete sie mit dem Wort der Wahrheit an.

Im April 1982 entwickelte meine Frau ihre Qualifikationen als Frau eines Pastors. Als Gruppenleiterin erhöhte sie die Anzahl der Gruppenmitglieder innerhalb von fünf Monaten von 4 auf 28. Ihr Gebet wurde zunehmend kraftvoller und sie kümmerte sich liebevoll um ihre Gruppe. Sie leitete Versammlungen, teilte das Brot der Liebe in engen Beziehungen zu anderen und verkündete vielen das Evangelium.

Gott ließ mich vier Gebetstreffen abhalten und schickte mir

die notwendigen Arbeiter für die Gemeinde, die ich gründen wollte. Er, der alles aus nichts erschaffen hatte, wollte nicht, dass ich die Gemeinde nach meinem eigenen menschlichen Willen ins Leben rief. Obwohl ich einige Familienmitglieder hatte, die Christen waren – meine älteste Schwester (Diakonin), meine zweitälteste Schwester (Pastorin), eine Schwägerin (die Frau des Bruders meiner Frau) und die Schwester meiner Frau – wollte Gott nicht, dass ich mich auf meine Familie oder Verwandte verließ, sondern schickte mir genau zum richtigen Zeitpunkt die Arbeiter, die Er vorgesehen hatte.

Gott kümmerte sich auch um all unsere finanziellen Bedürfnisse. Unser Buchladen brachte uns keinen Gewinn mehr ein. Wir begannen, Geld zu verlieren, einschließlich der Kaution, weil wir die monatliche Miete nicht mehr bezahlen konnten. Im Glauben bat ich Gott um Hilfe. Wie wunderbar! Gott hatte die Diakonin Aeja Ahn bereits mit dem Geld versorgt, das wir brauchten.

Ein weiterer Segen war eine Prophetin, die Gott mir gab. Sie war Gottes Antwort auf die sieben Jahre, in denen ich darum gebetet hatte, dass Gott mir jeden Vers aller 66 Bücher der Bibel offenbaren möge.

Außerdem ließ Gott mich wundersame Zeichen tun.

Wie ich oben erwähnt habe, stattete Gott mich mit allem aus, was ich brauchte, und wies mich an, die Gemeinde an einem brütend heißen Tag zu eröffnen. Er versäumte nicht mir zu sagen, dass ich einer Prüfung unterzogen würde, nachdem ich die Gemeinde ins Leben gerufen hatte.

Ich war im Begriff, die Erhörung meiner sieben Jahre Gebet für den Beginn einer Gemeinde zu bekommen. Natürlich begann Satan, mich anzugreifen, indem er an mir zerrte wie ein Löwe, der versucht, mich in Stücke zu reißen.

Die Prüfung bei der Gründung der Gemeinde

Es war Mitte Juni während meines Abschlussjahres auf dem College, wo ich Theologie studierte.

Der Pastor, der für meine Klasse zuständig war, fragte einen meiner Studienkollegen, ob es bei einem der Studenten etwas gäbe, das theologisch nicht in Ordnung sei. Er antwortete dem Pastor, dass einige der Studenten, einschließlich mir, Probleme zu haben schienen. Diese ungenaue persönliche Betrachtung verursachte Gerüchte in Bezug auf eine Prophetie, die während eines Gebetstreffens in Mt. Samgak gegeben wurde.

Die Gerüchte besagten: Eine Frau legte ihre Hände auf einen Diener Gottes. Der Diener Gottes hatte die Frau darum gebeten. Der Diener Gottes nannte sich selbst ‚Der Christus.'

Aufgrund dieser Gerüchte wurde ich vor der Eröffnung der Gemeinde vor einige Prüfungen gestellt.

In diesem Treffen hatte zu keiner Zeit eine Frau irgendeinem Diener Gottes die Hände aufgelegt, und kein Diener Gottes hatte eine Frau darum gebeten. Und ich hatte nie behauptet: ‚Ich bin der Christus.' Doch die Gerüchte schufen neue Gerüchte. Letztendlich hieß es, ich sei ketzerisch. In meiner Schule wurde eine Besprechung abgehalten, in der über meine Verweisung diskutiert wurde. Ich wusste nicht, was vor sich ging, bis Pastor K., der mir vertraute, mich darüber ins Bild setzte.

Einige meiner Gemeindemitglieder verbreiteten ein

ähnliches Gerücht: Meide Pastor Jaerock Lee. Er ist ein Ketzer.

Mein Herz litt nicht darunter, weil ich bereit war, jegliche Prüfung zu ertragen, um eine Gemeinde zu gründen. Ich zitterte jedoch, als ich hörte, dass man versuchte, mich von der Schule zu verweisen.

In den darauffolgenden Tagen fand die Abschlussprüfung vor den Sommerferien statt. Ich ging nicht zur Schule, sondern stattdessen mit einigen Zeugen in die Gemeinde, um dort die wahre Geschichte zu erzählen. Sie versuchten jedoch erst gar nicht, meiner Erklärung zuzuhören.

Auf der Semester-Abschlussfeier erhielten diejenigen Studenten, die mich verteidigten, eine Warnung von der Verwaltung.

Dort sagte man über mich: ‚Er ist von Dämonen besessen. Seine Kraft kommt vom Teufel.', und: ‚Er ist ein Ketzer.' Ich betete einfach im Glauben, weil ich mich an die Prophetie erinnerte, die mir gegeben worden war: „Mach dir keine Sorgen. Bedanke dich für alles und bete. Die Truppen Satans werden zusammenbrechen. Hasse sie nicht, sondern liebe sie stets."

Es kam die Zeit, in der Gott mir als Belohnung für meine Ausdauer schenkte großen Segen. Er ließ sich alles zum Guten wenden, sodass ich keine Schwierigkeiten mehr hatte, eine Gemeinde zu gründen.

Wie mir prophezeit worden war, fastete ich drei Tage lang und machte mich dann auf den Weg, um den Ort zu finden, wo ich die Gemeinde beginnen würde. In der Nähe des Gebäudes, das ich fand, war keine andere Gemeinde, und es stand in einer ansehnlichen Gegend. Ich wartete eine Stunde, bis die

Eigentümerin des Gebäudes kam, um den Mietvertrag zu unterzeichnen. Ich betete zu Gott.

„Vater, ich warte jetzt schon seit einer Stunde auf die Hauseigentümerin. Wenn sie nicht innerhalb der nächsten fünf Minuten kommt, gehe ich und glaube, dass dies nicht dein Wille ist."

Was für eine Überraschung! Innerhalb der nächsten Minute kam die Vermieterin. Das war ein Wunder für mich.

Sie sagte: „Ich war hergekommen, um Ihnen mitzuteilen, dass ich das Gebäude nicht an Sie vermieten möchte. Doch als ich Ihr Gesicht sah, habe ich meine Meinung geändert. Ich weiß selbst nicht, warum."

Obwohl Satan versuchte, meine Pläne bezüglich des Mietvertrags zu durchkreuzen, trug ich den Sieg davon. Diese Erfahrung lehrte mich einmal mehr, dass der Wille Gottes nie fehlschlägt.

Wie Gott mir zuvor gesagt hatte: „Du wirst die Gemeinde an einem brütend heißen Tag beginnen", gab ich am 25. Juli 1982 den ersten Anbetungsgottesdienst in Shindaebang-dong, Dongjak-gu. Die Teilnehmer waren unsere 13 Mitglieder (9 Erwachsene und 4 Kinder) und 4 Gäste.

Der erste Gottesdienst beeindruckte mich zutiefst

Ich war „ketzerisch" genannt worden und wäre fast vom College verwiesen worden. Deshalb war ich tief beeindruckt von dem ersten Gottesdienst. Ich rief immer wieder ‚Halleluja!' und weinte vor Dankbarkeit.

Nachdem wir die Gemeinde begonnen hatten, beteten

unsere Mitglieder zusammen für dringende Anliegen. Der harte Kern betete fünf oder sechs Stunden pro Tag mit lauter Stimme. Gott sagte in Jeremia 33, 3: *„Rufe mich an, dann will ich dir antworten und will dir Großes und Unfassbares mitteilen, das du nicht kennst."*

Wie Gott es verheißen hatte, schickte er uns neue Menschen und versorgte uns mit einer Kanzel, einem Klavier, einem Telefon und anderen Dingen, die wir benötigten.

Seit wir die Gemeinde ins Leben gerufen hatten, hatten wir jeden Freitag einen Nachtgottesdienst mit Lobpreis und Gebet abgehalten. Als wir gemäß seinem Willen voller Freude dankten und beteten, hat Gott uns Tausende von Wundern gezeigt, unsere körperlichen und geistlichen Gebrechen geheilt, uns mit der Gelegenheit, Gemeinschaft mit Ihm zu haben, gesegnet und uns viele Menschen und Arbeiter geschickt.

Viele Mitglieder wurden von Magenkrebs, Lymphinfektionen, Herzkrankheiten und bösartigen Magenerkrankungen geheilt und arbeiten hingebungsvoll für die Gemeinde.

Unsere Mitglieder leben gemäß dem Wort Gottes, geben Ihm die Ehre und halten den Sabbat heilig. Gott hat seine Freude an uns, sodass Er uns mit Ausnahme einer einzigen Woche jede Woche neue Mitglieder geschickt hat.

All diese Ereignisse demonstrieren die Macht Gottes, der alles aus nichts erschaffen hat, und der uns anleitet und in uns wirkt.

Das Gefäß

„In einem großen Hause aber sind nicht allein goldene und silberne Gefäße, sondern auch hölzerne und irdene, und etliche zu Ehren, etliche aber zu Unehren. So nun jemand sich reinigt von solchen Leuten, der wird ein geheiligtes Gefäß sein zu Ehren, dem Hausherrn bräuchlich und zu allem guten Werk bereitet" (2. Timotheus 2, 20-21).

Zu einem großen Gefäß werden

Es hatte drei ganze Jahre gebraucht, bis mein Traum Wirklichkeit geworden war.

Seit meine ältere Schwester versprochen hatte, etwas Land für ein Gemeindezentrum zu spenden, hatte ich einiges versucht, um eine Gemeinde zu gründen. Ich erstellte die notwendigen Unterlagen für den Bau eines Gebäudes, doch ich bekam keine Genehmigung dafür. Ich versuchte, mir Geld zu borgen, damit ich die Miete für einen Raum in einem Gebäude bezahlen konnte, doch auch das klappte nicht.

Hinsichtlich der Mitglieder hatte ich kein Problem mit dem Beginn einer Gemeinde. Mehr als zehn Leute, einschließlich meiner älteren Schwester und ihrer Kinder, waren grundsätzlich bereit, in die Gemeinde zu kommen. Ich glaubte, wenn ich die Unterstützung meiner Familie und meiner Verwandten bekäme, gäbe es keine Schwierigkeiten bei der Gründung einer Gemeinde. Dies war jedoch nicht Gottes Wille.

In Sprüche 16, 9 sagt Gott: *„Des Menschen Herz erdenkt sich seinen Weg; aber der HERR allein gibt, daß er fortgehe."* Ich plante meinen Weg selbst, doch ich ließ Gott meine Schritte nicht lenken. Obwohl ich gesagt hatte, dass ich alles in Gottes Hand legen wollte, bestimmten meine Gedanken meinen Weg, bevor Gott es tat. Doch es dauerte nicht lange, bis ich Gott die Führung zurückgab und ihr folgte. Dann schenkte Gott uns in seiner Kraft ein wundersames Ergebnis.

Ich betete lange Zeit über den Namen der Gemeinde. Gott antwortete mir nicht, bis ich zu dem Gefäß wurde, das dazu berechtigt war, gesegnet zu werden. Schließlich sagte Er mir, ich solle die Gemeinde „Manmin" (die ganze Schöpfung) nennen.

„Und er sprach zu ihnen: Gehet hin in alle Welt und prediget das Evangelium aller Kreatur" (Markus 16, 15).

Als Gott mich zu seinem Diener berief, sagte Er mir, dass ich Zeichen und Wunder tun und über Berge, Flüsse und Meere reisen würde. Jetzt gab Er mir eine weitere Aufgabe: „Beginne eine Gemeinde auf die Art, wie Gott alles aus nichts erschaffen hat, und sei ein großes Gefäß, das in der Lage ist, das Evangelium der ganzen Schöpfung zu predigen."

Wie Gott es wollte, begann unsere Gemeinde nur mit den Menschen und Mitteln, die Gott vorbereitet hatte. Ich bekam keine Hilfe von meinen Brüdern, Schwestern oder Verwandten.

In meinem Herzen erkannte ich erneut, dass Gott allmächtig ist. Ich dankte Ihm zutiefst für sein wunderbares Wirken.

Der Feind Satan und der Teufel versuchten, uns am Aufbau der neuen Gemeinde zu hindern, doch Gott gab uns den letztendlichen Sieg.

Um sein Reich zu vollenden, bereitete Gott verschiedene Gefäße, nicht allein goldene und silberne, sondern auch hölzerne und irdene, die einen zur Ehre, die anderen aber zur Unehre. Wenn nun jemand sich von diesen reinigt, wird er ein Gefäß zur Ehre sein, geheiligt, nützlich dem Hausherrn, zu jedem guten Werk bereitet.

Ich fragte mich, was für eine Art Gefäß ich war und wie ich für Gott ein nützliches Gefäß sein konnte.

Ein gereinigtes Gefäß

Bis zu dem Tag, an dem Gott mich die Gemeinde ins Leben rufen ließ, half Er mir, ein gereinigtes Gefäß zu werden. Gott half mir, nicht zu sündigen, sondern geheiligt zu werden. Ich hielt alle zehn Gebote ein, sodass ich zumeist die Frucht des Heiligen Geistes trug.

Auf der anderen Seite gab Gott mir Zeit, um mich durch Leiden zu verbessern. Die Prophetin, die Gott gesandt hatte, erlegte mir eine unerwartet harte Prüfung auf. Ich hatte viele Bekannte im Dienst, die die wundersamen Werke Gottes erfuhren und mit mir beteten. Einer von ihnen gab jedoch ein falsches Zeugnis. Dieser Zwischenfall führte dazu, dass die Leiter meiner Theologieschule mich als Ketzer betrachteten. Obwohl ich fast von der Schule verwiesen worden wäre, befolgte ich nur das, was Gott in der Bibel lehrt.

„Sorget nichts! sondern in allen Dingen lasset eure Bitten im Gebet und Flehen mit Danksagung vor Gott kund werden. Und der Friede Gottes, welcher höher ist denn alle Vernunft, bewahre eure Herzen und Sinne in Christo Jesu!" (Philipper 4, 6-7)

In dieser Welt gibt es verschiedene Arten von Menschen. Manche Menschen versuchen, das eigene Land zu verraten, während manche so treu sind, dass sie ihr Leben dafür hingeben. Jeder hat sein eigenes Gefäß. Ich glaubte daran, dass Gott mir helfen würde. Deshalb betete ich bis zum Schluss. Letztendlich siegte das Gute über das Böse. Die Wahrheit überwand die Teufel.

Gott sah zu, wie ich die letzte Prüfung bestand, meine Sünden überwand und ein reines Leben führte. Am Ende beschloss Er, dass ich nun dafür geeignet war, eine Gemeinde zu beginnen.

Einige meiner Junior-Pastoren sagten über diese Zeit: „Wir haben gezittert, doch du hast dich nicht um die Situation gekümmert. Du hast einfach kühn weitergebetet. Dein Glaube war mehr als groß."

Auch meine Frau äußerte sich über diese Zeit. „Du weißt, ich war fast wahnsinnig in den letzten Monaten, bevor wir die Gemeinde begonnen haben. Ich wusste nicht mehr, was wir in unserem Kampf gegen diese schlimme Prüfung tun sollten. Doch du warst anders, Pastor."

Gott ließ Satan anerkennen, dass ich ein reines Gefäß und

damit in der Lage war, eine Gemeinde ins Leben zu rufen. Und dann zeigte Gott uns, dass Er allmächtig ist. Nachdem wir die Prüfungen überwunden hatten, gab Gott uns solch überreichen Segen, dass wir ihn nicht mehr zählen konnten.

Gottes Antworten auf unsere Gebete sind wie Feuer

Nachdem wir die Gemeinde begonnen hatten, gab Gott mir, während ich wie ein brennendes Feuer betete, eine klare Erkenntnis seiner Vorsehung. Seit damals beten unsere Gemeindemitglieder und ich für die Weltmission.

Wie Jesus 12 Apostel berief, um den Willen Gottes auszuführen, sandte Gott zur richtigen Zeit gute Arbeiter in unsere Gemeinde, um seinen Willen und seine Vorsehung zu vollenden.

Eines Tages zeigte Gott uns das Bild der Heiligen Stätte, die wir bauen würden. Er zeigte mir sowie 17 Mitgliedern bis ins Detail, wie dieses Heiligtum aussehen würde. Wir sahen das Dach, 96 Marmorsäulen und das Innere des Gebäudes. Der Blickwinkel war von der Mitte des Raumes aus, und der Altar drehte sich langsam. Gott zeigte uns, wie ich zu zahllosen Menschen predigte und Wunder tat, während Gottes Gnade reichlich floss. Indem Gott uns diese Szenen zeigte, ermutigte Er uns, im Glauben für die Weltmission zu beten.

Gott segnete mich damit, ein großes Gefäß zu werden, in das viele Pastoren und Gemeindemitglieder kommen und ausruhen können. Als ich zum Diener Gottes berufen wurde, war ich vollkommen unsicher und wusste nicht, was ich tun sollte. So wanderte ich drei Monate lang umher. Doch Gott formte mich zu einem Pastor, der von der Weltmission träumt und im Glauben und mit Taten betet. Gott hat mich auf so wunderbare Weise verändert!

Wiederum segnete Gott mich damit, ein kraftvoller Leiter zu werden, sodass zahlreiche Menschen kamen und in mir ruhten.

Obwohl ich erst kurze Zeit Christ war, wurden Kranke, für dich ich betete, auf wundersame Weise geheilt.

Einmal hatte ich die Gelegenheit, ein Zeugnis zu hören.

„Mein Sohn hatte sich mit sehr heißem Wasser verbrüht. Seine Verbrennungen waren so schwer, dass er lange Zeit durch keine medizinische Behandlung geheilt werden konnte.

Eines Tages erinnerte ich mich an König Asa in 2. Chronik 16. Er starb an seiner Krankheit, weil er nicht den Herrn, sondern nur die Ärzte gesucht hatte. Ich beschloss, bei Gott Hilfe zu suchen und betete und fastete. Gott hat meinen Sohn vollständig geheilt! Halleluja!"

Auch ich hatte meine Erfahrungen mit Heilung gemacht. Ich glaubte dem Zeugnis der Mutter. Deshalb betete ich zu Gott, was auch immer ich brauchte. Ich war sicher, dass Gebet eine Lösung bewirkt. Wenn meine Töchter krank wurden, betete ich für sie und sie wurden geheilt. Ihr Fieber verschwand sofort. Diese Heilungserfahrungen ermutigten mich. Ich fastete und betete mehrere Tage für meine heilende Kraft. Wann immer ich seit dieser Zeit für Kranke betete, wurden sie geheilt. Es ist wirklich erstaunlich.

Nachdem Gott mich zu seinem Diener berufen hatte,

waren die Schwerpunkte meines Gebets die Gründung einer Gemeinde, mit dem Wort Gottes gerüstet zu werden, Kraft und Gaben zu erhalten, mit Gebet bewaffnet zu sein und geheiligt zu werden. Gott beantwortete meine Gebete, noch bevor ich die Gemeinde ins Leben rief. Er gab mir nicht nur die neun geistlichen Gaben, sondern auch die Gaben der Liebe, des Gedankenlesens und der Vision. Gott gab mir die Kraft, alle Krankheiten zu heilen, einschließlich unheilbarer Erkrankungen, Unfruchtbarkeit und Besessenheit. Gott zeigte seine heilende Kraft durch mich und segnete mich mit der Kenntnis der Gesetze des geistlichen Reichs.

Direkt nach der Gründung der Gemeinde sandte Gott mir Menschen mit verschiedenen Arten von Krankheiten – Lähmungen, Krebs, Arthritis, Herzkrankheiten, Lymphinfektionen, Tuberkulose, Magenkrankheiten oder Blindheit. Gott heilte sie vollständig.

Gott kann jegliche Art von Krankheiten heilen, denn Er ist allmächtig!

Gott schickte mir auch Menschen, die schwach im Geist waren, die das Wort missverstanden, die aufgrund ihres Ungehorsams litten oder mangels geistlicher Stärke ziellos umherwanderten. Gott stattete mich mit heilender Kraft aus, sodass ich mich in jeder Hinsicht um sie kümmern konnte.

Gott füllt die Gefäße, wie sie sind

Gott segnete mich in dem Maß, wie ich mein Gefäß gemäß seinem Willen formte. Am Anfang umfasste die Mitgliederzahl meiner Gemeinde neun Personen, doch als wir am 10. Oktober den offiziellen Eröffnungsgottesdienst abhielten, stieg diese Zahl auf über 100 an. Seither ist sie Jahr für Jahr weiterhin rapide angestiegen und eine der größten Gemeinden der Welt geworden.

Warum hat Gott mich gesegnet und die Zahl meiner Gemeindemitglieder so dramatisch ansteigen lassen? Ich glaube, dass Gott mich zu einem großen Gefäß gemacht hat, um Ihn zu verherrlichen, weil ich ein heiliges Leben lebe und stets seinem Willen gehorsam bin.

Ich hatte einen großen Traum: Ich wollte vielen Menschen das Evangelium predigen. Ich wollte viele Menschen in die Errettung führen, um Gott zu gefallen, der das Übrige tun würde. Für diesen Traum betete ich lange Zeit.

Da ich erkannte, dass jeder, der ein sauberes und großes Gefäß sein will, auch über angemessene Weisheit verfügen muss, tat ich mein Bestes, um Weisheit zu erlangen.

„Wer ist weise und klug unter euch? Der erzeige mit seinem guten Wandel seine Werke in der Sanftmut und Weisheit" (Jakobus 3, 13).

„Die Weisheit von obenher ist auf's erste keusch, darnach friedsam, gelinde, läßt sich sagen, voll Barmherzigkeit und guter Früchte, unparteiisch, ohne Heuchelei. Die Frucht aber der Gerechtigkeit wird gesät im Frieden denen, die den Frieden halten" (Jakobus 3, 17-18).

Ich zeigte meine guten Werke entsprechend der Weisheit, die

Gott mir gab.

Ich unterstützte häufig andere, sich entwickelnde Gemeinden finanziell, leistete Spenden für den Bau der Theologischen Schule und unterstützte Diener Gottes mit Unterkünften und ergänzenden Unterrichtsprogrammen, damit sie sich nur der Gemeinde widmen konnten.

Jeden Sonntag boten wir der ganzen Gemeinde ein Mittagessen an. Auf diese Weise hatten sie eine gute Gemeinschaft und hielten den Sabbat ein, ohne an diesem Tag etwas anderes zu tun. Ich gehorchte nur Gott, der sagte: „Gib und dir wird gegeben werden. Wer sparsam sät, wird auch sparsam ernten, und wer segensreich sät, wird auch segensreich ernten."

Ich richtete meine ganze Aufmerksamkeit darauf, zu beten, mit Gott zu sprechen und Offenbarungen von Ihm zu erhalten, um eine große Zahl Menschen in die Errettung hineinzuführen und Ihn zu verherrlichen.

Gott schenkte mir das vollständige Verständnis der schwierigen Abschnitte in allen 66 Büchern der Bibel. Ich beschloss, mich der Aufgabe zu widmen, das Evangelium bis an die Enden der Welt zu verkünden und setzte mein Herz und meine Seele darauf, bis zum Tag, an dem unser Herr wiederkommt, Mitglieder zu gewinnen, die Spreu in Weizen und Nicht-Gläubige in Gläubige zu verwandeln.

5

Gott Hat Mich Begleitet

Die Gesegneten

Die Stimme des Herrn

Der Herrscher

Die Offenbarung

Die Gesegneten

"Wohl dem, der nicht wandelt im Rat der Gottlosen noch tritt auf den Weg Sünder noch sitzt, da die Spötter sitzen, sondern hat Lust zum Gesetz des HERRN und redet von seinem Gesetz Tag und Nacht! Der ist wie ein Baum, gepflanzt an den Wasserbächen, der seine Frucht bringt zu seiner Zeit, und seine Blätter verwelken nicht; und was er macht, das gerät wohl" (Psalm 1, 1-3).

Die wahrhaft Gesegneten

Es ist nur natürlich, dass jeder, der in dieser Welt lebt, gesegnet sein will. Viele koreanische Eltern geben ihren neugeborenen Kindern den Namen ‚Boknam' (gesegneter Junge) oder ‚Boksoon' (gesegnetes Mädchen).

Während meiner Krankheit besuchte ich einen berühmten Namensgeber, um einen besseren Namen für mich auszusuchen. Ich musste lange Zeit warten, bis ich an die Reihe kam, den berühmten Bongsoo Kim zu sehen. Er prüfte mein Gesicht und das meiner Frau sowie unsere Namen und sagte: „Lee, Jaerock ist dazu verurteilt, jung zu sterben, und Lee, Boknim wird ein schweres Leben haben wie eine Hausmagd. Ich habe noch nie solch schlimme Namen gesehen."

Gott Hat Mich Begleitet 185

Er gab uns neue Namen: ‚Sung-ook' für mich und ‚Jeeyon' für meine Frau. Und was geschah danach? Meine Krankheit verschwand nicht und meine Frau hatte noch immer ein hartes Leben.

Als meine Frau geboren wurde, gab man ihr den Namen ‚Boknim', was bedeutet ‚sie ist gesegnet.' Später änderte sie ihren Namen auf Anraten des Namensgebers hin in ‚Jeeyon', weil er ihr gesagt hatte, dass ihr eigentlicher Name interpretiert wurde, ‚eine Hausmagd zu werden.' Doch sie erfuhr nicht den geringsten Segen.

Wie ernsthaft hatten wir uns angestrengt, Segen zu erhalten? Sogar unser ständiges Gebet war erbärmlich. ‚Wie kann ich gesund werden?' ‚Wie kann ich viel Geld verdienen und aus der Armut herauskommen?' ‚Was können wir tun, dass wir gut für unsere Töchter sorgen können?' Wir hatten stets den Gedanken an Segen.

Man sagt, gesegnet zu sein bedeute, ein langes, gesundes, reiches und friedliches Leben mit vielen Kindern zu führen. Es heißt, Reichtum sei der Schlüssel zum Glück. Deshalb wird allgemein angenommen, man würde ein gutes Leben leben, wenn man reich und gesund ist. Doch was ist, wenn man stirbt? Dann hat nichts mehr einen Wert. Dieses Glück gilt nur für die Lebenszeit eines Menschen, für etwa 70 oder 80 Jahre. Am Ende verschwindet es. Das kann kein wahrer Segen sein.

Doch was ist wahrer Segen? Welche Art von Segen dauert für immer an, auch wenn wir sterben? Dieser wahre Segen wird in der Bibel, in der die Geschichte der Menschheit, ihr Leben, ihr Tod, ihr Glück und Unglück geschrieben steht, beschrieben:

„Und ich will dich zum großen Volk machen und will dich segnen und dir einen großen Namen machen, und sollst ein Segen sein" (1. Mose 12, 2).

Der Mann, um den es hier geht, ist Abraham. Er glaubte an Gott, den Schöpfer, der über alles herrscht. Er gehorchte dem, was Gott befahl, und seine Wege waren ohne Schuld.

Abraham lebte bis ins hohe Alter von 175 Jahren. Er hatte noch immer kein Kind, doch Gott segnete ihn später mit vielen Kindern, die im Gehorsam aufwuchsen. Er hatte auch viele Knechte, Vieh und Güter. Er war in allen Dingen gesegnet. Und vor allen anderen erhielt Abraham als der Vater des Glaubens ewiges Leben.

Der größte Segen, von dem in der Bibel die Rede ist, ist der geistliche, der denjenigen gegeben wird, die an Gott glauben und Ihm gehorchen, gemäß dem Wort leben und in den Himmel gehen, wo es keine Tränen, Kummer oder Schmerz gibt. Der zweitgrößte Segen ist derjenige, der für das weltliche Leben notwendig ist, wie mit allem gut zurechtzukommen, gute Gesundheit und ein langes Leben, Kinder, Ansehen und Reichtum zu besitzen.

Wirklich gesegnet zu sein bedeutet, beide dieser Segnungen zu haben.

Es gibt viele Menschen, die den Anschein erwecken, gesegnet zu sein. Um uns herum können wir jedoch sehen, dass der weltliche Segen nicht lange andauert. Manche Menschen, die viele Autos hatten und ihr Geld mit vollen Händen ausgaben, standen plötzlich ohne einen Cent da oder starben. Manche von ihnen sterben jung und hinterlassen ein großes Vermögen. Manche verlieren ihre Frau und ihre Kinder durch einen Unfall. Man kann nicht sagen, dass diese Menschen gesegnet sind. Ganz im Gegensatz dazu ist der himmlische Segen nicht vorübergehend, sondern von Dauer. Je mehr Tage vergehen, umso mehr Segnungen kommen. Das ist der wahre Segen. Das kann ich selbst bezeugen.

Die Segnungen, die ich erfahren habe

Gott segnete mich so sehr, dass mein Gefäß sich veränderte. An dieser Stelle möchte ich gerne berichten, wie sehr und auf welche wunderbare Weise Gott mich gesegnet hat.

Ich lebte lange Zeit, ohne zu wissen, dass es Gott und ein ewiges Leben nach dem Tod gibt. Ich glaubte, der Tod sei das Ende des Lebens. Deshalb hatte ich keine Hoffnung, dass das Leben irgendetwas Besonderes sein könnte.

Eines Tages erfuhr ich, dass Gott lebendig ist. Als ich Ihn kennengelernt hatte, glaubte ich, dass Er und sein Reich existieren. Dann tat ich Buße für meine Unkenntnis und meine Torheit. Ich bekannte, dass ich ein Sünder war und beschloss, von nun an nach dem Wort Gottes zu leben. Ich war überglücklich, als ich erkannte, dass ich den bedeutungsvollsten Segen der Errettung erhalten hatte. Von dieser Zeit an hatte ich immer ein Lobpreislied auf den Lippen, betete und dankte Gott für alles.

Als zweites wurde mein aufs heftigste angegriffener kranker Körper vollkommen geheilt, nachdem ich Gott kennengelernt hatte. Gott gab mir einen gesunden Körper und ein schönes

Heim mit hübschen Kindern. Darüber hinaus berief Er mich zu seinem Diener, der das Evangelium verkünden und der Gemeinde, dem Leib Christi, dienen würde; der Menschen in die Erlösung hineinführen und mit Ihm als ein Mann Gottes zusammenarbeiten würde.

Drittens wurde ich damit gesegnet, stets in der Gegenwart Gottes zu sein. Gott hat mich nie verlassen, denn Er hatte Gefallen an mir. Wie wundervoll sein Segen ist! Es mag eine sehr ehrenvolle Aufgabe sein, den Präsidenten deines Landes zu begleiten. Doch wie ehrenvoll wird es sein, von dem allmächtigen Gott begleitet zu werden? Das ist in höchstem Maße ehrenvoll und wertvoll.

Eltern begleiten ihre Kinder, geben ihnen zu essen, wenn sie hungrig sind, kleiden sie, geben ihnen einen Platz zum Schlafen, versorgen sie mit allem, was sie brauchen und beschützen sie vor Gefahren.

In gleicher Weise hat Gott mich begleitet, mich mit den Dingen versorgt, die ich brauchte und mich mit der nötigen Autorität und der Kraft ausgestattet, um für sein Reich und seine Gerechtigkeit zu wirken.

Diejenigen, die von Dämonen besessen waren, zitterten, wenn sie mich erblickten. Gott ließ all meine Worte wahr werden, daher gehorchte und vertraute mir meine Gemeinde. Immer wenn ich für meine Gemeindemitglieder betete, zeigte Gott uns seine wundersame Kraft.

Der vierte Segen, den Gott mir schenkte, war, dass ich von Ihm bekam, worum ich Ihn auch bat.

Worum ich auch bat

Es war etwa sechs Monate, nachdem wir die Gemeinde begonnen hatten. Zu dieser Zeit lag unser Gemeindesaal im zweiten Stock und meine Wohnung und mein Büro im Untergeschoss.

Es war einen Tag vor dem großen Feiertag ‚Sullal' (das neue Mondjahr), etwa um 5.00 Uhr morgens, als wir den Freitag-Nacht-Gottesdienst beendeten. Plötzlich herrschte hektische Aufregung. Es war irgendwo giftiges Karbonmonoxid ausgetreten. Meine drei Töchter und ein junger Erwachsener unserer Gemeinde, der zu müde gewesen war, um am Gottesdienst teilzunehmen, schliefen in unserer Wohnung im Untergeschoss. Als wir sie fanden, sahen sie aus wie tot. Sie hatten das Bewusstsein verloren und ihre Körper waren kalt und steif. Unsere Gemeindemitglieder liefen hin und her und wussten nicht, was sie tun sollten. Ich wies sie an, die gasvergifteten Menschen in den Gemeindesaal zu bringen. Dann ging ich auf den Altar und betete.

„Vater, ich danke dir. Ob du nun meine drei Töchter zu dir nimmst oder nicht, ich danke dir. Wenn ich alles falsch gemacht habe, bitte lass es mich wissen und vergib mir. Vater, hier ist ein junger Mann. Er ist ein Mitglied meiner Gemeinde. Bitte rette diesen jungen Mann, damit wir deinem Namen keine Schande machen."

Ich stieg vom Altar herunter, legte meine Hände auf den jungen Mann und betete. „Im Namen Jesus Christus von Nazareth befehle ich, giftiges Gas, du musst gehen! Komm aus ihm heraus! Ich befehle es dir! Komm aus seinem Körper heraus! Vater, bitte bring ihn ins Leben zurück und lass uns deinen Namen verherrlichen."

Dann betete ich nacheinander für meine drei Töchter. Während ich noch für sie betete, setzte sich der junge Mann auf und wunderte sich, was geschehen war. Meine drei Töchter setzten sich ebenfalls auf. Halleluja!

Als die Mitglieder unserer Gemeinde dieses Wunder sahen, wurde ihr Glaube noch stärker als zuvor, und sie gaben Gott, der für diejenigen, die an Ihn glauben, Unmögliches möglich macht, alle Ehre. Seit damals kehrten viele Menschen, die an einer Gasvergiftung litten, durch meine Gebete wieder ins Leben zurück.

Es geschah noch ein weiteres Wunder.

Unsere High-School-Studenten und jungen Erwachsenen machten sich gerade fertig für die Abreise in das erste Sommercamp unserer Gemeinde. Es war früh am Morgen. In der Nacht hatte es heftig geregnet. Jetzt wurde der Regen sogar noch stärker, und es donnerte und blitzte. Die Studenten und jungen Erwachsenen, die am vorigen Abend ihr Gepäck in die Gemeinde gebracht hatten, waren sehr enttäuscht.

Ich betete zu Gott. „Vater, wir wollen heute in unser Sommercamp fahren. Ich weiß, dass du das Wetter unter deiner Kontrolle hast. Würdest du bitte den Donner, den Blitz und den Regen aufhören lassen, damit meine Studenten und jungen Erwachsenen ein großartiges Sommercamp erleben können?"

Wir beteten laut alle zusammen und riefen Gott im Glauben an. Was passierte dann? Gott beantwortete unsere Gebete und ließ den starken Regen aufhören.

Der Ort, wo unser Camp stattfinden sollte, war die Insel Daeboo-do in der Nähe von Inchon. Es gab nur eine Fähre am Tag. Wir mussten um 5.00 Uhr morgens von der Gemeinde aufbrechen. Um 4.55 Uhr regnete es jedoch immer noch. Ich glaubte daran, dass Gott etwas für uns tun würde. Deshalb fragte ich die Teilnehmer des Camps:

„Meine lieben jungen Mitglieder, glaubt ihr, dass Gott, wenn wir drei Minuten laut beten, den Donner, den Blitz und den heftigen Regen aufhören lässt?"

Alle von ihnen sagten: ‚Amen!'

Nachdem wir drei Minuten gebetet hatten, wies ich sie an zu gehen. Wir gingen alle die Treppe hinunter. Exakt in dem Moment, als der erste von uns unten ankam, hörte der Regen auf. Nur eine Sekunde zuvor hatte es gewittert und heftig geregnet. Es war unglaublich!

Unser allmächtiger Gott hatte das Wetter für uns geändert. Was würde Er nicht für uns tun? Er gab uns, worum auch immer wir Ihn baten.

„So ihr in mir bleibet und meine Worte in euch bleiben, so werdet ihr bitten, was ihr wollt, und es wird euch widerfahren" (Johannes 15, 7).

Der Segen wird nicht nur mir zuteil, sondern all denjenigen, die an Gott glauben und ein heiliges Leben gemäß dem Wort führen.

Wir können uns diese Frage selbst stellen. Haben diejenigen

Menschen, die riefen ‚Herr, Herr!' die Segnungen erhalten? Haben all diejenigen, die sich Christen nennen, die Segnungen erhalten?

Ich hoffe, dass ihr alle gemäß dem Wort Gottes lebt, damit euch alle Dinge in dem Maß gelingen, wie es eurer Seele wohl ergeht. Ich hoffe auch, dass ihr gesund seid und euer Leben zusammen mit Gott lebt, der jedes eurer Gebete beantwortet.

Die Stimme des Herrn

„*...Es ist mir alles übergeben von meinem Vater. Und niemand weiß, wer der Sohn sei, denn nur der Vater; noch wer der Vater sei, denn nur der Sohn und welchem es der Sohn will offenbaren. Und er wandte sich zu seinen Jüngern und sprach insonderheit: Selig sind die Augen, die da sehen, was ihr sehet. Denn ich sage euch: Viele Propheten und Könige wollten sehen, was ihr sehet, und haben's nicht gesehen, und hören, was ihr höret, und haben's nicht gehört*" (Lukas 10, 22-24).

In letzter Zeit sagen viele Lehrer und Eltern, dass es sehr schwierig sei, mit Teenagern umzugehen. Die meisten dieser Teenager, die Schwierigkeiten machen, kommen aus einem Zuhause, wo zwischen den Eltern und ihren Kindern keine Kommunikation stattfindet. Aufgrund dieses Mangels an Gesprächen spüren die Kinder keine Liebe von ihren Eltern, und folgen deshalb auch ihrer Führung nicht. Letztendlich neigen sie dann dazu, in die Fallstricke des Lebens zu geraten.

Wenn wir unser Leben in der Begleitung Gottes leben, können wir tiefe Liebe und Kommunikation mit Ihm haben, seine Stimme hören, seinen Willen klar erkennen und Ihm gehorchen und Gott verherrlichen, indem wir viele Pflichten ausführen, für die Gott uns belohnen wird.

Wenn wir als Kinder Gottes nicht mit Ihm sprechen könnten, wie verzweifelt und deprimiert wären wir dann? Es wäre, wie mit einem tauben und stummen Vater zu leben.

Gott lässt uns seine Stimme hören, wenn wir mit Ihm reden. Man kann die Stimme Gottes auf viele Weisen hören. Lass mich dir anhand meiner Erfahrungen diese verschiedenen Möglichkeiten aufzeigen.

Die Stimme des Heiligen Geistes

Bevor du Jesus als deinen Retter annimmst, lebst du nach deinen eigenen Prinzipien. Wenn du ein gutes Gewissen hast, wirst du nichts Böses tun. Wenn du jedoch von den schlechten Dingen, die du siehst oder an die du denkst, beeinflusst wirst, wirst du ein böses Leben führen, weil dein Gewissen immer schlechter wird.

Nehmen wir einmal an, direkt neben dir befindet sich etwas, das du sehr magst. Es gehört dir nicht, aber du hättest die Möglichkeit, es zu stehlen.

Hier wird dein gutes Gewissen sagen: „Etwas ohne Erlaubnis zu nehmen ist Diebstahl. Du darfst das nicht tun." Du würdest es nicht stehlen, weil du die Stimme des guten Gewissens gehört hast. Im Gegensatz dazu wird das schlechte Gewissen sagen: „Na los. Keiner weiß es. Jeder würde in dieser Situation stehlen. Nimm es. Es wird kein Problem geben." Wenn du der Stimme des Bösen zuhörst, würdest du stehlen. Es ist bei jedem unterschiedlich, auf welche Stimme er hört.

Wenn du daran gewohnt bist, auf das gute Gewissen zu

hören, wirst du an Jesus glauben, die Gemeinde besuchen und das Wort Gottes befolgen. Das Wort Gottes ändert sich in keiner Situation, denn es ist die Wahrheit.

Wenn du aber dein Herz öffnest und Jesus Christus als deinen Retter annimmst, wirst du den Heiligen Geist als Geschenk erhalten. Und die Wahrheit, die durch deine Gedanken zu dir kam, wird deinen Geist erwecken. Dieses Phänomen geschieht, nachdem du den Heiligen Geist bekommen hast.

Der Heilige Geist lehrt dich, wer der Herr ist, was die Wahrheit ist und was Sünde ist. Wenn du also gemäß dem Wort dein sündiges Wesen abwirfst, ist dein Geist in der Lage, die Stimme des Heiligen Geistes zu hören. Und wenn du dann all deine Sünden abwirfst und heilig wirst, wirst du die Stimme des Heiligen Geistes noch klarer hören können.

Es gibt drei Arten, auf die der Heilige Geist mir dir spricht.

Die erste davon ist die Stimme, die dich die Wahrheit erkennen lässt. Obwohl du beschlossen hast, niemanden zu hassen, steigt Hass in deinem Herzen auf, wenn du jemanden siehst, den du nicht magst. In diesem Moment gibt dir der Heilige Geist die Erkenntnis durch das Wort: *„So jemand spricht: ‚Ich liebe Gott', und haßt seinen Bruder, der ist ein Lügner. Denn wer seinen Bruder nicht liebt, den er sieht, wie kann er Gott lieben, den er nicht sieht?"* (1. Johannes 4, 20)

Wenn du diese Stimme hörst und dein Herz damit tröstest, dass du versuchst, diese Person, die du nicht magst, zu lieben und für sie betest, wird sich dein Hass unmerklich in Liebe verwandeln.

Die zweite Art ist die Stimme, die bewirkt, dass du dich unbehaglich fühlst, um dir den Willen Gottes mitzuteilen. Wenn du einem deiner Freunde gelegentlich Lügen erzählt hast, bewirkt der Heilige Geist, dass du dich unwohl fühlst und so erkennst, dass du damit eine Sünde begehst. In gleicher Weise gibt dir der Heilige Geist das Gefühl der Unbehaglichkeit, wenn du das Wort verletzt.

Es gibt noch eine ähnliche Stimme, die bewirkt, dass dir in deiner Haut nicht wohl ist, obwohl du das Wort Gottes nicht verletzt:

Manchmal wird der allmächtige Gott dich zwingen, etwas zu tun. Dann verspürst du ein plötzliches Drängen zu beten, nach Hause zu gehen oder etwas Ungewöhnliches zu tun. Der Grund dafür ist, dass Gott dich vor Gefahr beschützt und dich anleitet, dass du mit allem gut zurechtkommst. Wenn dir unbehaglich zumute ist, während du auf den Bus wartest, spricht der Heilige Geist zu dir, dass du diesen Bus nicht nehmen sollst.

Der folgende Zwischenfall geschah an einem Sonntag zu meiner Zeit als Diakon.

Ich beabsichtigte, wegen des Laientreffens zum zweiten Gottesdienst zu gehen. Ich wusste nicht, woran es lag, doch ich fühlte mich den ganzen Morgen unwohl. Plötzlich verspürte ich ein Drängen, dem ersten Gottesdienst beizuwohnen und anschließend meinen Schwager zu besuchen. Ich gehorchte dieser Stimme. Als ich zu meinem Schwager kam, der lange Zeit krank gewesen war, stand er in der Gegenwart des Todes. Ich betete lange für ihn und sang neben ihm Lobpreislieder. Ich half ihm, bis er sich seiner Erlösung sicher sein konnte. Gott hatte mich gesandt, um ihn zu erretten, eine Seele mehr.

Dies ist eine Stimme des Heiligen Geistes, die bewirkt, dass du dich unwohl fühlst und dich drängt, etwas zu tun.

Die dritte Art, auf die der Heilige Geist mit dir spricht, ist durch Predigten. Gott sagt in der Bibel, dass du gewisse Dinge tun und andere Dinge nicht tun sollst. Gott gibt dir Frieden, wenn du seinem Rat folgst.

Die Stimme des Heiligen Geistes, die die meisten Christen hören, ist sehr leise. Wenn du diese Stimme, die in dein Herz kommt, nicht ignorierst, sondern ihr gehorchst, wirst du sehr geistlich werden und die Stimme klar hören können.

Die Stimme Gottes

Es gibt mehrere Beispiele dafür in der Bibel, dass Gott direkt zu Menschen spricht.

„…Da kam der HERR und trat dahin und rief wie vormals: Samuel, Samuel! Und Samuel sprach: Rede, denn dein Knecht hört. Und der HERR sprach zu Samuel: Siehe, ich tue ein Ding in Israel, daß, wer das hören wird, dem werden seine beiden Ohren gellen" (1. Samuel 3, 10-11).

„…und er fiel auf die Erde und hörte eine Stimme, die sprach zu ihm: Saul, Saul, was verfolgst du mich? Er aber sprach: HERR, wer bist du? Der HERR sprach: Ich bin Jesus, den du verfolgst. Es wird

dir schwer werden, wider den Stachel zu lecken" (Apostelgeschichte 9, 4-5).

Als Gott mich zu seinem Diener berief, war seine Stimme wie eine menschliche Stimme, aber so klar wie Wasser. Sie war deutlich und zugleich laut genug, um mich zittern zu lassen. Es ist unbeschreiblich, wie glücklich ich in diesem Moment war. Es ist sehr selten, dass Gott direkt zu jemandem spricht.

Die Stimme Gottes, die durch Engel oder Menschen spricht

„Aber der Engel antwortete und sprach zu den Weibern: Fürchtet euch nicht! Ich weiß, daß ihr Jesus, den Gekreuzigten, sucht" (Matthäus 28, 5).

In der Bibel finden wir viele Gelegenheiten, wo Gott seine Absichten durch Engel offenbart, die geistliche Diener Gottes sind. Die Stimmen von Engeln sind sehr schön.

Gott teilt seinen Willen manchmal auch durch Menschen mit. Er leitet jemanden an, mit uns zu sprechen, um uns mitzuteilen, dass wir der Wahrheit folgen sollen oder uns spüren zu lassen, was wir tun sollen, um seinen Plan zu verwirklichen. Deshalb müssen wir bedenken, dass Gott oft durch seine Diener zu uns spricht, durch Pastoren, Regionalleiter, Gemeindemitglieder oder Kinder. Gott benutzte sogar einen Esel, um zu Bileam zu sprechen (4. Mose 22, 28-30).

Die Stimme Gottes durch Prophetie

Prophetie kommt durch göttliche Inspiration zustanden, um zu offenbaren, was in der Zukunft geschehen wird. In der Bibel gibt es viele Prophetien, die genau so erfüllt wurden, wie sie gegeben wurden.

„Und als wir mehrere Tage dablieben, reiste herab ein Prophet aus Judäa, mit Namen Agabus, und kam zu uns. Der nahm den Gürtel des Paulus und band sich die Hände und Füße und sprach: Das sagt der heilige Geist: Den Mann, des der Gürtel ist, werden die Juden also binden zu Jerusalem und überantworten in der Heiden Hände" (Apostelgeschichte 21, 10-11).

Gott gab mir, seinem Diener, viele Prophetien. Ich glaube, dass jede dieser Prophetien verwirklicht wurde oder sich noch verwirklichen wird.

Gott offenbart seinen Plan durch Prophetie. *„Denn der HERR HERR tut nichts, er offenbare denn sein Geheimnis den Propheten, seinen Knechten. Der Löwe brüllt; wer sollte sich nicht fürchten? Der HERR HERR redet; wer sollte nicht weissagen?"* (Amos 3, 7-8)

Die Stimme Gottes durch Offenbarung

Offenbarung ist die Äußerung, die durch das Reden mit Gott gegeben wird.

> *„Und des HERRN Wort kam über mich, und er führte mich hinaus im Geist des HERRN und stellte mich auf ein weites Feld, das voller Totengebeine lag. Und er sprach zu mir: Weissage von diesen Gebeinen und sprich zu ihnen: Ihr verdorrten Gebeine, höret des HERRN Wort! So spricht der HERR HERR von diesen Gebeinen: Siehe, ich will einen Odem in euch bringen, daß ihr sollt lebendig werden. Und ich weissagte, wie mir befohlen war; und siehe, da rauschte es, als ich weissagte, und siehe, es regte sich, und die Gebeine kamen wieder zusammen, ein jegliches zu seinem Gebein"* (Hesekiel 37, 1-28).

Einen Propheten zu haben, ist ein wunderbarer Segen, weil man durch ihn viele Offenbarungen von Gott bekommen kann.

> *„Dies ist die Offenbarung Jesu Christi, die ihm Gott gegeben hat, seinen Knechten zu zeigen, was in der Kürze geschehen soll; und er hat sie gedeutet und gesandt durch seinen Engel zu seinem Knecht Johannes,"* (Offenbarung 1, 1).

Ich glaube jede Aussage in der Bibel genau so, wie sie geschrieben steht. So bat ich Gott, während ich in der Hoffnung vollkommen mit dem Wort gerüstet zu werden, 40 Tage fastete, mir einen Propheten wie Hesekiel zu senden, der mir berichtete, was in der Zukunft geschehen würde.

Gott wusste, dass ich von ganzem Herzen zu Ihm gebetet hatte, Ihn liebte und mich danach sehnte, die biblischen Verse vollständig zu verstehen. Er beantwortete meine Gebete. Im Mai 1982 offenbarte Gott mir, dass ich an einem brütend heißen Tag eine Gemeinde eröffnen würde, und dieses Ereignis fand am 25. Juli statt, genau wie Er gesagt hatte. Von diesem Tag an begann Gott, seine wunderbaren Werke durch Offenbarungen zu zeigen, genau wie Er es durch Hesekiel getan hatte. Ein verkrüppelter Mann begann zu gehen und zu springen, weil Gott seinen Sehnen Kraft gab. Dem folgten viele Heilungswunder. Der Glaube unserer Gemeinde wuchs Tag für Tag. Viele unserer Gemeindemitglieder lernten Gott kennen und wurden durch seine prophetischen Worte wiedergeboren.

Von Mai 1983 an sprach Gott zu mir und erklärte mir schwierige biblische Verse. Diese prophetischen Erklärungen wurden mir während vieler Fastenzeiten, durchgebeteter Nächte und sieben Jahren Ausdauer, in denen ich zum Herrn schrie, gegeben. Seine Erläuterungen beantworteten alle meine Fragen und vermittelten mir ein klares Verständnis schwieriger Verse.

Insgesamt habe ich nun fünf Arten der Stimme Gottes erwähnt. Die anderen Möglichkeiten, wie wir die Stimme Gottes hören können, sind durch Träume, Visionen und Bibelverse. Träume können in drei Kategorien eingeteilt werden: Bedeutungslose Träume, Träume des Geistes und Träume der Offenbarung durch den Heiligen Geist. Um Träume zu interpretieren, benötigt man eine besondere Fähigkeit der Unterscheidung.

In Matthäus 11, 27 heißt es: *„Alle Dinge sind mir*

übergeben von meinem Vater. Und niemand kennet den Sohn denn nur der Vater; und niemand kennet den Vater denn nur der Sohn und wem es der Sohn will offenbaren." Wir müssen die Offenbarung bekommen, um unseren Vater Gott zu erkennen. Offenbarungen werden durch Kommunikation mit Gott gegeben, und durch das Sprechen mit Gott können wir die Stimme Gottes hören.

Als Kinder Gottes können wir seinen Willen durch Offenbarung deutlich verstehen, sodass wir Gott gehorchen können, der uns zu guten und wahrhaft gesegneten Christen machen will.

Der Herrscher

Ich hörte auf, Erweckungsveranstaltungen in anderen Gemeinden abzuhalten

Im Mai 1983 wies Gott mich an, keine Erweckungsveranstaltungen in anderen Gemeinden mehr zu leiten. Da ich dies häufig getan hatte, wunderte ich mich darüber. Viele Gläubige wussten nicht genau, warum Jesus gekreuzigt wurde und was das Geheimnis des Kreuzes ist – warum man von seinen Sünden erlöst werden kann, wenn man an Jesus Christus glaubt. Sie hatten nicht die völlige Sicherheit des lebendigen Gottes. Für sie war Gott der Gott der Toten, nicht der Lebenden.

Es war mir ein großes Anliegen, auf den Erweckungsveranstaltungen so viele Besucher wie möglich in die Errettung hineinzuführen. Vom ersten Tag der Veranstaltungen an, einem Montag, an dem ich über Erlösung, Wunder, Auferstehung, dem zweiten Kommen von Jesus und den Himmel sprach, versuchten Satan und der Teufel, dazwischenzufunken. Doch am Mittwoch gab Gott mir den Sieg. Ich sah viele Besucher, einschließlich Pastoren und Gemeindemitarbeitern, weinen und für ihre Sünden Buße tun.

Gott sagte mir, über welche Themen ich bei den Erweckungsveranstaltungen predigen sollte, und durch

Prophetien zeigte Er vielen Teilnehmern, welchen Weg sie gehen sollten. Gott zeigte uns auf jeder Veranstaltung, die ich leitete, seine Liebe, seine Gnade und seine wundersamen Werke. So lernten viele Menschen Gott kennen und wurden verändert. Krüppel standen auf und gingen, und verschiedene Krankheiten von Menschen wurden geheilt. Halleluja!

Dennoch sagte Gott mir plötzlich, ich solle aufhören, diese Gottesdienste abzuhalten. Er wies mich an, seine Offenbarung des Wortes zu empfangen und seine vollkommenen Pläne auf der ganzen Welt zu verkünden. Er prophezeite, dass die Juden in naher Zukunft weinen und für ihre Sünden Buße tun würden.

Natürlich gehorchte ich Ihm, weil ich wusste, dass ich nichts, Er aber alles tun konnte, und weil ich glaubte, dass Er seinen Willen durch mich, seinen Diener, tun wollte. Deshalb gehorchte ich sofort, als Er es mir sagte.

Ich widmete mich dem Wort Gottes und dem Gebet

Im Mai 1983 bereitete ich mich darauf vor, Offenbarung zu erhalten. Jeden Sonntag ging ich gleich nach dem Gottesdienst auf den Gebetsberg. Dort las ich von Montag bis Donnerstag in der Bibel, betete und erhielt Offenbarungen. Ich war wie der Apostel Johannes, der auf der Insel Patmos verfeinert wurde und durch das Reden mit Gott Offenbarungen erhielt. Um dies zu ermöglichen, musste ich all die Angelegenheiten der Gemeinde, einschließlich der Probleme der Mitglieder, ablegen.

Freitags kehrte ich dann nach Hause zurück, um die Gebetsnacht vorzubereiten und zu leiten. Samstags betete ich für die Predigten für den Sonntagmorgen- und den

Abendgottesdienst, machte einige Hausbesuche und stellte mich den Gemeindemitgliedern für die Seelsorge zur Verfügung.

Gott ließ mich die Bibel drei Mal sorgfältig durchlesen. Dann begann Er, mir die schwierigen Stellen von 1. Mose bis zur Offenbarung zu erklären, einschließlich der Themen, gegen die Wissenschaftler und viele Gelehrte Einwände erhoben.

Danach ließ Er mich die Bibel weitere drei Mal lesen und erklärte mir die schwer verständlichen Verse, damit ich wiederum Ungläubigen helfen konnte, sie zu verstehen.

Dann ließ Er mich die Bibel erneut drei Mal lesen. Diesmal klärte Er mich im Detail über seine Herrschaft über alle Kreaturen und die Geschichte der Menschheit auf. Er sagte mir auch, was Er in der Zukunft tun würde.

Um diese Offenbarungen zu erhalten, musste ich gegen den Teufel ankämpfen. Mein Beten war wie ein blutiger Kampf, gerade so, wie Jesus in Gethsemane kämpfte, bis sein Schweiß zu Blut wurde, das auf den Boden tropfte, oder als Elia auf dem Berg von Karmel um Feuer vom Himmel betete.

Meine Tage unterhalb der Woche begannen normalerweise mit Gebet am frühen Morgen. Dann nahm ich mein Frühstück ein. Anschließend betete ich den ganzen Rest des Morgens, um das Reden Gottes zu hören. Auch nach dem Mittagessen betete ich wieder und las in der Bibel. Wenn ich irgendetwas falsch gemacht hatte oder eine verborgene Sünde in mir trug, konnte ich nicht in das geistliche Reich hineingelangen und daher auch Gottes Stimme nicht hören. Damit dies wieder möglich war, musste ich die Hindernisse, die Satan mir in den Weg legte, überwinden, jegliches Übel von mir werfen und mit jedem im Frieden sein, damit ich Gott wohlgefiel.

Durch Gottes Offenbarungen erfuhr ich seine wundersame Kraft und seine erstaunliche Liebe. Ich gab Ihm meine ganze Dankbarkeit und alle Ehre.

Gott, der Herrscher

Manchmal betrachte ich mir eine Weltkarte und träume von der Weltmission. Auf der Karte sehe ich die ganze Welt. Die Welt sieht recht klein aus. Es kommt mir vor, als würde ich meine Handfläche betrachten. Wie sieht die Welt für Gott aus? Wenn wir auf unsere Handflächen blicken, sehen wir die genauen Merkmale unserer Handteller, unsere Finger und die tiefen und feineren Handlinien. Man kann sagen, dass die Welt für unseren Vater ist, wie eine Handfläche. So, wie wir unsere Hände bewegen können, regiert Gott die Welt nach seiner Art und Weise.

Gott erschuf alle Schöpfung von ersten bis zum sechsten Tag, Er hat die Welt schön gestaltet und sie für die Menschheit nutzbar gemacht. Zum Schluss schuf Er den Menschen und sprach zu ihm: „Seid fruchtbar und vermehrt euch, und füllt die Erde, und macht sie euch untertan."

Worüber herrscht Gott?

Als erstes herrscht Gott über jede Kreatur im Universum.

Er herrscht über die Sonne, den Mond, die Sterne in dieser Welt, in anderen Galaxien und im ganzen Universum, sodass wir Tag und Nacht und die vier Jahreszeiten haben. Er herrscht über den Sonnenschein, den Regen und jegliche Wetterbedingungen.

Als zweites herrscht Gott über die Geschichte der Menschheit.
Man sagt, die Geschichte der Menschheit ist die Kombination von Frieden und Krieg. In der Bibel ist die menschliche Geschichte einschließlich des 1., 2. und 3. Weltkriegs sowie der Hochs und Tiefs der Nationen genau so beschrieben, wie sie geschehen sind oder noch geschehen werden. Viele Christen, die in geistlicher Hinsicht offene Augen haben, erkennen, dass Gott über die Geschichte der Menschheit herrscht.

Als drittes regiert Gott über alle Geschehnisse im menschlichen Leben – über Leben und Tod, Glück und Unglück der Menschen.
Er besitzt die Autorität über Leben und Tod, obwohl manche Menschen ihrem Leben selbst ein Ende bereiten. Niemand kann jedoch seiner Lebenslänge auch nur eine Elle zusetzen.
Wenn jemandes Sünde ihr volles Maß erreicht, nimmt Gott ihm sein Leben weg. Im Gegensatz dazu verlängert Gott manchmal die Lebenszeit eines Menschen wie im Falle von König Hiskia in 2. Könige 20. Gott belohnt uns gemäß unseren Taten. Sein Gesetz lautet: ‚Man erntet, was man sät.' Anhand dieses Gesetzes herrscht Gott über Leben und Tod, Glück und Unglück des Menschen und seine Lebenszeit. Er legt die Lebenszeit der Menschen nicht vorher schon fest.
Wenn du Gerechtigkeit säst, wirst du gesegnet werden, wenn du Böses säst, wirst du umkommen. Die Gerechten werden durch ihren Glauben gerettet werden und das Leben

im Himmel erhalten. Doch diejenigen, die Böses tun, werden in die Hölle geworfen werden, denn der Lohn der Sünde ist der Tod. Das bedeutet, Gott führt diejenigen, die an Jesus Christus glauben, der der Weg, die Wahrheit und das Leben ist, in den Himmel, und diejenigen, die nicht an Ihn glauben, in die Hölle. In gleicher Weise belohnt Gott Übeltäter mit dem Ruin, und diejenigen, die Gutes tun, mit himmlischem Segen.

Gott gibt den finanziellen Segen den harten Arbeitern, nicht den faulen. Wenn jemand gerecht, aber faul ist, wird er arm werden. Wenn Übeltäter davon träumen, auf einen Schlag ein großes Vermögen zu machen, wird dieser Traum letztendlich fehlschlagen, obwohl sie zeitweise erfolgreich zu sein scheinen.

Gott gibt das Sonnenlicht, Luft und Regen sowohl den Übeltätern als auch den Gerechten, damit sie alle ihr Leben in dieser Welt leben können. Gleichzeitig belohnt Gott als der Herrscher über Leben und Tod sowie Glück und Unglück sie entsprechend ihrer Taten.

Viertens herrscht Gott über alles auf eine Art und Weise, dass die Gerechten, die an Ihn glauben, erfolgreich sind.

Er ist gerecht, und so lässt Er Engel gemäß den Regeln des geistlichen Reichs seinen Kindern dienen und sie führen. Er, der alles weiß, schenkt seinen Kindern Segen, wenn sie Ihn im Gebet darum bitten. Wenn seine Kinder beten, schickt er Engel, um sie vor dem Teufel zu beschützen, während Ungläubige weder Schutz vor dem Teufel noch den Beistand von Engeln erhalten können.

Zusätzlich dazu leitet der Heilige Geist, wie die Stimme Gottes, Gläubige an. Wenn du der Stimme des Heiligen

Geistes gehorchst, wirst du auf dem sicheren und richtigen Weg geführt werden, nicht auf dem gefährlichen und falschen Weg. Doch Ungläubige können diesen Segen nicht erhalten. Er ist denjenigen vorbehalten, die Gott lieben.

Ich habe Gott, den Herrscher, kennen gelernt, und Er hat mir reichlichen Segen geschenkt. Durch seinen Willen wurde ich zu seinem Diener, der zahlreiche Menschen in die Erlösung führt und sein Wort predigt.

Mein ganzer Dank gebührt Gott, dem Herrscher, der mich seine Stimme hören ließ, damit ich sein Wort predige, das so vollkommen ist, dass so lange, bis Himmel und Erde vergehen, nicht der kleinste Buchstabe oder das geringste Zeichen darin verändert werden.

Die Offenbarung

Nachdem ich Jesus Christus angenommen hatte, übte ich mich drei Jahre lang in Beharrlichkeit. Ich warf alle meine Sünden ab und lebte nach dem Wort Gottes. Dann gab Gott mir die Gabe der Geisterunterscheidung. Von diesem Zeitpunkt an fühlte ich mich unwohl, wenn das Wort Gottes durch menschliche Gedanken oder schriftliche Erklärungen fehlinterpretiert wurde.

Wie oben erwähnt, waren drei Jahre der Ausdauer erforderlich, bevor ich in eine Theologieschule eintrat, um ein Diener Gottes zu werden, zu dem ich berufen war. Unter all den Studenten des ersten Jahres war ich derjenige, der den Lehrern am meisten Fragen stellte. Es war jedoch keiner der Lehrer in der Lage, mir meine Fragen zufriedenstellend zu beantworten. Deshalb hörte ich auf, sie zu fragen und bat vom 2. Semester an Gott selbst, mir die schwierigen Abschnitte in der Bibel verständlich zu machen. Diese Abschnitte fügten sich, wenn sie wörtlich interpretiert wurden, nicht in das Wort Gottes ein. Deshalb bat ich Gott, mir ihre geistliche Bedeutung zu erklären.

Die Offenbarungen, die ich durch Prophetien erhielt, befähigten mich, die geistliche Bedeutung der Bibel zu erkennen. Das ist solche eine Freude! Ich kann nicht beschreiben, wie sehr der Heilige Geist in mir jubelt. Diese Freude lässt mich vergessen, welche Anstrengungen ich unternommen habe, um diese Offenbarungen zu erhalten.

Ich möchte hier einige Botschaften aus Predigten und Prophetien anführen, die mir durch Offenbarung gegeben wurden. Ich habe diese voller Dankbarkeit an meine Gemeindemitglieder sowie andere Gemeinden weitergegeben; außerdem sind sie auf Predigtkassetten zu hören.

Mein ganzer Dank und all die Ehre gebührt unserem Vater Gott, der meine Gebete beantwortet hat, genau wie Er es in Jeremia 33, 3 verheißen hat: *„Rufe mich an, dann will ich dir antworten und will dir Großes und Unfassbares mitteilen, das du nicht kennst."*

Hochzeit zu Kana (Johannes 2, 1-11)

Sicher ist jeder von euch schon einmal auf einer Hochzeit gewesen. Eine Hochzeit ist eine heilige und glückliche Zeremonie, wenn ein Mann und eine Frau ein Fleisch werden. Das Mahl, das der Hochzeitszeremonie folgt, ist jedoch nicht immer heilig, weil die Gäste sich mit essen und trinken amüsieren.

Lass uns an dieser Stelle über das erste Wunder nachdenken, das Jesus auf der Hochzeit tat – Er verwandelte Wasser in Wein.

Jesus kam auf die Erde, um das Evangelium zu verkünden und vom Tode auferweckt zu werden. Hat er das Wasser in Wein verwandelt, damit die Menschen sich am Trinken erfreuen? Warum wirkte Er dieses Wunder als erstes zu Beginn seines Dienstes in der Öffentlichkeit? Das war mir nicht klar.

Deshalb betete ich zu Gott, damit Er mir diese Frage beantwortete.

Eine Offenbarung ist eine Äußerung durch einen Propheten, um Gottes Willen zu offenbaren. Somit ist es der Herr, der zuerst spricht, und der Prophet, der mit dem Heiligen Geist erfüllt ist, gibt die Worte des Herrn weiter. Bitte verstehe die Offenbarung im Folgenden nicht falsch. „Ich" steht hier für Jesus Christus.

Eines Tages sprach Er durch die Prophetin zu mir.
„Ich werde dir jetzt durch die Prophetin meinen Willen mitteilen.
Was ist die Hochzeit zu Kana? Ist dies nicht das erste Wunder, das ich tat, das Wasser in Wein zu verwandeln?
Mein lieber Diener, ich weiß, dass ich dir einen Teil, aber nicht alles gab.
Mein lieber Diener, wenn du mir wohl gefällst und aufrichtig bist, werde ich dir viele Botschaften erklären. Sei dankbar.
Mein lieber Diener, durch die Kraft, die mir von Gott gegeben wurde, habe ich auf der Hochzeit zu Kana das erste Wunder getan. Weshalb glaubst du, habe ich das erste Wunder auf der Hochzeit getan?
In der Bibel heißt es: ‚Die Menschen werden essen und trinken, heiraten und sich verheiraten bis zu dem Tag' (siehe Matthäus 24, 38).
Warum kam die Flut zu der Zeit Noahs? Ich habe sie mit Wasser gerichtet, meinem Wort, weil sie heirateten, der Ausschweifungen frönten und sich betranken.
Was also bedeutet die Hochzeit von Kana? Kana in Galiläa bedeutet die Welt, die Hochzeitsfeier steht für das

Heiraten und der Wein steht für das Trinken. Das Trinken führt zum Rausch, der Rausch zur Ausschweifung und die Ausschweifung zum Streit. Dann ist auf dem Fest alles Böse der Welt sichtbar.
In der Bibel lesen wir, dass Jesus zu einer Hochzeit eingeladen wurde. Was hat Satan Jesus letztendlich angetan? Hat er Ihn nicht gekreuzigt? Alles war vollendet durch die Kreuzigung. Deshalb bedeutet die Einladung Jesu zu der Hochzeit die Einladung zur Kreuzigung (siehe Matthäus 26, 50).

Ich ließ dies in der Bibel niederschreiben, damit du die wahre Bedeutung davon kennst und auch von dem Wunder erfährst, das ich getan habe. Es wurde aufgeschrieben, um dir das Herz Gottes zu zeigen. Wenn ein Mensch das liest, liest er nur von einem Wunder. Wenn du jedoch mein Herz kennst, wirst du die Offenbarung erhalten, die ich dir geben will. Niemand erkennt den Vater als nur der Sohn, und der, dem der Sohn Ihn offenbaren will (siehe Matthäus 11, 27).

Wahrlich, ich sage dir, ich zeigte dem Feind Satan, dass ich denjenigen, die an mich glauben, ewiges Leben geben werde, indem ich ihnen mein Blut als Wein gebe. Der Wein in der Welt macht dich betrunken, doch die rote Farbe, die ich dem Wein gab, symbolisiert mein Blut, und das gibt dir ewiges Leben. Wahrlich, ich sage dir, ich ließ Satan wissen, dass ich für mein Volk mein Blut vergießen würde, damit es ewiges Leben erlangen kann.
Mein lieber Diener! Als die Welt mich einlud, ließ ich

mich freiwillig kreuzigen. Der Wein der Welt machte dich betrunken, doch mein Wein war mein Blut, das dir ewiges Leben geben wird. Nur mein Vater und ich wussten das. Mein lieber Diener, vergiss diese wichtige Bedeutung nicht. Und vergiss auch nicht, dass dieses Wunder nicht allein durch mich getan wurde.

Mein lieber Diener! Seit ich in diese Welt gekommen bin, wurden alle Dinge durch Glauben getan. Doch ich ließ die Menschen nie an etwas glauben, das sie nicht gesehen hatten. Ich gab ihnen stets Offenbarung im Glauben. Und Gott, mein Vater, segnete diejenigen, die Glauben hatten, mit noch größerem, überfließendem Glauben.

Als ich zu Josef sagte: ‚Fürchte dich nicht, Maria, deine Frau, zu dir zu nehmen!' gehorchte er mir. Als ich zu Maria sagte: ‚Du wirst einen Sohn gebären', glaubte auch sie mir. Weil sie glaubten, konnte das Kind durch den Heiligen Geist empfangen werden. Ohne Glauben wäre dieses Wunder nicht geschehen.

Mein lieber Diener! Es wäre nichts geschehen, wenn es nicht zur Ehre Gottes und seine Vorsehung gewesen wäre. Und ohne Glauben wäre nichts getan worden. Gott hat alles so gerecht gemacht, dass selbst der Feind Satan Ihn in keiner Weise anklagen kann. Ich vollbrachte dieses Wunder auf der Hochzeit zu Kana, weil meine fleischliche Mutter Glauben hatte und wollte, dass ich es tue. Du weißt, dass ich kein Wunder tun kann, wo kein Glaube ist. Der Grund, warum ich Tabita vom Tode auferweckte, ist ebenfalls, um dir zu zeigen, dass Gott jegliches Wunder tun kann, wenn Er in seinem Herzen Wohlgefallen daran hat. Wahrlich, ich sage dir, ich

vollbrachte in jedem Ort ein großes Wunder, sodass die Kunde davon überall verbreitet würde.
Mein lieber Diener! Denke daran, dass ich am selben Ort nicht viele Wunder tat. Bewahre dein Verständnis all dessen, was ich dir gesagt habe."

Durch diese Offenbarung konnte ich das Wort Gottes mit Leichtigkeit verstehen. Drei Tage, nachdem Jesus seinen Dienst in der Öffentlichkeit begonnen hatte, wurden Jesus und seine Jünger sowie seine Mutter Maria zu einer Hochzeit in Kana in Galiläa eingeladen. Als es an Wein mangelte, sagte seine Mutter zu Ihm: „Sie haben keinen Wein." Obwohl Jesus erwiderte: „Was habe ich mit dir zu schaffen, Frau? Meine Stunde ist noch nicht gekommen", vertraute seine Mutter darauf, dass Jesus ein Wunder tun würde und wies die Diener an, zu tun, was immer Er ihnen befehlen möge. Augrund dieses Glaubens konnte Jesus das Wunder vollbringen.

Jesus sprach zu den Dienern: „Füllt die Wasserkrüge mit Wasser!". Und sie füllten sie bis oben an. Und Er sprach zu ihnen: „Schöpft nun und bringt es dem Speisemeister!". Und sie brachten es. Als aber der Speisemeister das Wasser gekostet hatte, das Wein geworden war – und er wusste nicht, woher er war, die Diener aber, die das Wasser geschöpft hatten, wussten es – rief der Speisemeister den Bräutigam und sprach zu ihm: ‚Jeder Mensch setzt zuerst den guten Wein vor, und wenn sie betrunken geworden sind, dann den geringeren; du hast den guten Wein bis jetzt aufbewahrt.'

„Diesen Anfang der Zeichen machte Jesus zu Kana in Galiläa und offenbarte seine Herrlichkeit; und seine Jünger glaubten an Ihn." Dieser Vers vergleicht den Anfang und das Ende des öffentlichen Dienstes Jesu auf einer Hochzeit.

Lass mich diese Begebenheit nun geistlich erklären. Die Einladung Jesu zu der Hochzeit symbolisiert, dass die Welt Jesus einlud, um Ihn zu kreuzigen, und Er nahm die Einladung an und starb am Kreuz. Das Hochzeitsmahl steht für die letzten Tage, wenn die Welt voller Essen, Trinken und Sünde ist. Das Verwandeln des Wassers in Wein steht für das Blut Jesu, das Er am Kreuz vergoss, um uns ewiges Leben zu geben. Der Kommentar des Speisemeisters, dass dies der gute Wein sei, symbolisiert die Freude derjenigen, denen ihre Sünden vergeben werden, indem sie das Blut Jesu trinken, denn sie haben Hoffnung auf das Himmelreich. Jesus offenbarte seine Herrlichkeit durch seine Kreuzigung und seine Auferstehung am dritten Tag nach seinem Tod, und Er sagte, es würde kein Zeichen gegeben werden, als nur das Zeichen Jonas, des Propheten (Matthäus 12, 39).

Seine Jünger setzten ihren Glauben auf Ihn, nachdem sie sein erstes Wunder gesehen hatten. Diese Tatsache symbolisiert, dass sie wahrhaftig an Jesus glaubten und erst dann ihr Leben riskieren und die Wiederauferstehung und die Bedeutung des Kreuzes predigen konnten, nachdem sie seine Kreuzigung und die Auferstehung miterlebt hatten. Wie enttäuscht muss Gott sein, wenn wir das erste Wunder von Jesus lediglich als Hochzeitsfeier betrachten!

Dieses Wunder war symbolisch für das, was Jesus tun würde, um die Menschheit zu retten, als Er seinen Dienst begann. Ich war so begeistert, dass ich diese geistliche Bedeutung verstand.

Noch heute wird mein Herz von Freude erfüllt, wenn ich an diese Zeit zurückdenke.

Der Fall und die Wiederherstellung Israels (Johannes 19, 23-24)

Gott offenbarte mir durch den Heiligen Geist auch seinen Willen für Israel.

"Mein lieber Diener! Ich wurde als Israelit geboren, als Nachkomme Davids. Wahrlich, ich sage dir, Israel ist mein Leib. Weil mein Leib verletzt wurde, wurde das ganze Volk Israel verletzt. Weil die Israeliten ihren König verletzten, wurde ihr Land zerstört. So wie der Speer mich durchbohrte, musste auch Israel durchbohrt werden. So wie meine Kleider geteilt wurden, mussten auch die Israeliten zerstreut werden. Weil über mein Gewand das Los geworfen wurde, verloren die Israeliten ihr Land.

Mein lieber Diener! Wenn ihr in einem Geist vereint seid und euch ohne jegliches Böse in eurem Herzen in mir freut, kann euer Vater alle Wunder und Zeichen für euch tun. Doch wer kann das glauben? Der Grund, warum ich dir dies offenbare, ist, weil ich will, dass du dies den Israeliten predigst. Nachdem du in den Himmel aufgenommen worden bist, werden alle Israeliten es hören und in ihrem Herzen dazu bewegt werden, für ihre Sünden Buße zu tun. Beachte, dass ich dir dies nicht offenbart habe, bis du frei von Sünde warst.

Was haben die Israeliten gesagt, als sie mich gekreuzigt haben? Sie sagten: ‚Sein Blut komme über uns und über

unsere Kinder!' Und dein Vater Gott ließ es geschehen, wie sie es gesagt hatten.
Mein lieber Diener! Warum wurde aufgeschrieben, dass mein Untergewand ohne Naht von oben an durchgewebt war? Das bedeutet, dass Israel eine Nation war, seit Jakobs Name in Israel geändert wurde. Wenn mein Untergewand zerrissen worden wäre, hätte Israel dann je wiederhergestellt werden können? Deshalb musste mein Untergewand ein Stück bleiben, denn das bedeutet, dass Israel umgestaltet werden würde.
Mein lieber Diener! Obwohl die Israeliten über die ganze Welt zerstreut wurden, weil meine Kleider in vier Teile gerissen wurden, bleiben ihre Herzen gegenüber Gott dieselben, weil mein Untergewand von den Soldaten nicht zerrissen wurde."

Nun werde ich die geistliche Bedeutung des oben genannten im Detail erklären. Weil die römischen Soldaten Jesus kreuzigten und seine Kleider in vier Teile zerrissen, wurden die Israeliten, nachdem sie Jesus gekreuzigt hatten, in vier Richtungen zerstreut, als die Römer sie 70 n. Chr. eroberten.

Die Soldaten nahmen auch sein Untergewand. Doch es war ohne Naht von oben an durchgewebt, und so warfen die Soldaten das Los darüber, statt es zu zerreißen. Das bedeutet, dass keine Kraft dem Geist der Israeliten, die Gott respektierten und fürchteten und ihr Land seit der Zeit Jakobs liebten, Einhalt gebieten konnte.

Und wie es geschrieben steht, wurde Israel tatsächlich am 14. Mai 1948 wiederhergestellt (siehe Hesekiel 38). Die Tatsache, dass die Nation um die 2.000 Jahre, nachdem sie durch Titus

70 n. Chr. vollkommen zerstört worden war, wiederhergestellt wurde, ist das Wunder aller Wunder, das nur durch den Willen Gottes geschehen konnte.

6

Kostbares Leben

Erinnerungen

Meine Vergangenheit

Meine Gegenwart

Meine Zukunft

Danke für alles

Erinnerungen

Mein Körper war über und über mit Schweiß bedeckt, doch mein Herz hüpfte vor Freude. ‚Wo kann ich diese kostbaren Worte hören? Wer kann mich das wunderbare Wort Gottes lehren?' Mein Herz klopfte, und meine Augen standen voller heißer Tränen.

‚Die Geheimnisse der Kleider und des Untergewandes Jesu, die Prophetie des Falls und der Wiederherstellung Israels...'

Ich konnte nicht aufhören, Gott, der mir seine kostbaren Worte offenbart hatte, zu danken. Ich bewahrte all diese Offenbarungen in meinem Herzen. Ich dachte über dieses rätselhafte Werk Gottes nach. Warum tat Er das für mich? Seine tiefe Liebe zu mir, die mir heiße Tränen in die Augen steigen ließ, beantworteten diese Frage.

Nachdem ich die erstaunliche Offenbarung Gottes empfangen hatte

Ich glaube, dass mein Leben vollkommen gemäß dem Willen und dem Plan Gottes geführt wurde. Ich liebe mein Leben, weil es bis jetzt stets mit Wundern und Prüfungen gesegnet war.

Ich war ein normaler Mann, introvertiert, starrköpfig und von kleiner Statur. Warum hat Gott mich als seinen Diener berufen, um in diesen letzten Tagen zahlreiche Menschen in die

Erlösung hineinzuführen? Warum hat Er mich erwählt, solch einen großen Traum der Weltevangelisation zu haben? Warum hat Er mich bis hierher geführt und über mein Leben gewacht? Ich fand keine klare Antwort darauf. Ich war nur ein einfacher Mann, an dem nichts besser was als an allen anderen. Wenn bei mir etwas anders war, war es mein Herz. Mein Herz war treu, suchte Gerechtigkeit und war geduldig.

Gott erwählte David zum König, nicht aufgrund seiner äußeren Erscheinung, sondern wegen seines Herzens. In gleicher Weise erwählte Gott mich, das Evangelium auf der ganzen Welt zu verbreiten, nicht wegen meiner äußeren Erscheinung, sondern wegen meines Herzens. Ich konnte nicht anders, als Ihm für die Wahl, die Er mit Liebe getroffen hatte, zu danken.

Von der Zeit an, als Er mich erwählt hatte, unterzog Er mich jeglicher Art von Prüfungen. Wenn ich über diese Prüfungen nachdenke, danke ich Gott von ganzem Herzen dafür. Wenn ich nicht durch diese Prüfungen geschliffen worden wäre, wäre ich nicht das geworden, was ich bin, sein kostbarer, geliebter Diener.

Gott sagte Abraham, er solle Isaak opfern. Er ließ Jakob mit einem Mann kämpfen, bis dieser ihm sein Hüftgelenk verrenkte. Und Er züchtigte mich, bis ich jegliche Art von Übel abgelegt hatte.

Als ich Christ wurde, ließ Gott mich in meinem Bemühen, gemäß dem Wort zu leben, schwere Kämpfe durchstehen. Während meiner Zeit als Diakon stattete Er mich mit Kraft aus, sodass ich in der Lage war, all seine Gebote zu befolgen.

Gott sagte: „Ich aber sage euch, dass jeder, der eine Frau ansieht, sie zu begehren, schon Ehebruch mit ihr begangen hat in seinem Herzen." Um mir dies zu verinnerlichen, fastete und betete ich drei Jahre lang und konnte den Ehebruch schließlich überwinden.

Doch Gottes Züchtigung war damit nicht zu Ende. Während meines Theologiestudiums und als ich mich auf die Gründung einer Gemeinde vorbereitete, ließ Gott mich meine eigenen Gedanken abwehren und durch die Inspiration des Heiligen Geistes in meinem Herzen handeln. Ich hatte nicht mehr meine eigenen Gedanken und meinen eigenen Willen, sondern das Herz des Herrn.

Bevor ich die Gemeinde ins Leben rief, war ich oft die Zielscheibe ablehnender Kritik gewesen. Doch obwohl manche Christen mich für einen Ketzer hielten und ich Prüfungen überstehen musste, ließ ich mich in meiner Haltung nicht beirren. Ich liebte die Menschen, die mir Schwierigkeiten bereiteten. Ich betete und dankte Gott für sie, weil Gott mich geschliffen hatte. Aus diesem Grund segnete Gott meine neue Gemeinde und vermehrte die Zahl ihrer Mitglieder täglich, sodass ich viele Menschen in die Erlösung hineinführen konnte.

Auch nachdem unsere Gemeinde gewachsen und strukturiert war, wurde ich unter der Hand Gottes beständig gezüchtigt. Seine Züchtigung bewirkte nicht nur, dass ich alles Böse von mir warf, damit ich Ihm gefiel, sondern auch, dass ich mit allen Menschen im Frieden war. Er half mir, die Eigenschaften zu entwickeln, die ein Pastor benötigte, um in der Zukunft in einer großen Gemeinde zu arbeiten, aus der eine große Zahl Diener Gottes hervorgehen würden, und die für viele Gläubige eine Zuflucht sein würde.

Wie umsichtig Gott ist! Er beschützte unsere Gemeinde vor den Anklagen des Feindes. Er wollte, dass unsere Gemeinde nur Segen erhielt. Wenn es in der Gemeinde Streit oder Eifersüchteleien gab, ließ Gott seinen Segen versiegen und gab mir auch keine Offenbarungen mehr.

Ich sollte der Hirte sein, der anderen die Füße wäscht, ebenso wie Jesus es für seine Jünger tat. Ich durfte keine der Seelen, die Gott mir geschickt hatte, verlieren. Ich sollte willig das Kreuz tragen wie Jesus es tat, um andere zu retten, und die Aufgabe, die mir von Gott gestellt wurde, trotz aller Schmach oder Scham ausführen.

Jeder Tag begann und endete mit vielen Tränen. In Gedanken an die Mitglieder meiner Gemeinde verbrachte ich viele Tage damit, unter Tränen für sie zu beten. An Gott richtete ich die tränenreiche Bitte um seine Offenbarung. Und ich bat Ihn, gut auf meine Gemeinde aufzupassen.

Eines Tages gab Gott mir das großartige Geschenk eines Liedes mit dem Titel: ‚Mein lieber Diener.' Es war seine Liebe und sein Trost, die niemand anderer mir geben konnte. Der Herr hat den Text dieses Liedes selbst verfasst.

Mit meinem Blut habe ich all deine
Sünden weggewaschen.
Jetzt schenke ich den Toten das Leben
mit meiner Kraft durch dich.

Ich werde immer mit dir sein.

Durch meinen Leib und mein Brot
habe ich einen Bund geschlossen.
Mein lieber Diener, glaube mir.
Sei kühn, wohin du auch gehst,
denn ich bin die Kraft deines Lebens.
Ich bin die Kraft deines wahren Lebens.
Halte an mir fest und erringe den Sieg.
Mein lieber Diener, geh weiter voran.
Ich werde immer mit dir sein.

Oh Vater! Nimm sie an!
Nimm meinen geliebten Diener an!
So wie mein Vater mir vertraute und
mich auf die Erde geschickt hat,
so will auch ich dir vertrauen.

Du bist meine Kraft und meine Liebe.
Mein lieber Diener,
wenn du mich triffst,
wenn ich im Licht der Herrlichkeit komme,
werde ich mich freuen, dich zu sehen.

Nach meiner Ordination zum Pastor

Vier Jahre, nachdem ich meine Gemeinde gegründet hatte, wurde ich zum Pastor ordiniert. Es war ein freudiger Moment für all meine Gemeindemitglieder. Es rührte mich zu Tränen, als ich sah, welche Liebe sie für mich empfanden.

Nach der Ordination drängte Gott mich dazu, nach dem Beispiel Daniels 21 Tage zu fasten und zu beten. Wie Gott mich anleitete, verließ ich meine Gemeinde. Er drängte mich, meine ersten Schritte als Pastor zu tun, indem ich mit Ihm sprach und offenbarende Prophetien von Ihm bekam.

Während der 21 Tage Fasten- und Gebetszeit vermisste ich meine Gemeinde sehr. Gleichzeitig wurde ich mir erneut bewusst, wie kostbar jeder einzelne von ihnen für mich war.

Wie weit hatte Gott meine Gemeinde seit ihrer Gründung gebracht! **Gott schenkte jedem einzelnen Mitglied die Erfahrung des lebendigen Gottes.** Er arbeitete an ihnen, damit sie spüren und erleben konnten, dass Er der lebendige Gott ist. Gelähmte standen auf und gingen. Menschen, die in Verkehrsunfällen schwere Verletzungen davongetragen hatten, liefen und sprangen ebenfalls umher. Gott segnete uns mit so vielen wunderbaren Werken. Dementsprechend wuchs der Glaube meiner Gemeinde von Tag zu Tag. Und viele Menschen kamen, lernten Gott kennen und erleben. Ebenso wie Paulus in seinem Brief an die Korinther bekannte: *„…denn in Christus Jesus habe ich euch gezeugt durch das Evangelium"* (1. Korinther 4, 15), war meine Gemeinde kostbar für mich.

Vom Anfang meines Dienstes an half Gott mir, meiner Gemeinde die Botschaft des Glaubens zu predigen. So konnte in die Herzen meiner Gemeindemitglieder das Vertrauen und der Glaube gepflanzt werden, dass sie mit Gottes Hilfe alles zu tun vermochten.

Durch die Botschaft der Hoffnung half Gott meiner

Gemeinde, die Versicherung der Errettung und Auferstehung zu erhalten, sodass sie die Hoffnung des Himmels hatten. Gott half ihnen auch, gegen ihre Sünden anzukämpfen, sie abzuwerfen und als Bürger des Himmels den Sieg über die Welt zu erringen.

Und durch die Botschaft der Liebe half Gott meiner Gemeinde, das Herz Jesu anzunehmen und ein heiliges Leben zu führen, sodass sie in ihrem Herzen gesegnete Frucht hervorbrachten. Er mobilisierte meine Gemeindemitglieder, hart für sein Reich zu arbeiten, sogar bis zum Tod, und für Ihn aufzustehen und zu leuchten. Er segnete sie damit, gute Arbeiter für die Gemeinde zu sein, die viele Aufgaben bewältigten, sodass sie im Himmel eine große Belohnung zu erwarten hatten.

Ich dankte Gott erneut für jedes Mitglied meiner Gemeinde. Ich betete dafür, dass sie noch mehr gesegnet würden.

„Oh, mein Vater! Danke, dass du mir diese Gemeinde gegeben hast. Alle Mitglieder – Älteste, Haupt- und Jugenddiakone und -diakoninnen, junge Erwachsene und Studenten – glauben, dass du lebst. Und sie leben ein treues Leben. Vater, ich danke dir so sehr, dass du mir diese kostbare Gemeinde gegeben hast!"

Jetzt sind wir vom Heiligen Geist und von Gnade erfüllt. Wir sind Eins in der Liebe, wie die frühen Gemeinden. Ich glaube, dass wir sein werden wie die Gemeinde in Philadelphia, die von Gott gelobt wurde. Meine Gemeindemitglieder versuchen, nach dem Wort Gottes zu leben und bis zum Blutvergießen gegen die Sünde anzukämpfen, nehmen meine Ratschläge willig an und gehorchen dem, was ich lehre. Wie dankbar das ist!

Nichts von alledem wäre möglich gewesen, wenn Gott uns nicht geführt hätte. Kein einziger dieser Menschen wäre Mitglied in unserer Gemeinde, wenn Gott ihn nicht geschickt hätte. Ich muss Gott, der mich bis ans Ende der Welt immer führen wird, einfach danken.

Ich merkte kaum, dass mir heiße Tränen der Dankbarkeit übers Gesicht liefen und auf mein Kissen tropften. Meine Brust war erfüllt von Freude. Meine Gedanken flogen zu meinen vergangenen Tagen zurück.

Meine Vergangenheit

Als Gott mich im Mai 1978 zu seinem Diener berief, war ich 36 Jahre alt und Vater von drei Töchtern. Ich konnte mich nur an Bruchstücke aus meiner Vergangenheit erinnern und wusste nicht mehr, was ich in der Schule gelernt hatte.

Ich war nicht die Art von Mensch, der auf ein College geht und Theologie studiert. Und was noch schlimmer war – es schien mir völlig unmöglich zu sein, vor vielen Menschen zu predigen. Deshalb konnte ich dem, was Gott mit befahl, nicht sofort gehorchen. Er wusste jedoch, dass ich Ihm im Grunde meines Herzens gehorchen wollte. So berief Er mich zu seinem Diener, und schließlich war ich Ihm gehorsam.

„Jesus aber sprach zu ihm: Wenn du könntest Glauben! Alle Dinge sind möglich dem, der da glaubt" (Markus 9, 23).

Ich vertraute mich Gott an, der alles über mich und meine Bedürfnisse wusste. Ich setzte alles auf Ihn und verließ mich auf Ihn allein.

Ich hatte mein Leben nach meiner Vorstellung gelebt

Als ich erkannte, dass Gott mein Leben von meiner Geburt an bis zu der Zeit, wo ich Jesus kennenlernte, geführt hatte, begann ich, meine Vergangenheit zu lieben.

Damals wusste ich nichts über Gott. Ich glaubte nicht daran, dass Gott lebt. Es interessierte mich nicht, woher ich kam, wo ich hingehen würde und wofür ich leben sollte. Ich lebte mein Leben einfach so, wie es mir gefiel. Ich hatte weder Hoffnung noch Werte in meinem Leben. Das war meine Vergangenheit. Aufgrund dieser Vergangenheit sah mein gegenwärtiges Leben weitaus wertvoller für mich aus.

Als ich vor meiner Teenagerzeit in meiner Heimatstadt aufwuchs, träumte ich von einer großartigen Zukunft: ich wollte intellektuell, nobel und reich werden. Ich war ziemlich beeinflusst von meinem Vater, einem Gelehrten chinesischer Klassiker. Ich glaube, Gott ließ mich mit der grundlegenden menschlichen Begabung unter der Züchtigung meines Vaters aufwachsen.

Als ich die Aufnahmeprüfung für die High School ablegte, sah ich, wie sehr ein Mensch andere Menschen täuschen kann. Während meiner Schulzeit, in der ich im Haus meines Cousins lebte, erlebte ich einige schwere Zeiten in meinem Leben. Zwar war ich ein geborener Optimist, doch ein schlimm aussehender Zahn machte mich zu einem schüchternen Menschen. Ich wurde still und sehr selbständig, sodass ich niemand um Hilfe bat, selbst wenn ich in Not war. Diese Ichbezogenheit stärkte meine Widerstandsfähigkeit und lehrte mich, mit Härten umzugehen.

Während meiner Zeit auf der High School in Seoul lernte ich, ohne die Hilfe anderer an die Zukunft zu denken. Ich wurde sehr unabhängig. Ich konnte sehen, was in Menschen vorging. Doch wenn ich die Gedankengänge derjenigen erkannte, die ich respektierte, verspürte ich so etwas wie Eitelkeit in meinem

Leben.

Um aufs College zu gehen, musste ich zwei Jahre lang lernen, weil ich am Ende der High School durch die Aufnahmeprüfung gefallen war. Als ich plötzlich meine Fähigkeit verlor, mich an das zu erinnern, was ich gelernt hatte, versuchte ich, mir das Leben zu nehmen. Wie schlimm das war! Wenn man nicht weiß, warum und wofür man lebt, ist das sehr tragisch. Ich glaubte, mein Leben hätte keinen Wert in dieser Welt. Daher beschloss ich, lieber zu sterben als ein tragisches Leben zu leben. Ich dachte, wenn ich sterben würde, könnte ich alle meine Probleme und meinen Schmerz loswerden. Dann erkannte ich, dass ich mein Leben nicht kontrollieren konnte, stellte jedoch auch fest, dass jemand anderer es konnte. Es war Gott, der mich das erkennen ließ.

Von dieser Zeit an überlebte ich auf wundersame Weise.

Ich nahm zwanzig Schlaftabletten, doch ich überlebte. Man sagt, zwei 720ml-Flaschen Whisky reichen aus, um einen gesunden Mann umzubringen. Ich trank fünf Flaschen, doch ich starb nicht. Jetzt weiß ich, warum. Doch ich wusste nicht, dass nur Gott mein Leben und mein Sterben kontrollierte.

Nach dem ich in ein College eingetreten war, interessierte ich mich nicht mehr fürs Studieren. Außerdem hatte ich die Schule aufgrund zu vieler Demonstrationen satt. So ging ich zur Armee.

Während ich in der Armee diente, lernte ich durch ein Programm für Brieffreundschaften eine junge Dame kennen. Die Briefe meiner Brieffreundin machten mein Leben beim Militär zur reinsten Freude. Wir schrieben einander bis zum

Ende meines Militärdienstes. Kurz darauf heirateten wir. Es ging alles zu schnell, doch da ich keine Erfahrungen mit Mädchen hatte, wusste ich es nicht besser.

Ich war ein Baby in meinem Erwachsenenleben und wusste fast nichts von der Welt. Ich studierte, träumte und glaubte, ich könnte alles allein tun. Ich dachte, ich könnte durch meinen Willen erreichen, dass ich mein männliches Leben leben konnte, wie ich es mir vorstellte. Ich war sicher, aus meiner eigenen Weisheit heraus ein erfolgreiches Leben entwickeln zu können.

Ich hatte einen Traum. Mit einem detaillierten Plan in der Tasche besuchte ich meine Eltern.

„Mutter, Vater, bitte hört mir aufmerksam zu. Wenn ihr mir mein Erbe im voraus ausbezahlt, kann meine Frau einen Schönheitssalon eröffnen, und ich kann aufs College zurückgehen und im Ausland studieren. Seht euch bitte diesen Plan an."

Ich zeigte ihnen meine Kalkulation einschließlich jährlicher Zinsen. Zwanzig Tage lang redete ich auf sie ein. Schließlich gewann ich. Mit meinem Erbe in der Tasche machte ich mich überglücklich auf den Rückweg nach Seoul.

Doch bald darauf wurde ich versucht. Meine älteste Schwester schlug mir vor, mit meinem Geld Profit zu machen, indem ich es als Darlehen zur Verfügung stellte, bis ich es für den Schönheitssalon meiner Frau benötigte.

Da meine Schwester vertrauenswürdig war, gab ich ihr mein ganzes Geld.

Einige Monate später jedoch musste ich feststellen, dass ich weder mein Geld, geschweige denn Zinsen dafür, zurückbekam.

Das Geld für mein Studienmaterial, das sich meine Frau mit dem Versprechen, es mir zurückzugeben, von mir geborgt hatte, bekam ich ebenso wenig zurück, denn sie hatte es ausgegeben. Somit konnte ich weder ins Ausland gehen, um zu studieren, noch konnte ich mich auf dem College in meinem Land einschreiben. Meine Eltern, die mir das Geld aufgrund meiner dringenden Bitte gegeben hatten, wollten von alledem nichts wissen.

Plötzlich stand ich also ohne einen Cent da. In meiner Vorstellung erschien es so einfach zu sein, Erfolg zu haben, doch die Realität war furchtbar. Bis ich um das ganze Geld, das ich geerbt hatte, betrogen worden war, hatte ich geglaubt, mein Traum würde wahr werden. Doch mein Traum brach zusammen. Mein Traum von einem glücklichen Eheleben war ebenfalls zusammengebrochen. Dementsprechend schlecht war unsere Ehe. Der letzte Traum, der mir noch geblieben war, bestand darin, eine Arbeit zu finden, auf das Abendcollege zu gehen und das Oberhaupt einer Familie in einem schönen und friedlichen Heim zu sein.

‚Auch wenn mein Leben jetzt normal und gewöhnlich aussieht – wenn ich all diese Hindernisse überwinde, wird mein Leben bedeutungsvoll sein.' Als ich mich dazu entschloss, zu leben, so gut es mir möglich war, wurde ich etwas glücklicher.

Bald, nachdem ich eine Arbeit gekommen hatte, musste ich sie wieder aufgeben, weil ich aufgrund meines exzessiven Trinkens krank wurde. Ich konnte nichts mehr hören, und mein schwacher Körper war bedeckt von kaltem Schweiß. Ich war nicht einmal mehr in der Lage, die leichteste Arbeit tun.

Da ich arbeitslos war und kein Geld verdiente, wurde ich

von der Gemeinde isoliert. Die Liebe meiner Frau zu mir kühlte allmählich ab, ebenso wie die Liebe meiner Eltern und Brüder. Die Familie meiner Frau nannte mich sogar ‚verkrüppelter Schwager' oder ‚Betrüger'.

Meine elende Vergangenheit

Wenn ich an die letzten Tage meiner Krankheit zurückdenke, erkenne ich, dass sie eine weitere kostbare Zeit meines Lebens waren. Wie erbärmlich arm ich war! Ich konnte mir die Behandlung im Krankenhaus nicht leisten, deshalb musste ich mehrere Jahre lang zu Hause bleiben. Ich musste von dem Geld leben, das sich meine Frau unter der Bedingung borgte, dass wir es einschließlich extrem hoher täglicher Zinsen zurückbezahlten.

Aufgrund dieser schmerzhaften Erfahrung empfand ich Mitleid für armen Menschen, und später ließ ich ihnen oft finanzielle Unterstützung zukommen.

Tief in meinem Herzen gelangte ich zu der Erkenntnis, dass sich menschliche Liebe im Gegensatz zu der Liebe Gottes, die mich vollständig geheilt hat, verändert. Ich danke Gott für seine Liebe und liebe Ihn mit all meiner Kraft, meinem ganzen Herzen und meinem ganzen Leben.

Die lange, vergeudete Zeit meiner Krankheit ließ mich nicht nur das schmerzende Herz kranker Menschen verstehen, sondern ich lernte auch die Zeit, die mir gegeben war, zu schätzen. Deshalb arbeitete ich so hart wie möglich, viel härter als die anderen.

Meine Vergangenheit hatte keine Richtung. Ich trieb auf

einem Fluss. Schließlich folgte ich Jesus nach, der der Weg, die Wahrheit und das Leben ist.

Da ich darüber hinaus darin versagt hatte, meine eigenen Pläne in meinem Leben zu verwirklichen, übergab ich mein Leben nun vollkommen Gott, damit ich ein siegreiches Leben führen konnte. In der Vergangenheit war ich ein engstirnig denkender Mann gewesen, der nur für Geld, Ehre und gesellschaftliches Ansehen lebte. Als Ergebnis erlebte ich jedoch nur Enttäuschung statt Zufriedenheit, Kummer statt Freude und Gram statt Frieden.

Das schmerzvolle Leben in meiner Vergangenheit half mir, den lebendigen Gott kennenzulernen und zu erkennen, wie tief und barmherzig seine Liebe ist. Aus diesem Grund ist meine Vergangenheit kostbar für mich.

Meine Gegenwart

Der barmherzige Gott klopfte mehrmals an die Tür meines Herzens. Ich war jedoch zu unwissend, zu töricht und starrsinnig, um Ihm mein Herz zu öffnen, weshalb ich an Versagen, Enttäuschung und Gram zu leiden hatte.
Eines Tages kam Jesus, der der Weg, die Wahrheit und das Leben ist, durch meine demütige ältere Schwester zu mir. Obwohl ich unfreiwillig und nur aufgrund der dringenden Bitte meiner Schwester vor Gott erschien, empfing Jesus mich mit Wärme und schenkte mir viele Gaben.

„Ich sage euch: Also wird auch Freude im Himmel sein über einen Sünder, der Buße tut, vor neunundneunzig Gerechten, die der Buße nicht bedürfen" (Lukas 15, 7).

Nur Jesus, immer Jesus

Ich wurde von Grund auf verändert. ‚Kann ich je diese verlorenen sieben Jahre zurückbekommen? Was kann ich aus dieser Zeit lernen?'
Wenn ich mir meine Zukunft ausmalte, spürte ich eine Kraft in mir aufsteigen. Unbewusst ballte ich meine Hände zu Fäusten. ‚Jetzt liebt Gott mich. Deshalb wird nichts mehr ein

Problem für mich sein. Ich weiß, dass Gott lebt und allmächtig ist!' Aus tiefstem Herzen verspürte ich Frieden.

‚Nur Jesus, immer Jesus', wurde mein Motto für mein neues Leben. Wie Saul, der Jesus auf der Straße nach Damaskus kennenlernte, wurde ich in dem Moment, als ich Gott erlebte, plötzlich verändert.

Ich glaubte daran, dass Gott jeden wiederherstellen kann, der im Sterben liegt, und so gab ich Ihm mein ganzes Leben. Wenn ich irgendeine Art von Sünde in mir feststellte, warf ich sie ab, einschließlich meiner fleischlichen Freuden. Ich hörte auf zu trinken und Badook (ein Spiel mit weißen und schwarzen Steinen, in dem es darum geht, Territorium zu erobern) und Hwatoo (ein koreanisches Kartenspiel) zu spielen.

Ich fand nur noch Freude am Fasten, Beten, dem Lesen und Studieren der Bibel und daran, Gottes Wort in mein Herz einzupflanzen. All das gehörte zu meinem regelmäßigen Tagesablauf.

Gott gab mir eine harte und schwere Arbeit, um meine Gesundheit wiederherzustellen und meine Ausdauer zu trainieren. Ich wusste genau, in welcher Umgebung die anderen Arbeiter lebten und wie sie dachten. Deshalb fand ich die richtigen Worte, um ihnen das Evangelium zu verkünden und mein Zeugnis zu geben.

Gott leitete mich auch dazu an, einen Buchladen zu betreiben. Dabei erkannte ich, dass Er mich reichlich segnete, wenn ich meine Geschäfte abwickelte, indem ich in der Wahrheit Gottes blieb. Während ich durch die Leitung des Geschäfts an Weisheit und Erfahrung gewann, konnte ich auch viele Kunden evangelisieren. Das war Gottes Weg, mich zu schulen und mich zu einem guten Arbeiter zu machen, der viele Seelen in die Erlösung hineinführt.

Gott half mir, meine Sünden abzuwerfen und gemäß seinem Wort zu leben. Er schenkte mir eine leidenschaftliche Liebe, mit der ich vielen Seelen das Evangelium verkünden konnte. Wenn ich im Glauben an seine Liebe für Menschen betete, ließ Gott seine wundersame Kraft auf verschiedene Arten durch mich sichtbar werden. Kranke wurden geheilt, als ich für sie betete. Meine zweite Tochter wurde von einem Auto angefahren und ins Krankenhaus gebracht. Sie lag im Koma. Ich brachte sie nach Hause und betete im Glauben die ganze Nacht hindurch für sie. Ich gab sie in Gottes Hände. Weil ich an den allmächtigen Gott glaubte, wusste ich ohne den geringsten Zweifel, dass Er meine Tochter heilen konnte. Gott stellte meine Tochter vollständig wieder her, und das schneller, als die Ärzte es je vermocht hätten.

Bevor sie geheilt wurde, verhöhnten unsere Nachbarn uns. „Das sind seltsame Christen." – „Warum bringen sie das Mädchen nicht ins Krankenhaus?"

Doch später kamen sie zum Glauben an Gott und gaben Ihm die Ehre. Halleluja!

Auch meine älteste Tochter, die unter einer schlimmen Hautkrankheit litt, und meine jüngste Tochter, die eine Gehirnerschütterung hatte, wurden durch Gebete vollständig geheilt. Seit wir an Jesus glaubten, war niemand aus meiner Familie mehr bei einem Arzt gewesen. Wir brauchten für unsere Heilung keine Medizin, sondern Gottes Kraft. Wir gaben Gott alle Ehre.

Meine Familie gab Gott wirklich gerne Opfer. Wir erlebten, dass Gott Menschen damit segnet, dass sie ernten, was sie säen, und deshalb gaben wir Ihm, soviel wir konnten.

Mein Haus war ständig von Lobpreis und Gebet erfüllt. Auf diese Art und Weise konnten wir viele evangelisieren, die nur zuhörten.

„Was macht euch jeden Tag so glücklich?", wurden wir oft gefragt.

„Du wirst ebenso glücklich und freudig sein, wenn du an Jesus glaubst."

In unserem Haus gingen stets Besucher ein und aus. Meine Frau, die eine sehr gute Köchin war, liebte es, zu kochen und ihnen mit ihrem köstlichen Essen zu dienen. Meine Frau und die Mitglieder ihres Hauskreises beteten anhaltend, machten Lobpreis, lasen in der Bibel und hatten Gemeinschaft. Als Ergebnis stieg die Zahl ihrer Mitglieder auf das siebenfache an. Dieses rapide Wachstum lehrte uns, dass Liebe und Gebete grundlegende Voraussetzungen für die Wunder Gottes sind.

Steh auf, werde licht

Seit dem Beginn unserer Gemeinde ließ Gott uns beständig seine Wunder sehen. Auch wenn keine sichtbaren Zeichen geschahen, beantwortete Gott unsere Gebete, weil wir an Ihn glaubten.

„und was du zuerst wenig gehabt hast, wird hernach gar sehr zunehmen" (Hiob 8, 7).

„Mache dich auf, werde licht! denn dein Licht kommt, und die Herrlichkeit des HERRN geht auf über dir. Denn siehe, Finsternis bedeckt das Erdreich und Dunkel die Völker; aber über dir geht auf der HERR, und seine Herrlichkeit erscheint über dir. Und die Heiden werden in deinem Lichte wandeln und die Könige im Glanz, der über dir aufgeht" (Jesaja 60, 1-3).

Wir waren insgesamt neun Personen, als wir unsere Gemeinde gründeten. Dann sandte Gott uns von nah und fern viele neue Mitglieder. Er zog sie zu guten Leitern oder Pastoren heran. Seit dem ersten Tag unserer Gemeinde leitete Er uns dazu an, für die Weltmission zu beten. Und Er gab mir die Vision, Kreuzzüge in Übersee durchzuführen und dort Zeichen und Wunder zu zeigen.

Er schenkte mir eine großartige Mission. Obwohl wir keine Stühle hatten, um uns hinzusetzen, und der Raum nicht einmal 85m² groß war, beteten wir vom ersten Tag an für die Weltmission. Es mag sein, dass Ungläubige über uns gelacht haben. Dennoch stieg die Zahl unserer Mitglieder Woche für Woche rapide an, und auch ihr Glaube nahm sehr schnell zu.

Seit dem Beginn unserer Gemeinde stand ich vorn auf dem Podium, um das Evangelium zu verkünden. Ich unterstützte auch andere neue Gemeinden, die in finanzieller Not waren.

Jetzt sind Hunderte von Pastoren und Dienern im Einsatz, um Seelen zu retten, und all unsere Mitglieder beten dafür, gute Arbeiter zu sein, die Gott wohlgefallen. Um die ganze Nation zu evangelisieren, haben wir in und um Seoul örtliche

Zweigstellen und in den anderen Provinzgegenden unseres Landes Tochtergemeinden errichtet. Darüber hinaus haben wir in Übersee viele Tochtergemeinden gegründet, um das Evangelium so weit wie möglich zu verbreiten.

Glücklicherweise wachsen viele Diener Gottes in geistlicher Hinsicht, und viele Mitglieder arbeiten mit ihren gottgegebenen Talenten hart für das Reich Gottes. Ich glaube, dass diese Diener Gottes und diese Mitglieder geistlich verändert werden, sodass sie noch kraftvollere und bedeutendere Rollen in der Weltmission spielen werden. Wie wundervoll das sein wird! Ich bete jeden Tag ernsthaft für die Vision, die Gott mir gab. Ich hoffe, dass sie so bald wie möglich Wirklichkeit wird.

Gott will, dass wir eine erfolgreiche Zukunft haben, Millionen von Menschen zur Erlösung führen und aufstehen und licht werden, um Gottes Absichten zu vollenden. Gott möchte auch, dass ich das Wort im Namen des Herrn verkündige und mehr Wunder tue, als Jesus es in dieser Welt tat.

Ich hoffte, dass Gott mir die schwer verständlichen Abschnitte in der Bibel persönlich erklären würde. Für diese Hoffnung fastete und betete ich sieben Jahre lang. Endlich beantwortete Gott meine Gebete. Welche Freude das für mich war! Er erläuterte mir die schwierigen Abschnitte. Ich habe bereits Offenbarungen für 1. Mose, 2. Mose, 3. Mose, Hiob, die vier Evangelien, 1. und 2. Korinther, Hebräer, 1. Johannes, die Offenbarung und andere bedeutende Kapitel der Bibel erhalten und erhalte noch immer weitere Offenbarungen. Meine Notizen der Offenbarungen des Himmels belaufen sich mittlerweile auf über 100 Seiten eines College-Blocks. Ich habe vor, sie später zu veröffentlichen, wenn die rechte Zeit dafür ist. Die Leser dieser

Offenbarungen werden spüren, wie der Heilige Geist in ihnen vor Freude hüpft, wenn sie Gott lieben.

Gott drängt mich nach wie vor dazu, mich im Beten zu üben und mit dem Wort zu rüsten, damit die Kraft Gottes durch mich sichtbar wird. Ich würde gerne jedes meiner Gemeindemitglieder persönlich besuchen und Gemeinschaft und Vertrautheit mit ihm haben. Ich hoffe, dass alle meiner Mitglieder verstehen, warum mir das nicht möglich ist.

Ich weiß, dass der letzte Tag nahe ist. Deshalb gehe ich mit meiner Zeit in diesen Tagen so sparsam wie möglich um. Obwohl ich mein Bestes tue, um dem Willen Gottes zu entsprechen, empfinde ich es manchmal als mangelhaft.

Ich erinnere mich, wie Gott zu mir sagte: „Mein lieber Diener, wenn du deine Herde auf eine gute Weide führst, werden sie in der letzten Stunde alle in den Himmel auffahren."

Wie Jesus es in dieser Welt tat, würde ich gerne ein heiliges Leben leben, um ein guter Hirte zu sein, der sterbende Menschen in die Errettung führt. Ich glaube, um ein guter Hirte zu sein, muss ich all meine Fähigkeiten aufwenden, um Predigten vorzubereiten und all meinen pastoralen Pflichten nachzukommen. Dann wird Gott sagen, dass ich ein guter Hirte bin, dass meine Gemeindemitglieder eine gute Herde Schafe sind und meine Gemeinde eine gute Gemeinde. Heute widme ich mich also dem Beten, dem Predigen und dem Gebrauch von Gottes Kraft. Mit dieser Hingabe konnte ich bereits eine große Zahl Menschen zur Errettung führen und werde von jetzt an immer noch mehr dorthin führen, um Gott zu verherrlichen.

Nachdem ich Jesus kennengelernt hatte, wurde mein Leben wertvoller, bedeutungsvoller und freudiger als zuvor. Wie erfreulich und hoffnungsvoll mein Leben ist! Ich kann nicht anders, als Gott zu danken.

Meine Zukunft

„Mein lieber Diener, den ich erwählt habe, bevor die Zeit begann! Wenn du dich drei Jahre lang mit dem Wort rüstest, werde ich dich Flüsse und Meere überqueren lassen, um Zeichen und Wunder zu tun."

Gott hält immer, was Er verspricht. Das tat Er auch in diesem Fall. Nachdem ich das Wort drei Jahre lang studiert hatte, leitete Er mich dazu an, zum ersten Mal eine Erweckungsveranstaltung abzuhalten. Dies war die erste von vielen. Durch diese Erweckungsveranstaltungen wurde mir klar, dass es sehr schwierig ist, Menschen mit wahrem Glauben zu finden.

Du wirst Zeichen und Wunder tun

Anfangs fragte ich mich, warum Gott mich in diesen letzten Tagen für die Weltmission auserwählt hatte. Schließlich erkannte ich den Grund dafür. Es gibt viele Pastoren, die das Wort predigen. Doch wie viele von ihnen leben auch nach dem Wort, sodass Gott sie für seine Zwecke gebrauchen kann?

Als Gott mich berief, war ich noch nicht dafür qualifiziert, sein Diener zu sein. Deshalb musste ich für seine Hilfe so viele Nächte lang beten und fasten. Ich war mir seiner Hilfe sicher, weil ich Gottes allmächtige Kraft bereits erfahren hatte.

Ich war vergleichsweise alt und hatte ein schlechtes

Gedächtnis. Unter diesen Voraussetzungen war ich ohne Gottes Beistand weder in der Lage, Theologie zu studieren noch irgendeinen pastoralen Dienst auszuüben. Meine Gebete kamen aus der Tiefe meines Herzens. Dankbarerweise beantwortete Gott meine Gebete wie Feuer. Ich musste mein Gehirn nicht anstrengen, um mich an irgendetwas zu erinnern. Der Heilige Geist in mir führte und instruierte mich. Was Gott in meinem Herzen haben wollte, blieb darin haften, alles andere vergaß ich sofort. Die Geschehnisse aus meiner Vergangenheit waren vergessen, doch das Wort Gottes blieb in meinem Herzen verankert. Ich erhielt klare Inspirationen statt menschlicher Gedanken. Durch diese Inspirationen erhielt ich Offenbarungen und wurde von der Kraft Gottes erfüllt.

Jetzt bin ich durch die Offenbarungen, die ich erhielt, fast vollständig mit dem Wort bewaffnet. Es ist an der Zeit für mich zu leuchten, damit die ganze Welt Gottes Kraft sehen kann.

Es gibt so viele Menschen, die das Wort Gottes falsch gelehrt werden. Viele Menschen wandern ziellos umher, weil sie das Wort und den Willen Gottes nicht kennen. Es gibt viele Menschen, die nicht so leben, wie Gott es möchte, weil sie es nicht besser wissen. Der Glaube vieler Gläubigen ist tot. All diese Gläubigen gehören zur Spreu. Sie sagen zwar: ‚Ich glaube an Gott', doch in ihrem Herzen tun sie es nicht. Deshalb werden sie in die Hölle kommen.

„*...Und er hat seine Wurfschaufel in der Hand: er wird seine Tenne fegen und den Weizen in seine Scheune sammeln; aber die Spreu wird er verbrennen mit ewigem Feuer*" (Matthäus 3, 12).

Sie wissen nicht, wie entsetzlich die Hölle ist und wie unauslöschlich ihr Feuer. Der Gott der Liebe, der geduldig darauf wartet, dass die Spreu verändert wird, gab mir die kraftvollen Worte, die ich ihnen predigen sollte. Wie ich bereits erwähnt habe, sage ich ihnen nicht nur, dass sie an Jesus Christus glauben sollen, sondern ich lehre sie auch, warum sie errettet werden, wenn sie an Jesus Christus glauben. Ich erkläre ihnen die Bedeutung des Kreuzes in einfachen Worten. Dann haben sie den Glauben, errettet zu werden und zu wachsen wie der Weizen, nicht wie die Spreu.

Gott sprach zu mir über das zweite Kommen von Christus und die Verzückung. Er sagte mir, dass dieses Ereignis sehr nahe sei. Er sprach auch darüber, wo ich im Himmel sein werde, welche Belohnung ich erhalten und welche Kronen ich dort tragen werde.

Durch diese Ausführungen wusste ich, was für ein herrliches Leben mich im Himmel erwartet. Ich beschloss, so hart wie möglich zu arbeiten und für die Errettung von Menschen alles zu geben, einschließlich meines Lebens. Ich weiß, wie die Jünger Jesu starben. Einer von ihnen wurde in einen Trog mit siedendem Öl geworfen, einer wurde mit einer Säge in zwei Teile zerteilt und ein anderer wurde mit dem Kopf nach unten an einem Kreuz aufgehängt. Doch sie alle waren dankbar für ihren Tod, priesen Gott und waren voller Freude. Ich will tun, was immer getan werden muss, um das Reich Gottes zu vergrößern und Menschen zu retten.

Meine drei Missionen

Die erste Mission, die Gott mir aufgab, ist die Weltmission. Daran erinnere ich mich selbst jeden Tag. Wie Gott uns anleitete, senden wir sowohl im eigenen Land als auch international so viele Missionare wie möglich aus. Gleichzeitig haben wir Tochtergemeinden gegründet, um die Menschen zur Errettung zu führen. Außerdem verkünden wir im In- und Ausland durch Radio und Fernsehen, Zeitungen, Videos und Bücher das Evangelium.
Der Gedanke an die Weltmission stimmt mich sehr glücklich. Indem ich beständig im Glauben bete, sehe ich, wie das, was Gott uns verheißen hat, Wirklichkeit wird. Er sagte zu mir: „Du wirst Zeichen und Wunder tun und Berge und Meere überqueren." Er vollendet die Weltmission durch meine Gemeinde.

Meine zweite Mission ist es, die Menschen in Weizen zu verwandeln, nicht in Spreu. Ich glaube, dass Gott meinen Schafen helfen wird, keinen toten, sondern lebendigen Glauben zu haben, gemäß dem Wort zu leben und ihren Pflichten nachzukommen.
Als ich ganz neu Christ geworden war, gab es niemanden, der mir genau erklärte, wie man betet oder was das Kreuz bedeutet. Deshalb wusste ich auch nicht, wie man zu wahrem Glauben gelangt. Ich betete lange Zeit, um die schnellste Möglichkeit, zu tiefem Glauben zu gelangen, herauszufinden. Seit ich sie gefunden habe, gebe ich sie an meine Gemeinde weiter.
Hier sind einige Beispiele: „Wenn du betest, musst du

niederknien, deinen Mund weit öffnen, um laut zu sprechen und Gott mit deinem ganzen Herzen anrufen."

„Die Reihenfolge für ein kraftvolles Gebet ist, zuerst mit einem dankbaren Herzen zu beten, Buße zu tun, Gott zu bitten, den Teufel zu vertreiben und Gott dann für deine eigenen Nöte zu bitten. Wenn du zuerst für sein Reich und seine Gerechtigkeit betest und erst dann für deine persönlichen Belange, wird Gott deine Gebete überreich beantworten."

„Du musst ohne jeglichen Zweifel daran glauben, dass du das, wofür du auch immer bittest, bereits erhalten hast."

Die Lehre des richtigen Gebets, ist nur ein Thema. Ich lehre meine Gemeinde Schritt für Schritt, wie man gemäß dem Wort lebt, weil das Wort lebendig und kraftvoll ist und die Menschen von Spreu in Weizen verwandelt. Die Spreu in Weizen zu verwandeln ist meine erste Mission, weshalb ich mir für diese Aufgabe einen detaillierten Plan erstellt habe.

‚Vater, ich will der Diener sein, der die größte Ernte einbringt. Es ist noch nicht lange her, seitdem du mich berufen hast, doch bitte hilf mir, der Leiter zu sein, dessen Ernte die größte ist.'

Meine dritte Mission ist es, meine Gemeinde als den treuen Weizen dazu anzuleiten, sich als schön gekleidete Bräute für den Bräutigam vorzubereiten.

Der Weizen sind die Gläubigen, die wiedergeboren, im Wasser und im Heiligen Geist getauft sind und nach dem Wort Gottes leben. Neue Christen finden es normalerweise schwierig, das Wort Gottes zu befolgen. Doch wenn sie sich im Gebet üben und das Wort genau so befolgen, wie sie es hören, können sie es letzten Endes auch in ihren Taten ausführen. Dann können sie die Früchte des Lichts, der Gerechtigkeit und des Heiligen Geistes tragen. Wenn es ihnen gelingt, ihr Leben in Liebe zu führen, werden sie mit dem Wort und Gebeten erfüllt und sind bereit für das Kommen des Herrn.

„Darum wachet; denn ihr wisset weder Tag noch Stunde, in welcher des Menschen Sohn kommen wird" (Matthäus 25, 13).

Die fünf klugen Jungfrauen nahmen Öl in ihren Gefäßen samt ihren Lampen. Die Törichten jedoch nahmen ihre Lampen und nahmen kein Öl mit sich. Deshalb wurden den Törichten die Tür zum Bräutigam verschlossen (Matthäus 25, 1-13).

Wir dürfen nicht sein wie die törichten Jungfrauen, sondern müssen wie die klugen darauf warten, dass der Herr wiederkommt. Wir müssen diejenigen sein, die aufstehen und den Herrn treffen, wenn er mit einem lauten Befehl, mit der Stimme des Erzengels und mit dem Trompetenruf Gottes vom Himmel herabkommt. Die Toten in Christus werden zuerst in den Himmel auffahren, und dann werden wir, die noch am Leben sind, mit ihnen zusammen in den Wolken versammelt werden, um den Herrn in der Höhe zu treffen. Wir müssen unsere Vorbereitungen als schön geschmückte Braut für den Bräutigam rechtzeitig abschließen.

Wie wunderbar wird es sein, wenn der Herr in die Lüfte herunterkommt? Wie glücklich werden wir sein? Wir werden all unsere weltlichen Lasten niederlegen und unseren ewigen Bräutigam, den Herrn, treffen. Wie wundervoll das sein wird! Wenn du jedoch nicht wachsam bist, wird Er kommen wie ein Dieb. Wenn du wachsam bist und dich unter Kontrolle hast, wird Er nicht zu dir kommen wie ein Dieb.

Wir als der Weizen, die wir gute Frucht tragen und das Licht und das Salz der Welt sind, werden wachsam sein, wenn wir unseren Bräutigam, den Herrn treffen!

„Amen, komm, Herr Jesus!" (Offenbarung 22, 20)

Voller Vorfreude auf diesen Tag werde ich immer noch härter arbeiten, um noch mehr Menschen mit der Vision der Weltmission zu erretten. Während ich für die Weltmission arbeite, werden sich die Menschen, die meinen Predigten zuhören, in Weizen verwandeln; sie werden mit dem Wort leben und unablässig beten, sodass sie wachsam sein werden, wenn der Herr wiederkommt. Ich glaube, dass der Tag sehr nahe ist und direkt vor uns liegt. Ich danke Gott für diese große Freude.

Wir können in unserer Zeit weitaus mehr für sein Reich und seine Gerechtigkeit wirken als dies zu anderen Zeiten möglich war, weil wir in den letzten Tagen geboren wurden. Außerdem werden wir lebendig in den Himmel erhoben werden. Welch ein wundervoller Segen!

Danke für alles

"Gott ist nicht ein Mensch, daß er lüge, noch ein Menschenkind, daß ihn etwas gereue. Sollte er etwas sagen und nicht tun? Sollte er etwas reden und nicht halten?" (4. Mose 23, 19)

Gott hat mich so vollkommen gesegnet, wie Er es verheißen hat. Mein ganzer Dank gebührt Ihm.

Gott sprach zu Simon Bar Jona, einem Fischer, in Matthäus 16, 18-19: *"Und ich sage dir auch: Du bist Petrus, und auf diesen Felsen will ich bauen meine Gemeinde, und die Pforten der Hölle sollen sie nicht überwältigen. Und ich will dir des Himmelsreichs Schlüssel geben: alles, was du auf Erden binden wirst, soll auch im Himmel gebunden sein, und alles, was du auf Erden lösen wirst, soll auch im Himmel los sein."*

Gott hat mich, einen einfachen, demütigen Mann, erwählt, bevor die Zeit begann und mich in den letzten Tagen, bevor unser Herr wiederkommt, in diese Welt gebracht. Er zeigte seine wundersame Kraft in meinem Körper, sodass ich von dieser Zeit an einen starken Glauben hatte. Wie dankbar und weise sein Wirken ist! Ich erkannte seine Weisheit, obwohl ich noch zu unwissend war, um seinen bedeutungsvollen Plan zu verstehen.

Nachdem Gott mir den Glauben gegeben hatte,

beantwortete Er all meine Gebete, leitete mich an und schenkte mir während all meiner Prüfungen und Schwierigkeiten den Sieg und große Freude.

Ich danke Gott dafür, dass Er mich als seinen Diener mit seiner Kraft geführt hat, um seine großen Pläne zu verwirklichen. Er gab mir die Vision der Weltmission und schickte viele Menschen in meine Gemeinde. Er liebt meine Gemeinde so sehr, dass Er sie in Weizen verwandelt hat. Ich verspüre eine tiefe Dankbarkeit für seine Liebe.

Durch die Führung meiner zweitältesten Schwester gelangte ich zum wahren Leben. Ich verdanke ihr mein Leben. Ich hatte nie erfahren, dass Gott lebt. Doch anfangs hielt ich mich selbst für klug genug und ignorierte meine Schwester. Sie gab es jedoch nie auf, mich zu evangelisieren und betete ernsthaft zu Gott. Ohne ihre langen, tränenreichen und inständigen Gebete und ihr Fasten für meine Seele und meinen kranken Körper wäre ich nicht das, was ich heute bin. Sie sagte immer wieder zu mir: „Bruder, wenn du in die Gemeinde gehst, wird Gott all deine Krankheiten heilen und du wirst Ihn erleben." Ich glaube, dass nur ihr treues Gebet dieses Wunder in meinem Leben bewirkte.

„Oh, Vater Gott! Du segnest mich überfließend. Wo wäre ich jetzt, und was würde ich tun, wenn meine Schwester mir nicht geholfen hätte, Jesus anzunehmen? Ich kann mir nicht vorstellen, wie schrecklich das wäre. Wenn ich die Liebe Gottes ignoriert und nicht an den Herrn geglaubt hätte, wäre ich in der Hölle gelandet."

Meine ältere Schwester dient jetzt mir als ihrem Hirten, wie sie auch dem Herrn dient. Sie betet immer noch fortwährend für mich. Mir fehlen die Worte, um meiner tiefen Dankbarkeit für sie Ausdruck zu verleihen. Ich danke meiner älteren Schwester nochmals dafür, dass sie mich in meine Erlösung hineingeführt hat.

An dieser Stelle möchte ich auch meiner Familie (meinen Eltern, Brüdern, Schwestern und Verwandten) und Nachbarn danken. Sie halfen mir, so gut sie konnten. Meine Eltern zogen mich mit Liebe auf, und meine Geschwister liebten mich und unterstützten mich auf vielerlei Weise. Meine Familie half mir, wenn ich Essen, Kleidung und einen Platz zum Wohnen brauchte. Meine Nachbarn halfen mir bei vielen Problemen, und meine Freunde halfen mir, eine Arbeit zu finden und ein neues Leben zu beginnen. Ich danke jedem einzelnen dieser Menschen. Durch ihre Liebe und ihre Unterstützung konnte ich die Liebe und den Willen Gottes für mich erkennen.

Ich danke Pastor Younghoon Yi, der mich seelsorgerlich betreute und mir mit Rat und Tat zur Seite stand, als ich, nachdem ich Gott kennengelernt hatte, begann, ein neues, verändertes Leben zu führen. Ich danke auch den christlichen Familien, die mich als Neuling selbstlos betreuten, den Professoren, die mich, nachdem Gott mich berufen hatte, an der Theologieschule unterrichteten, meine Studienkollegen, die mit mir zusammen lernten, und allen anderen Studenten der Theologieschule.

Es gibt noch eine weitere Person, die ich liebe und der ich zu Dank verpflichtet bin. Sie hat all mein Leid und meinen Kummer mit mir geteilt. Es ist meine Frau, Boknim Lee, die jetzt als Präsidentin des Manmin Gebetszentrums arbeitet. Sie schreit Tag und Nacht zu Gott.

Das Glück einer Ehefrau hängt von ihrem Ehemann ab. Leider musste meine Frau sieben Jahre lang leiden, während sie mich pflegte – mich, ihren Ehemann, der gleich, nachdem wir geheiratet hatten, krank wurde. Sie musste arbeiten gehen, um Geld für unsere Familie zu verdienen. Ich kann nur vermuten, wie traurig ihr Leben war, als sie als junge Frau für die Familie sorgen musste. Statt jedoch in Armut zu leben, wurde sie, nachdem sie Jesus kennengelernt hatte, dankbar für alles. Sie dankte und betete ernsthaft für jegliche Prüfungen, die sich uns stellten.

Wenn sie sich nicht aufopfernd um mich gekümmert hätte, wäre es mir nicht möglich gewesen zu studieren und ein Diener Gottes zu werden. Sie verließ sich im Glauben auf den allmächtigen Gott und half mir auf meinem Weg. Auch heute noch betet sie jeden Tag viele Stunden für mich. Ich danke meiner Frau aufrichtig für ihre harte Arbeit, ihre Ausdauer und ihre Gebete.

Ich verspüre eine tiefe Dankbarkeit für diejenigen, die bei mir waren, als ich unsere Gemeinde begann. Manchmal tadle ich sie, weil ich sie so sehr liebe. Sie sind Schätze in meinem Herzen, die dem Willen Gottes gehorchten, unsere Manmin Joong-ang-Gemeinde ins Leben zu rufen.

So wie Gott Aaron und Hur ernannte, um Moses zu helfen, gab er mir großartige Mitglieder, die mit mir beteten. In ihrem Gebet von ganzen Herzen wurden sie Eins. Gott beantwortete jedes unserer Gebete prompt. Häufig offenbarte

Er seine Herrlichkeit, sodass wir viele Menschen in die Erlösung hineinführen konnten. Er schenkte uns ein enormes Wachstum und multiplizierte die Mitgliederzahl meiner Gemeinde, weil sie fest gegründet war.

Gott sandte mir viele Menschen, einschließlich treuer Gebetskämpfer, die mir dabei halfen, mit Gottes Offenbarung gerüstet zu werden und mein pastorales Gefäß so zu vergrößern, dass viele weitere Seelen kommen und Ruhe finden konnten. Er erwählte diese hingebungsvollen Gebetskämpfer, die gehorsam bis in den Tod waren, mit all ihrer Kraft, ihrem ganzen Herzen, ihrem ganzen Sinn und ihrer ganzen Seele für sein Reich und seine Gerechtigkeit zu beten.

Diese hingebungsvollen Gebetskämpfer kommen jeden Tag in die Gemeinde und beten in einem Geist. Sie treffen sich um 10.00 Uhr morgens im Gebetshaus und beten für die körperlich und geistig Kranken. Nach dem Mittagessen halten sie ein weiteres Gebetstreffen ab.

„Wo geht deine Mutter jeden Tag hin?"
„Sie geht in die Gemeinde."
„Gehen Christen nicht nur sonntags in die Gemeinde?"
„In meiner Gemeinde finden jeden Tag Gebetstreffen statt; deshalb geht meine Mutter jeden Tag dort hin."
„Oh, tatsächlich..."

Ein Lehrer fragte seinen Schüler, weshalb seine Mutter so oft ausginge. Er konnte jedoch nicht verstehen, warum sie jeden Tag in die Gemeinde ging.

Diese hingebungsvollen Gebetskämpfer sind Soldaten

des Kreuzes, die Gott kennengelernt haben. Um seine Liebe zu erwidern, widmen sie sich jeden Tag dem Gebet, selbstverständlich ohne Bezahlung. Wie reizend sie sind! Ich danke all diesen hingebungsvollen Gebetskämpfern, die sich nur auf die Belohnung des Himmels freuen und mit all ihrer Kraft für die Gemeinde arbeiten.

Ganz gleich, wie hart der Hirte auch arbeitet, das wundersame Werk Gottes tritt nur dann ein, wenn die Gemeinde ihrem Hirten gehorcht.

Gott hat viele Menschen in die Manmin Joong-ang-Gemeinde geschickt. Er hat jeden einzelnen von ihnen gemäß seinem speziellen Plan erwählt, und durch Prüfungen verändert Er sie in gerechte Männer und Frauen Gottes. Die meisten der Ältesten, der Hauptdiakoninnen, Diakone und anderen Mitglieder lieben Gott so sehr, dass sie bis zum Blutvergießen gegen die Sünde ankämpfen, um nach seinem Wort zu leben. Sie glauben an den allmächtigen Gott, und so leben sie im Glauben, arbeiten hart mit ihrer ganzen Kraft und sind mir gehorsam bis in den Tod.

Man sieht sehr selten Gläubige mit wahrem Glauben. Meine Gemeinde jedoch lebt im Glauben, ist freudig und voller Hoffnung und die Menschen lieben einander. Ich liebe meine ganze Gemeinde und danke ihr, insbesondere den Leitern, die mehr als drei Stunden täglich für unsere Gemeinde beten.

Zuletzt möchte ich den Pastoren und Dienern meiner Gemeinde danken. Sie arbeiten mit mir zusammen, um so viele treue Mitglieder wie möglich anzuziehen, beten beständig und dienen hingebungsvoll. Sie arbeiten immer härter, um die

Missionen, die Gott mir gegeben hat, dort zu erfüllen, wo ich nicht sein kann. Ich bin von ihrer Hingabe und ihrem Dienst sehr angetan.

Meine Gemeinde und ich haben Hoffnung auf das Himmelreich. Noch können wir die Belohnung, die wir im Himmel haben werden, nicht klar sehen. Doch wir marschieren weiter dem Tag entgegen, an dem wir in dem schönen Himmelreich, unserem ursprünglichen Heimatland, die große Liebe Gottes erhalten.

7

Mein Gliebter

Alle Ehre sei Gott

Durch seinen Willen

Ewiges Leben im Himmel

Alle Ehre sei Gott

Am 31. Dezember 1984 hielten wir in unserer neuen heiligen Stätte unseren ersten nächtlichen Anbetungsgottesdienst ab. Dieser Silvesterabend endete am frühen Morgen des 1. Januar 1985. Alle der Teilnehmer waren sehr glücklich, das neue Jahr in dem großen neuen Heiligtum willkommen zu heißen. Aufgrund des rapiden Wachstums gab es in unserer Gemeinde für neue Besucher keine Sitzplätze mehr. Deshalb segnete Gott uns damit, an einen größeren Ort umzuziehen. Wie wundervoll sein Segen ist! Bei unserem Umzug in ein neues Heiligtum fühlten wir uns wie die Israeliten, die unter der Führung von Mose aus Ägypten flohen, 40 Jahre in der Wüste verbrachten und schließlich nach Kanaan kamen.

Gott führte uns in ein neues Heiligtum

Die Mitgliederzahl meiner Gemeinde stieg rapide an. Deshalb beteten wir für einen Ort, der größer als 325m² war. Wir fanden ein Gebäude, das zwar recht alt, aber geräumig war. Wir konnten es jedoch nicht mieten, denn der Eigentümer sagte uns, dass er das Gebäude abreißen und ein neues bauen wolle. Daraufhin mussten wir unsere Suche fortsetzen, doch in der Gegend von Daebang-dong gab es kein Gebäude, das größer als 325m² war.

Wir beteten weiter für das neue Heiligtum, bis wir ein Stück

Land fanden, das groß genug für ein Gebäude war, das uns eine Zeitlang ausreichen würde. Der Verpächter erlaubte uns, mit dem Bau für dieses Gebäude zu beginnen. Kurz darauf verfügte jedoch die Landesregierung den sofortigen Abbruch des bereits fertiggestellten Gebäudeteils, weil unser Bau gegen neue Verordnungen verstieß.

Daraufhin klagten einige Gemeindemitglieder, obwohl sie mir vertrauten: „Gott hat uns bis hierher mit einer Wolkensäule und einer Feuersäule geleitet. Warum lässt er uns ein Gebäude bauen, das nicht den Vorschriften entspricht und dann wieder niedergerissen wird?"

Ich betete ernsthaft zu Gott. „Vater, ich weiß, dass du dafür sorgst, dass alles zum Guten dient. Ich danke dir für deinen besonderen Plan, der uns an diesen Punkt geführt hat. Ich danke dir für meine Gemeinde, die dir ebenfalls dankt. Vater, ich habe einige Mitglieder, die sich beklagen. Warum hast du uns in dieser misslichen Lage verlassen? Bitte lasse deinen Diener deinen Plan wissen, damit meine Gemeinde ihn versteht und dir dankt, an dich glaubt und dir gehorcht. Bitte segne uns damit, dass wir in ein größeres Gebäude umziehen können, wo wir immer mehr Menschen in die Erlösung hineinführen und auch die Weltmission verwirklichen können."

Gott hörte mein Gebet und sprach zu mir über seinen Plan. Ich gab diesen Plan an meine Gemeinde weiter.

„Liebe Gemeinde, Gott sagte in Hebräer 11, 1: ‚ *Es ist aber der Glaube eine gewisse Zuversicht des, das man hofft, und ein Nichtzweifeln an dem, das man nicht sieht.*' Und Er sagte in Jakobus 1, 2-4: ‚*Meine lieben Brüder, achtet es für eitel*

Freude, wenn ihr in mancherlei Anfechtungen fallet, und wisset, daß euer Glaube, wenn er rechtschaffen ist, Geduld wirkt. Die Geduld aber soll festbleiben bis ans Ende, auf daß ihr seid vollkommen und ganz und keinen Mangel habet.'

Habt ihr euch gefreut, wenn ihr in Versuchungen geraten seid? Im 1. Thessalonicher 5, 16-18 heißt es: *‚Seid allezeit fröhlich, betet ohne Unterlaß, seid dankbar in allen Dingen; denn das ist der Wille Gottes in Christo Jesu an euch.'* Habt ihr nach dem Willen Gottes gelebt? Ihr müsst verstehen, dass Gott Prüfungen unseres Glaubens zulässt, um unser Ausharren zu vervollkommnen.

Die Israeliten erfuhren viele wundersame Werke Gottes, doch sie murrten gegen Gott aufgrund ihrer Unannehmlichkeiten in der Wüste, weil sie nicht wussten und nicht darauf vertrauten, dass Gott sie nach Kanaan, dem Land, in dem Milch und Honig fließen, führen wollte. Was haben wir getan? Haben wir uns nicht ebenso verhalten wie sie?

Ich glaube, dass Gott uns ein großes Heiligtum geben wird, ebenso wie Er den Israeliten das Land Kanaan gab. „Lasst uns diese Prüfung unseres Glaubens mit Ausharren, Freude und Dank überwinden, damit wir in unser Land Kanaan gehen können!"

Alle Mitglieder widerstanden den Versuchungen und folgten mir gehorsam, als ob sie auf das Land Kanaan zugingen. Während dieser Monate, in denen ihr Glaube auf die Probe gestellt wurde, nahm der Glaube vieler Mitglieder, einschließlich des Vorsitzenden des Bauausschusses, unmerklich zu.

Auf welche Weise schenkte Gott uns dann das Land Kanaan? Es war wirklich erstaunlich. Der erste Ort, den Gott uns gezeigt hatte, war das Land, auf dem der Eigentümer ein neues Gebäude errichten wollte, weshalb wir das Grundstück nicht pachten konnten. Doch nur kurze Zeit später ließ Gott den Besitzer selbst auf diesem Gelände ein Gebäude erstellen und segnete uns damit, dass wir dort einziehen konnten! Halleluja!

Es dauerte 40 Jahre, bis die Israeliten in das Land Kanaan eintreten konnten, was sie innerhalb von drei Tagen hätten tun können. In gleicher Weise mussten wir eine Zeitlang in der Wüste bleiben, bis wir an den Ort einzogen, den Gott uns zu Anfang gegeben hatte.

Unser Aufenthalt in der Wüste stärkte den Glauben der Leiter und anderer Gemeindemitglieder, sodass sie mir schließlich gehorchten und mir vertrauten, dass ich Offenbarungen von Gott, der alles zum Guten dienen lässt, bekam. Sie erkannten, dass Gott nie versäumt, zu erfüllen, was Er durch mich gesagt hat. Nichts konnte dankbarer sein als das.

Der Gedenkgottesdienst für den Einzug in das neue Heiligtum war wirklich eindrucksvoll, wie ein prachtvolles Fest, in dem wir die Gnade, die Liebe und die Kraft Gottes erkannten. Die ganze Umgebung unseres neuen Heiligtums floss über mit unserer Freude.

Mein lieber Diener!

Ich wollte ein Diener sein, der von Gott geliebt wird und der Ihm gefällt.

Gott schenkte uns den Sieg über die Verfolgung, der wir ausgesetzt waren, als wir unsere Gemeinde begannen. Er schickte uns viele Seelen zur Errettung. Er segnete uns mit der klaren Erkenntnis, dass wir durch seine Versorgung in ein neues Heiligtum einziehen würden. Er arbeitete an meiner ganzen Gemeinde, sodass sie mir als ihrem Hirten vertrauten und gehorchten. Er wird sein Reich durch unsere Manmin Joong-ang-Gemeinde als die Arche der Rettung für viele neue Besucher ausdehnen. Er will, dass ich das Evangelium verbreite und lehre, jede Art von Krankheiten heile und mein Kreuz für die Menschen aufnehme, wie Jesus es tat.

Ich traf einen festen Entschluss. ‚Gott hat Vertrauen in mich. Deshalb muss ich der Diener werden, der Ihm jeden Tag noch besser gefällt.'

Ich mag den Vers 17 im Kapitel 8 der Sprüche besonders gern: „*Ich liebe, die mich lieben; und die mich frühe suchen, finden mich.*"

Ich liebe Gott. Ich versuche von ganzem Herzen, gemäß dem Wort zu leben, weil diejenigen, die Gott lieben, seine Gebote halten. Deshalb schenkt Gott mir reichen Segen und Liebe.

Im 11. Kapitel des Hebräerbriefs ist Vers 6 mein Lieblingsvers: „*Ohne Glauben aber ist es unmöglich, ihm wohlzugefallen; denn wer Gott naht, muss glauben, dass er ist und denen, die ihn suchen, ein Belohner sein wird.*"

Ich bete zu Gott und wende mich mit allen Dingen an Ihn. Ich verlasse mich nicht auf Menschen, weil ich glaube, dass der allmächtige Gott existiert. Ich übe meinen pastoralen Dienst mit all meiner Kraft aus, weil ich glaube, dass Gott den Himmel vorbereitet und diejenigen belohnt, die sein Wort in die Tat umsetzen.

Ich hoffe, dass all meine Gemeindemitglieder Gott lieben und seine Gebote einhalten, damit auch Er sie liebt. Wir müssen daran glauben, dass Gott existiert und dass Er diejenigen belohnt, die Ihn ernsthaft suchen.

Ich wünsche mir, dass all meine Gemeindemitglieder beständig beten, ihr Bestes geben, um ihre Aufgaben zu erfüllen und in der Hoffnung leben, im Himmel ihre Belohnung zu erhalten.

Alle Ehre sei Gott

Ich gebe Gott, der alles für uns unter seiner Kontrolle hat, alle Ehre und all meinen Dank.

Ich wurde von Gott als ein guter Pastor anerkannt. Grund dafür ist meine Frucht – ich selbst, vollkommen wiedergeboren, sowie die Manmin Joong-ang-Gemeinde mit all ihren Mitgliedern, die der Herr durch mich zusammengebracht hat. Ich weiß, wie kostbar meine Gemeinde ist.

Gott liebt mich so sehr. Ich habe meine Gemeinde gelehrt, wie sie die Liebe Gottes erhalten kann. Sie haben meinen Anweisungen von ganzem Herzen gehorcht, sodass sie gute und reichliche Frucht bringen.

Nachdem wir unsere Gemeinde begonnen hatten, gab es ein wunderbares Ereignis. Meine drei Töchter und ein junger Mann lagen aufgrund einer Gasvergiftung im Sterben. Doch sie alle überlebten, nachdem ich ihnen im Gebet die Hände aufgelegt hatte. Nachdem sie dies gesehen hatten, glaubten die Mitglieder der Gemeinde an das Wort in Markus 9, 23: *„Alle Dinge sind* *möglich dem, der da glaubt."* Seit dieser Zeit wurden noch viele weitere Mitglieder geheilt und gaben Gott noch mehr Ehre als zuvor.

Eines Sonntag abends eilten eine Diakonin und ein Taxifahrer herein und brachten ein junges Mädchen zu mir. Die Diakonin berichtete mir, dass sie mit ihrer fünfjährigen Tochter auf dem Heimweg vom Nachmittagsgottesdienst gewesen waren. Als sie vor dem Haus, in dem sie wohnten, die Straße überquerten, wurden sie von einem Taxi aus der Gegenrichtung erfasst. Ihre Tochter wurde sieben bis acht Meter durch die Luft geschleudert, fiel zu Boden und verlor das Bewusstsein. Aufgrund des Unfalls stand die Diakonin unter Schock, doch sie wies dennoch den Taxifahrer, der zum Krankenhaus fahren wollte, an, in die Manmin Joong-ang-Gemeinde in Daebang-dong zu fahren.

„Sie wollen tatsächlich, dass ich dieses bewusstlose Kind in eine Gemeinde fahre? Sie wird sterben! Das kann ich nicht tun!"

„Machen Sie sich keine Sorgen. Wenn sie das Gebet meines Pastors erhält, wird sie ihr Bewusstsein sofort wiedererlangen."

„..."

„Bitte fahren Sie schnell nach Daebang-dong."

„Es ist nicht meine Schuld, wenn sie stirbt. Sie müssen die Verantwortung dafür übernehmen."

Der Taxifahrer konnte sie nicht verstehen. Er wurde von ihr gezwungen, ihre Tochter zu mir zu bringen. Der Fahrer sah sehr verängstigt aus, doch die Diakonin beruhigte sich mit ihrem Glauben. Ich konnte sehen, welch starken Glauben sie hatte,

und so betete ich ernsthaft für ihre Tochter.
„Vater Gott! Du lässt die Toten auferstehen. Und du hast gesagt: ‚Dem Glaubenden ist alles möglich.' Bitte höre deinen Diener, sieh den Glauben der Diakonin und rette ihre kleine Tochter. Bitte verherrliche deinen Namen durch dieses sterbende Mädchen!"
Sobald ich mein inständiges Gebet für sie beendet hatte, waren an ihrem Körper Lebenszeichen sowie die Wärme des Leben zu erkennen. Ich sagte dem Taxifahrer, der immer noch vor Furcht zitterte, er solle sich keine Sorgen mehr machen. Ich wies ihn an, das Kind ins Krankenhaus zu bringen, um sicherzustellen, dass sie wohlauf war.
Schon bald bekamen wir Nachricht von dem Mädchen. „Auf dem Weg ins Krankenhaus erlangte sie im Taxi ihr Bewusstsein wieder. Und der Arzt im Krankenhaus hat gesagt, ihre Röntgenbilder seien vollkommen in Ordnung." Die ganze Gemeinde gab Gott die Ehre und erhielt die Bestätigung dafür, dass wenn wir im Glauben zu Gott beten, Er auch die Toten auferwecken kann.

Auf diese Art und Weise hat Gott meiner Gemeinde durch mich, ihren Hirten, viele Wunder gezeigt, sodass ihr Glaube durch das Sehen und Hören dieser Wunder gewachsen ist und sie gemäß dem Wort leben. Halleluja!

Durch das Manmin Gebetszentrum hat Gott viele Menschen, die geistig oder körperlich krank waren, geheilt und die Besucher geschult, Tag und Nacht für sein Reich und seine Gerechtigkeit zu beten.

Außerdem wurden Missionsgruppen gebildet. Die Gruppen treffen sich oft, um zu beten und Ungläubige zu evangelisieren. Sie wurden Eins in Liebe und führten viele Menschen zur Erlösung. Mein ganzer Dank und aller Ruhm gebührt Gott, der meine Gemeinde bis zum heutigen Tag wachsen lässt.

Ich möchte an dieser Stelle auch auf innergemeindliche Organisationen und Missionsgruppen eingehen.

Der Manmin Kindergarten und die Sonntagschule für Kinder kümmern sich um Kinder und Grundschüler. Die Sonntagschule für Schüler ist verantwortlich dafür, Schüler der High School und ungläubige Familien zu evangelisieren. Sie arbeiten hart daran, Gott zu verherrlichen. Die College-Missionsgruppen geben ihr Bestes, um das Evangelium auf dem ganzen Campus zu verkünden. Die Jugendmission und die Kanaan-Mission, die von unverheirateten College-Absolventen organisiert wird, arbeiten für die Evangelisierung am Arbeitsplatz und in der Weltmission. Sie entwickeln ihre Fähigkeiten und Talente so weit, dass sie die Menschen zur Errettung führen und auf diese Weise Gott verherrlichen.

Die im Vertrieb und in der Hotelbranche Beschäftigten haben die Light and Salt Mission organisiert, die sich auf die meisten Geschäfte und Restaurants in Seoul erstreckt. Im Moment sind sie dabei, ihre Mission auszudehnen, um das ganze Land abzudecken.

Die Mitglieder der Missionen für verheiratete Männer und Frauen erledigen ihre Pflichten zu Hause und bei der Arbeit. Sie spielen eine wichtige Rolle als Säulen in Gottes Reich, indem sie der Gemeinde mit ganzer Kraft dienen und die

Missionsgruppen im Inland sowie international leiten. Wie gesegnet und dankbar sie sind!

Außerdem gebe ich Gott die Ehre für die Diener Gottes, die sich mit Liebe um die Gemeindemitglieder kümmern. Gott leitet sie an, voranzugehen und viele Seelen zu retten und die Weltmission zu vollenden.

‚Vater, du hast meine Gemeinde (Kinder, Schüler, junge Erwachsene, verheiratete Männer und Frauen), Pastoren und Diener dazu angeleitet, im Herzen Eins zu werden, gemäß deinem Willen zu leben und all die Pflichten, die du ihnen gegeben hast, vollständig auszuführen.

Ich gebe dir allen Dank und alle Ehre! Bitte verherrliche deinen Namen durch deine Kinder und deine Diener Tag für Tag, unablässig, bis der Herr kommt.'

Durch seinen Willen

Ich diene, indem ich dem Willen Gottes folge, der eine einzelne Seele als kostbarer erachtet als alle Nationen. Mein ganzer Dank und alle Ehre gebührt Gott, der uns viele Seelen zur Errettung sandte und sie zu treuen Arbeitern heranzog. Als ich eines Tages Offenbarungen von Gott erhielt, sprach Er in genauen Einzelheiten über meine Belohnung im Himmel. Ich war erstaunt und beschämt, weil sein Lohn für mich weitaus größer war als alles, was ich für Ihn getan hatte. Wie sollte ich Ihm für seine Liebe danken? Ich konnte nicht anders als vor Dankbarkeit laut aufzuschreien.

Nur durch seinen Willen

Gott wollte, dass ich allein seinem Willen folgte. Er wies mich an, meine Hoffnung auf den Himmel zu setzen und viele Seelen zu retten, sodass ich himmlischen Lohn und Ruhm ernten möge, ganz gleich, wie schwer ich unter Versuchungen zu leiden hätte.

Gott war so liebevoll und barmherzig. Er ließ mich durch Gemeindemitglieder, die schon häufig ein klares Wort von Gott erhalten hatten, von meinem Erscheinen im Himmel hören.

„Pastor, ich sah dich im Himmel wohnen. Unsere Gemeindemitglieder waren bei dir, und du trugst eine Krone und ein spezielles Gewand, wie ein langes Kleid. Deine Krone glitzerte wunderschön."

Ich wusste, welchen Lohn ich im Himmel bekommen würde, deshalb gelobte ich mir selbst, ein rechtschaffenes Leben im Willen Gottes zu führen.

„Wer Vater oder Mutter mehr liebt denn mich, der ist mein nicht wert; und wer Sohn oder Tochter mehr liebt denn mich, der ist mein nicht wert. Und wer nicht sein Kreuz auf sich nimmt und folgt mir nach, der ist mein nicht wert. Wer sein Leben findet, der wird's verlieren; und wer sein Leben verliert um meinetwillen, der wird's finden" (Matthäus 10, 37-39).

„Da antwortete Petrus und sprach zu ihm: Siehe, wir haben alles verlassen und sind dir nachgefolgt; was wird uns dafür? Jesus aber sprach zu ihnen: Wahrlich ich sage euch: Ihr, die ihr mir seid nachgefolgt, werdet in der Wiedergeburt, da des Menschen Sohn wird sitzen auf dem Stuhl seiner Herrlichkeit, auch sitzen auf zwölf Stühlen und richten die zwölf Geschlechter Israels. Und wer verläßt Häuser oder Brüder oder Schwestern oder Vater oder Mutter oder Weib oder Kinder oder Äcker um meines Namens willen, der wird's hundertfältig nehmen und das ewige Leben ererben" (Matthäus 19, 27-29).

„Denn wer den Willen tut meines Vaters im Himmel, der ist mein Bruder, Schwester und Mutter" (Matthäus 12, 50).

Gott will, dass wir Ihn lieben, in seinem Willen leben und Ihn verherrlichen, indem wir viele Seelen in die Erlösung führen, damit wir seinen Lohn im Himmel empfangen. Weil Er uns mit Jesu Blut am Kreuz erkauft hat, sollten wir unser Leben im Willen Gottes als seine Kinder führen und die Gnade, die wir erhalten haben, zurückgeben.

Was ist der Wille Gottes? Genauso wie der Mensch Samen auf dem Feld verteilt, um im Herbst die Ernte einzubringen, pflanzte Gott die Menschheit in diese Welt. Bei Gott ist ein Tag wie tausend Jahre, und tausend Jahre sind wie ein Tag. Weil Er alle Geschöpfe im Universum in sechs Tagen erschaffen und am siebten geruht hat, lässt Er die Menschheit 6.000 Jahre lang in dieser Welt leben und die Gläubigen 1.000 Jahre lang in seinem Reich bleiben. Und im Jüngsten Gericht wird Er den Weizen von der Spreu trennen, was bedeutet, dass Er die Gerechten, die leuchten werden wie die Sonne, im Himmel versammeln und die Bösen in den Feuerofen werfen wird.

Warum kultiviert Gott die Menschheit 6.000 Jahre lang? Als Gott den Menschen erschuf, gehorchte dieser Ihm und lebte unzählig lange Jahre im Garten Eden. Adam und Eva jedoch waren Gott ungehorsam und wurden aus dem Garten Eden vertrieben. Seit damals war ihr Geist erstorben und sie wurden Menschen des Fleisches, die nach ihrem eigenen Willen und nicht nach dem Willen Gottes lebten.

In den nächsten 2.000 Jahren sah Gott, wie groß die Bosheit

der Menschen auf der Erde geworden war, und dass jeder ihrer Gedanken böse war. Deshalb zerstörte Gott die ganze Menschheit außer Noah und seiner Familie, denn Noah war ein rechtschaffener Mann und schuldlos unter den Menschen seiner Zeit. Nach Noah wurde Abraham geboren, und schließlich gründeten die zwölf Söhne Jakobs Israel. Gott baute die Israeliten weitere 2.000 Jahre auf und teilte ihnen seinen Willen durch Propheten mit. Er züchtigte die Israeliten, um sie wissen zu lassen, dass Er der Gesetzgeber und der Richter ist, der über sie alle herrscht.

Durch Gottes Vorsehung kam Jesus zu uns, damit wir durch Glauben gerecht gemacht werden. Über 2.000 Jahre der Menschheitsgeschichte sind vergangen, seit Jesus auf die Erde kam. In der Bibel steht geschrieben: „Dieser Jesus, der von euch weg in den Himmel aufgenommen worden ist, wird so kommen, wie ihr ihn habt hingehen sehen in den Himmel." Wir müssen uns auf das zweite Kommen von Christus vorbereiten.

Gott hat sowohl menschliche als auch göttliche Eigenschaften. Er will, dass wir seine wahren Kinder sind, die Liebe mit Ihm austauschen. Wir müssen im Gedächtnis behalten, dass Gott Tausende von Jahren darauf gewartet hat, den Weizen, seine wahren Kinder, zu gewinnen.

Wie können wir wahre Kinder sein?

Was müssen wir tun, um seine wahren Kinder zu sein, die in seinem Willen leben?

Als erstes müssen wir unsere Bosheit abwerfen und ein

heiliges Leben führen, um Menschen des Geistes zu werden.

Wenn wir Jesus Christus annehmen, werden wir gerecht gemacht, indem wir in unserem Herzen glauben, und werden gerettet, indem wir mit unserem Mund bekennen. Dadurch begehrt unser Geist, nach dem Willen Gottes zu leben, wie der Heilige Geist es will, und nicht für fleischliche Lust, wie die sündige Natur es will.

Wenn wir das Wort hören und lesen, hilft uns der Heilige Geist, nach dem Willen Gottes zu leben. So werden wir zu Menschen des Geistes, die ein heiliges Leben führen. Menschen des Geistes sind stets voller Freude, beten ohne Unterlass und danken unter allen Umständen.

Als zweites müssen wir hart arbeiten und unsere Pflichten erfüllen, damit wir unseren Lohn im Himmel erhalten.

Gott vergrößert sein Reich durch uns, seine Arbeiter. Wir müssen unsere Aufgaben als Familienmitglieder, Studenten, Angestellte und Gemeindemitglieder wahrnehmen. Wir müssen all diesen Verpflichtungen nachkommen, um unseren ganzen Lohn im Himmel zu erhalten.

Als drittes müssen wir Gott gefallen und Ihn verherrlichen.

Gott will durch uns Ruhm erhalten. Gott will, dass wir der Gemeinschaft als Licht und Salz dienen, sodass andere durch unseren Charakter zum Glauben an Ihn kommen. Er will, dass wir uns guter Gesundheit erfreuen. Und Er will, dass es uns wohlergeht und auch unsere Seele wohlauf ist, damit wir Ihn verherrlichen.

Meinen Gedanken entsagen

Wenn du nach dem Willen Gottes leben willst, musst du zuerst deinen Gedanken, die deiner sündigen Natur entstammen, entsagen. Vielleicht fragst du dich, wie du fleischliche Gedanken loswerden sollst, doch es ist ganz einfach. Ich lebe mein Leben ausschließlich gemäß dem Wort Gottes, dem Wort der Wahrheit. Das taten auch Jesus und der Apostel Paulus. Wenn du an Gott glaubst, ist es leicht, in der Wahrheit zu bleiben.

Wie können wir unseren fleischlichen Gedanken entsagen?

Wenn wir die Argumente sowie jeden Anspruch, der sich gegen das Wissen Gottes erhebt, zerstören und jeden Gedanken gefangen nehmen, um ihn Christus gehorsam zu machen, verschwinden unsere fleischlichen Gedanken, sodass wir gehorchen können, wie der Heilige Geist es möchte. In anderen Worten, magst du auch klug, gebildet und erfahren sein – wenn du irgendetwas in dir findest, das der Wahrheit entgegensteht, musst du ihm entsagen. Dann kannst du den Weg gehen, den die Wahrheit dich führt. Wenn du dich mit der Wahrheit bewaffnest und das tust, was sie sagt, wirst du die Stimme des Heiligen Geistes klar hören. Auch wenn du auf unerwartete Probleme stößt, wirst du nicht versuchen, sie mit deinem eigenen Wissen oder deinen Gedanken zu lösen, sondern du wirst sie so lösen, wie der Heilige Geist es in dein Herz spricht.

Jesus folgte Gottes Willen, dass Er am Kreuz sterben müsse. Er war frei von jeder Schuld, doch er wurde gemäß dem Willen Gottes gekreuzigt.

„Und er sprach: Abba, Vater, alles ist dir möglich. Nimm diesen Kelch von mir weg! Doch nicht, was ich will, sondern was du willst!" (Markus 14, 36)

Der Apostel Paulus bekam fünf Mal vierzig Schläge weniger einen von den Juden. Drei Mal wurde er mit Ruten geschlagen, einmal wurde er gesteinigt, dreimal erlitt er Schiffbruch, einen Tag und eine Nacht verbrachte er in Seenot und auf seinen Reisen war er mehrmals Gefahren ausgesetzt. Er wusste, dass Gott ihn auserwählt hatte, um den Willen Gottes zu tun, den Heiden, ihren Königen und den Nachkommen Israels das Evangelium zu verkünden.

Unser gegenwärtiges Leiden hält einem Vergleich mit der Herrlichkeit, die in uns offenbart werden wird, nicht stand

Gott hat für Jesus Christus die Ehre vorbereitet, dass Er zu seiner Rechten sitzt, und für den Apostel Paulus, dass er die Krone der Gerechtigkeit und seinen Lohn im Himmel erhält.

Gott ermutigte mich, indem Er mir offenbarte, welchen Lohn ich im Himmel empfangen werde. Ich habe Hoffnung auf das Himmelreich, deshalb habe ich jegliches Böse abgeworfen, um ein heiliges Leben zu leben, in der Weltmission zu arbeiten und vollkommen mit dem Wort Gottes bewaffnet zu werden. Ich werde Zeichen und Wunder tun, wo immer ich auch hingehe; ich werde Berge, Hügel und Meere überqueren, um die sterbenden Seelen zur Errettung zu führen; die Spreu in Weizen verwandeln und Gott alle Ehre geben.

Wir dürfen nicht diejenigen sein, die nur rufen ‚Herr, Herr!', sondern diejenigen, die auch den Willen Gottes tun, damit wir in das ewige, schöne Himmelreich eintreten werden. Ich hoffe, dass alle Mitglieder meiner Gemeinde jegliche Art von Übel abwerfen, ein heiliges Leben führen und alle guten Werke tun, um Gott zu verherrlichen.

Ich wollte wie Jesus leben. Deshalb entsagte ich meinem eigenen Willen, um das Wort einzuhalten, und liebte meine Frau, meine Kinder und meinen Besitz nicht mehr als Gott. Deshalb berief Gott mich zu seinem Diener, der in der Weltmission arbeiten und im Himmel mit großem Lohn gesegnet werden würde.

Ich bin sehr glücklich, dass ich, als der Hirte, der eine große Herde anführt, all meine Aufgaben erfüllen und in das ewige Himmelreich eintreten werde.

Ewiges Leben im Himmel

Wie der Apostel Johannes auf der Insel Patmos mit Gott sprach, pflegte auch ich mich an einen einsamen Ort zurückzuziehen, um Gottes Stimme zu hören. Vor dem Haus, in dem ich wohnte, floss friedlich ein sauberer Fluss vorbei. Hinter dem Haus befand sich ein dicht bewaldeter Berg. Auf dem offenen Feld wuchsen zahlreiche Früchte. Diese Gegend war so einsam, dass sie ihre natürliche Schönheit bewahrt hatte. Wenn ich in einem Boot über den Fluss setzte, erfrischte mich die leichte Brise, und die Vögel flogen freudig in den blauen Himmel, als wollten sie mich grüßen. Die Erde war ganz weich, wie feiner Sand, und an den Flussufern rollten hübsche Kieselsteine.

Gott ließ mich dort eine Weile bleiben, in der Bibel lesen und beten. Der Ort war sehr weit von Seoul entfernt, sodass es mich mehrere Stunden kostete, dort hinzugelangen. Doch es war den Aufwand wert. Dort genoss ich die Frische, die ich in Seoul nicht spürte, und manchmal stellte ich mir den Himmel vor.

Gott offenbarte mir das Himmelreich

Es war im Mai 1984, wenige Tage vor meinem Geburtstag. Normalerweise kam ich freitags von dem Berg herunter, um den

Freitag-Nacht-Gottesdienst sowie den Sonntagsgottesdienst vorzubereiten. An diesem Tag jedoch sagte Gott mir, ich solle nicht hinuntergehen, sondern fasten, weil Er mir etwas über das Himmelreich sagen wolle.

Plötzlich öffnete sich das Tor des Himmels vor meinen Augen und Gott begann zu mir zu sprechen. Er sagte mir viele Dinge, die die folgende Woche betrafen. Ich war so glücklich, dass mir die Worte fehlten. Ich gab Gott all meinen Dank und alle Ehre für seine Liebe.

Ich glaube, Gott wollte mich wissen lassen, dass es für mich und sein Reich weitaus besser war, durch Fasten und Beten das Geschenk Gottes zu erhalten, als dem weltlichen Vergnügen meiner Geburtstagsfeier zu frönen.

Er nannte mir viele Gleichnisse des Himmels:

‚Das Reich Gottes ist wie ein Mann, der auf seinem Geld gute Samen sät.' ‚Das Reich Gottes ist wie ein Netz, das in den See hinabgelassen wird, um alle Arten von Fischen zu fangen.' Dieses Gleichnis bedeutet, dass am Ende der Welt Engel kommen werden, die die Gerechten in den Himmel führen und die Bösen in den Feuerofen der Hölle werfen.

Es gibt nicht einen gerechten Menschen auf der Erde. Deshalb müssen wir an Jesus Christus glauben, der der Weg, die Wahrheit und das Leben ist, um gerecht zu werden und in den Himmel einzutreten und dort zu leben. Im Himmel herrscht ewige Freude und ewiger Frieden. Im Gegensatz dazu sind diejenigen, die nicht an Jesus Christus glauben, böse, weshalb sie zu ihrer ewigen Bestrafung in die Hölle geworfen werden. In der Hölle sterben die Würmer nicht, und das Feuer wird nicht gelöscht.

Das Gericht des großen weißen Throns wird die Gläubigen von den Ungläubigen trennen: Die Gläubigen gehen ins ewige Leben ein, die Ungläubigen in die ewige Bestrafung. Das ist das Ende von 7.000 Jahren Geschichte, einschließlich 6.000 Jahren, in der der Mensch auf der Erde gelebt hat, und 1.000 Jahren Leben auf der erneuerten Erde. Dann folgt das ewige Leben.

Im Himmelreich gibt es viele Wohnungen

„Und er sprach zu seinen Jüngern: Euer Herz erschrecke nicht! Glaubet an Gott und glaubet an mich! In meines Vaters Hause sind viele Wohnungen. Wenn es nicht so wäre, so wollte ich zu euch sagen: Ich gehe hin euch die Stätte zu bereiten. Und wenn ich hingehe euch die Stätte zu bereiten, so will ich wiederkommen und euch zu mir nehmen, auf daß ihr seid, wo ich bin" (Johannes 14, 1-3).

Wir wissen, dass wir nicht aus unserem eigenen, sondern aus dem Willen eines Anderen geboren wurden. Dieser Andere ist Gott. Wir müssen bedenken, dass Gott entsprechend dem Maß, in dem wir seinem Willen gehorsam waren, bestimmt, wo jeder von uns in der Ewigkeit sein wird.

Gott ist gerecht. Er lässt uns ernten, was wir gesät haben. Wenn wir Treue säen, lässt Er uns den Himmel ernten. Wenn wir keine Treue säen, lässt Er uns die Hölle ernten. Und Er verteilt die Wohnungen und den Lohn im Himmel entsprechend dem Maß, in dem wir seinem Willen gehorsam waren. Nicht jeder bekommt die selbe Belohnung.

In der Bibel lesen wir, dass es viele Wohnungen im Himmel gibt. Im 2. Korinther 12,2 ist die Rede von dem ‚dritten Himmel'. Im 5. Mose 10, 14 lesen wir vom ‚Himmel und den Himmeln der Himmel' und in Psalm 148, 4 von den ‚Himmeln der Himmel'. Auch in 1. Könige 8, 27 und Nehemia 9 6 ist die Rede von den ‚Himmeln und den Himmeln der Himmel'. Die Bibel erwähnt wiederholt, dass es verschiedene Ebenen im Himmel gibt, mehr als nur den einen im Haus unseres Vaters.

Während ich in der Bibel las und hoffte, seinen Willen hinsichtlich der ‚Himmel' klar zu verstehen, sprach Gott durch den Heiligen Geist zu mir. Ich werde hier auf der Grundlage der Offenbarung, die Gott mir gegeben hat, die drei Himmel beschreiben: Das Paradies, das Erste Himmelreich, das Zweite Himmelreich, das Dritte Himmelreich und das Neue Jerusalem.

In Römer 12, 3 heißt es: *„Denn ich sage euch durch die Gnade, die mir gegeben ist, jedermann unter euch, daß niemand weiter von sich halte, als sich's gebührt zu halten, sondern daß er von sich mäßig halte, ein jeglicher, nach dem Gott ausgeteilt hat das Maß des Glaubens."* Wenn es keinen Unterschied im Maß des Glaubens gäbe, würde sich niemand anstrengen, um ein größeres Maß des Glaubens zu bekommen. Natürlich ist es nicht einfach, dieses Maß des Glaubens zu bestimmen. Einerseits tadelte Jesus seine Jünger in Markus 4, 40: *„Und er sprach zu ihnen: Wie seid ihr so furchtsam? Wie, daß ihr keinen Glauben habt?"*, andererseits lobte Er einen römischen Hauptmann für seinen großen Glauben in Matthäus 8, 10: *„Da das Jesus hörte, verwunderte er sich und sprach zu denen, die ihm nachfolgten: Wahrlich ich sage euch: Solchen Glauben habe ich in Israel nicht gefunden!"* Schließlich wurde mir klar, dass alle Menschen sich in ihrem jeweiligen Maß des Glaubens unterscheiden und deshalb auch der Ort, wo sie im Himmel wohnen werden, entsprechend diesem Glaubensmaß bestimmt wird.

Lass mich diese Orte und den Lohn, den man im Himmel gemäß dem Maß des Glaubens, vom kleinsten bis zum größten, erhält, beschreiben.

Der Verbrecher, der mit Jesus gekreuzigt wurde, tat Buße und nahm Jesus Christus an. Er hatte nicht gegen die Sünde angekämpft und auch nicht gemäß dem Wort gelebt. Er konnte keine Taten vorzeigen, die als Beweis für das Befolgen des Wortes dienten. Er tat nur Buße und nahm Jesus Christus an. Deshalb durfte er ins Paradies eingehen.

Den nächsten Glaubensschritt haben diejenigen bewältigt, die versuchen, gemäß dem Wort zu leben, das sie hören, jedoch nicht in der Lage sind, alles, was sie hören, umzusetzen. Sie werden im Ersten Himmelreich leben. Sie werden einen Siegeskranz erhalten, der unvergänglich ist, denn sie haben gegen die Sünde angekämpft (1. Korinther 9, 25).

Auf der nächsten Glaubensebene befinden sich diejenigen, die gemäß dem Wort leben, gegen ihre Sünden ankämpfen und Gott verherrlichen. Sie bekommen das Zweite Himmelreich. Und sie werden den unverwelklichen Siegeskranz der Herrlichkeit empfangen, weil sie ihre Sünden abgeworfen haben (1. Petrus 5, 4).

Diejenigen, die vollkommen nach dem Wort leben und Gott von ganzem Herzen lieben, befinden sich auf der dritten Ebene des Glaubens. Ihnen gehört das Dritte Himmelreich. Sie werden den Siegeskranz des Lebens erhalten, weil sie treu bis zum Tod waren (Jakobus 1, 12; Offenbarung 2, 10).

Die höchste Glaubensstufe ist die Stufe derjenigen, die Gott von ganzem Herzen lieben und die Ihm wohlgefallen. Ihnen wird das neue Jerusalem gegeben werden. Sie werden den Siegeskranz der Gerechtigkeit (2. Timotheus 4, 8) oder goldene Siegeskränze (Offenbarung 4, 4) erhalten, weil sie heilig geworden sind und all die Aufgaben, die ihnen aufgetragen wurden, bewältigt haben.

Auf dieselbe Art und Weise gibt Gott uns im Himmel eine Wohnung und den Lohn entsprechend dem Maß unseres Glaubens. Deshalb müssen wir hart arbeiten und ein heiliges Leben in seinem Willen führen, damit wir in ein besseres Himmelreich aufsteigen.

Die Unterschiede zwischen den Himmelreichen sind sehr bedeutend. Hier in Korea können wir den Unterschied in den Lebensbedingungen zwischen der Hauptstadt Seoul, anderen provinziellen Städten, Ortschaften auf dem Land und auf den Inseln feststellen. Wir wissen, warum so viele Menschen nach Seoul kommen wollen. Ebenso wollen wir in das neue Jerusalem kommen, weil wir wissen, dass die Orte im Himmel sich unterscheiden.

Nehmen wir einmal an, ein Mann, der im neuen Jerusalem wohnt, besucht das Zweite Himmelreich. Die Menschen in Zweiten Himmelreich können ihn nicht ansehen, weil sein Licht für sie zu hell leuchtet. Deshalb knien sie nieder, um ihm ihren Respekt zu zeigen, so wie es die Menschen tun, wenn ihr König vorübergeht. Die Herrlichkeit eines jeden Himmelreichs ist vollkommen unterschiedlich. Im Gegensatz dazu können die Menschen des Zweiten Himmelsreichs das neue Jerusalem nicht betreten, weil ihr Licht anders ist als das der Menschen im neuen Jerusalem, und weil Engel die Tore bewachen.

Jetzt kennst du das ewige Leben im Himmel. In welchem Reich möchtest du leben? Das wird sich danach richten, wie sehr du dem Willen Gottes gehorcht hast.

Auch die Wohnungen in den einzelnen Himmelreichen unterscheiden sich. Im Paradies gibt es gar keine Wohnungen, weil die Menschen dort das Wort während ihrer Lebenszeit nicht praktiziert haben. Im Gegensatz dazu sind die Häuser für die Gläubigen, die dem Wort mit ihren Taten gehorsam waren, vollkommen aus Gold und Edelsteinen gebaut.

Der Himmel gehört zu der Welt, die wir die ‚vierte Dimension' nennen, und die sich über Raum und Zeit erhebt. Wir können uns vorstellen, dass die Eigenschaften der Erde in vielerlei Hinsicht denjenigen des Himmels ähneln. In dieser Welt der vierten Dimension können wir fliegen, wenn wir wollen. Jeder, der im Himmel lebt, hat einen neuen geistlichen Körper, der nie vergeht und schwerelos zu sein scheint. Das Leben im Himmel ist so wundervoll und ewiglich.

Wie sieht der Himmel aus?

Der Fluss mit dem Wasser des Lebens fließt vom Thron Gottes um das Dritte Himmelreich, das Zweite Himmelreich, das Erste Himmelreich und das Paradies und kehrt dann wieder zum Thron Gottes zurück.

Kannst du dir vorstellen, wie schön es sein wird, an dem Fluss des reinen Lebenswassers, das so klar ist wie Kristall, entlangzugehen? Die Flussufer sind übersät mit hell glitzerndem

Sand aus Gold und Silber. Der Geschmack des Lebenswassers ist zu rein und zu frisch, als dass man es mit irgendeinem Wasser auf der Erde vergleichen könnte.

Im Himmel ist alles aus kostbaren Edelsteinen und purem Gold. Es gibt keinen Schmutz oder Staub, und kein Dieb kann hier einbrechen. Die Straße sind aus Gold und wir können alle Arten von Gottes Geschöpfen sehen. Kannst du dir diese Schönheit vorstellen?

Alle Arten von Pflanzen und Tieren sind in angemessener Ordnung. Es gibt spezielle Alleen mit Blumen. Du kannst mit Tieren und Pflanzen sprechen oder dich auf deinem Spaziergang auf sie setzen.

Die Bäume des Lebens tragen zwölf Arten von Früchten. Jede Frucht schmeckt anders und sieht anders aus. Wenn du eine Frucht von einem Baum pflückst, wächst an derselben Stelle sofort wieder dieselbe Frucht nach. Wie überwältigend das ist!

Du kannst essen, indem du tatsächlich etwas zu dir nimmst, oder auch, indem du nur den Duft des Essens genießt. Nachdem du gegessen hast, fühlst du dich zufrieden und gekräftigt. Wie stellst du dir die Verdauung und den Stuhlgang vor? Natürlich gibt es im Himmel keine schmutzigen Badezimmer. Nachdem die Menschen dort gegessen haben, verdauen sie innerhalb ihres Körpers und geben die Reste als wohlduftendes Gas wieder ab, während sie atmen. Der Duft verbleibt eine Weile in der Luft und verschwindet dann. Wie angenehm ist das?

Wie werden wir im Himmel aussehen?

Wir werden aussehen wie das Bild des auferstandenen Jesus.

Wir haben einen Geist, eine Seele und einen unvergänglichen Körper – unvergängliche Knochen und unvergängliches Fleisch. Mit unseren himmlischen Körpern können wir durch Wände hindurchgehen, sodass wir keine Türen öffnen müssen. Wir werden aussehen wie Jesus im Alter von 33 Jahren. Unsere Gesichter werden leuchten wie ein weißer Edelstein. Männer werden etwa 180cm groß sein, Frauen etwas kleiner. Das Haar der Männer reicht bis in den Nacken. Die Haarlänge der Frauen variiert gemäß ihrer Heiligkeit und ihrem Ruhm. Je größer ihr Ruhm, desto länger ist ihr Haar. Manche Frauen haben so langes Haar, dass es bis zu ihren Hüften hinabreicht. Du musst dir aufgrund von Mängeln deines gegenwärtigen Körpers keine Sorgen machen. Im Himmel sind alle Körper vollkommen. Wie wunderbar das ist!

Im Himmel wird man nicht heiraten. Als geistlicher Körper erkennt man seine Familie – seinen Ehegatten, Kinder und Eltern. Du erkennst deinen Pastor und deine Gemeinde. Du kannst mit deiner weltlichen Familie zusammenleben und dich mit den Menschen aus deiner Gemeinde treffen. Dein Geist ist sehr klug; du wirst hundertmal klüger sein als du es auf der Erde gewesen bist.

Wie ist der Himmel?

Gott gibt uns Kleider aus feinem Leinen, und Er belohnt uns mit viel kostbarem Schmuck für das, was wir getan haben. Gott möchte, dass wir diesen kostbaren Schmuck tragen, um seine Liebe und seine Herrlichkeit zu zeigen. Er lässt uns auch auf den Wolken seiner Herrlichkeit reiten. Wir treffen uns oft bei Festen, haben eine angenehme Zeit und Gespräche miteinander und betrachten die Videofilme, die unser weltliches Leben zeigen. Es wird noch viele wundervolle und erstaunliche Dinge mehr im Himmel geben.

Gott offenbarte mir auch die geheimen Dinge des Himmels, doch ich kann dir jetzt nicht alle von ihnen sagen. Kürzlich habe ich zwei Bücher über den Himmel veröffentlicht.

Wir wissen, dass dieser wunderbare Himmel existiert. Deshalb freuen wir uns auf den Tag, wenn der Herr, der diese Orte im Himmel für uns vorbereitet hat, wiederkommt, und leben gemäß dem Willen Gottes.

Wenn du hart arbeitest, kannst du auch in dieser Welt auf gute Schulen gehen, einen guten Arbeitsplatz bekommen, eine hohe Position einnehmen und ein schönes Haus bauen. In gleicher Weise wirst du auch die Wohnung, den Siegeskranz und den Lohn entsprechend dem Maß deiner Treue während deines Lebens auf der Erde erhalten. Diese Dinge, die dir im Himmel gegeben werden, sind für ewig. Deshalb will jeder von diesen schönen Dingen so viel wie möglich haben.

Jesus sprach über die Unabhängigkeit Israels mit dem Gleichnis eines Feigenbaums: *„An dem Feigenbaum lernet ein Gleichnis: wenn sein Zweig jetzt saftig wird und Blätter gewinnt, so wißt ihr, daß der Sommer nahe ist. Also auch wenn ihr das alles sehet, so wisset, daß es nahe vor der Tür ist. Wahrlich ich sage euch: Dies Geschlecht wird nicht vergehen, bis daß dieses alles geschehe"* (Matthäus 24, 32-34).

„Darum wachet, denn ihr wisset nicht, welche Stunde euer HERR kommen wird. Das sollt ihr aber wissen: Wenn der Hausvater wüßte, welche Stunde der Dieb kommen wollte, so würde er ja wachen und nicht in sein Haus brechen lassen" (Matthäus 24, 42-43).

„Wenn sie sagen: Friede und Sicherheit! dann kommt ein plötzliches Verderben über sie, wie die Geburtswehen über die Schwangere; und sie werden nicht entfliehen. Ihr aber, Brüder, seid nicht in Finsternis, dass euch der Tag wie ein Dieb ergreife; denn ihr alle seid Söhne des Lichtes und Söhne des Tages; wir gehören nicht der Nacht und nicht der Finsternis. Also lasst uns nun nicht schlafen wie die übrigen, sondern wachen und nüchtern sein!" (1. Thessalonicher 5, 3-6)

Gott hat uns gesagt, dass das zweite Kommen Jesu sehr nahe ist. Niemand kennt den Tag und die Stunde. Doch Gott offenbarte sowohl mir als auch einigen treuen, wachsamen Gläubigen, dass die letzte Stunde sehr nahe bevorsteht. Wie viele Menschen werden dann sicher sein können, dass sie lebendig in den Himmel erhoben werden?

Es macht mich sehr glücklich, wenn ich an die Tage denke, in denen wir mit dem Herrn in seiner immer währenden Welt leben werden.

Ich arbeite hart daran, meine Pflichten zu erfüllen und meine Herde auf einer guten Weide zu nähren.

„Amen! Komm, Herr Jesus!"

Der Autor:
Dr. Jaerock Lee

Dr. Jaerock Lee wurde 1943 in Muan in der Provinz Jeonnam in der Republik Korea geboren. Im Alter zwischen 20 und 30 Jahren litt Dr. Lee sieben Jahre lang unter vielen unheilbaren Krankheiten und wartete nur noch auf den Tod, denn Hoffnung auf Heilung gab es nicht. Eines Tages im Frühling 1974 nahm ihn allerdings seine Schwester mit in eine Kirche und als er sich zum Gebet hinkniete, heilte ihn der lebendige Gott sofort von all seinen Krankheiten.

Seit Dr. Lee dem lebendigen Gott auf diese wunderbare Art und Weise begegnete, liebt er Ihn aufrichtig und von ganzem Herzen. Im Jahr 1978 wurde er zum Diener Gottes berufen. Er betete eifrig, denn er wollte den Willen Gottes klar verstehen und erfüllen und dem gesamten Wort Gottes gehorchen. Im Jahr 1982 gründete er in Seoul die Manmin-Gemeinde und seither sind in seiner Gemeinde unzählige Werke Gottes, einschließlich herrlicher Heilungen und Wunder, geschehen.

Dr. Lee wurde 1986 auf der Jahresversammlung der koreanischen Jesusgemeinde in Sungkyul zum Pastor geweiht und vier Jahre später, 1990, begann die Übertragung seiner Botschaften in Australien, Russland, auf den Philippinen und in vielen anderen Ländern durch Rundfunkanstalten wie die *Far East Broadcasting Company*, die *Asia Broadcast Station* und das *Washington Christian Radio System*.

Drei Jahre später, 1993, wurde die Manmin-Gemeinde von der US-amerikanischen Zeitschrift *Christian World* zu einer der „Top 50-Gemeinden der Welt" gewählt und er erhielt vom *Christian Faith College* in Florida den Ehrendoktortitel; 1996 erhielt er den Doktortitel vom *Kingsway Theological Seminary* in Iowa.

Seit 1993 steht Dr. Lee bei der weltweiten Evangelisation mit an der Spitze – und zwar durch viele Großveranstaltungen in Übersee, wie in Tansania, Argentinien, L.A., Baltimore City, Hawaii und New York City in den USA, in Uganda, Japan, Pakistan, Kenia, auf den Philippinen, in Honduras, Indien, Russland, Deutschland, Peru, in der Demokratischen Republik Kongo, in Israel und Estland.

2002 bezeichneten ihn große christliche Zeitungen in Korea wegen seines mächtigen Dienstes bei Evangelisationen auf der ganzen Welt als

„weltweiten Erweckungsprediger". Besonders zu nennen ist seine Großevangelisation von 2006 im Madison Square Garden, der weltbekannten Arena in New York, die in 220 Nationen übertragen wurde, sowie seine „Vereinte Großevangelisation in Israel" 2009, die im Internationalen Kongresszentrum von Jerusalem stattfand, bei der er kühn verkündigte, dass Jesus Christus der Messias und Retter ist. Seine Predigten werden via Satellit, beispielsweise über GCN, in 176 Ländern ausgestrahlt. 2009 und 2010 wurde er von der beliebten russischen Zeitschrift „Im Sieg" als einer der zehn einflussreichsten christlichen Leiter bezeichnet. Die Nachrichtenagentur *Christian Telegraph* ehrte ihn für seinen mächtigen TV-Dienst und seinen pastoralen Dienst für die Gemeinden in Übersee.

Im April 2017 zählte die Manmin-Gemeinde über 120.000 Mitglieder. Es gibt in Korea und überall auf dem Globus verteilt 11.000 Tochtergemeinden. Bisher sind 102 Missionare in über 23 Länder entsandt worden, wie zum Beispiel in die Vereinigten Staaten, nach Russland, Deutschland, Kanada, Japan, China, Frankreich, Indien, Kenia und viele anderen Länder.

Zur Zeit dieser Veröffentlichung hat Dr. Lee 107 Bücher geschrieben, darunter Bestseller wie *Schmecket das ewige Leben vor dem Tod, Mein Leben Mein Glaube I & II, Die Botschaft vom Kreuz, Das Maß des Glaubens, Der Himmel I & II, Die Hölle* und *Die Kraft Gottes*. Seine Werke sind in über 76 Sprachen übersetzt worden.

Seine christlichen Kolumnen erscheinen in *The Hankook Ilbo, The Chosun Ilbo, The JoongAng Daily, The Dong-A Ilbo, The Hankyoreh Shinmun, The Seoul Shinmun, The Kyunghyang Shinmun, The Korea Economic Daily, The Korea Herald, The Shisa News* und *The Christian Press.*

Dr. Lee leitet derzeit viele Missionsorganisationen und -vereine in folgenden Positionen: Vorsitzender der United Holiness Church of Jesus Christ, Gründer und Aufsichtsrat vom Global Christian Network (GCN); Gründer und Aufsichtsrat vom The World Christian Doctors Network (WCDN) und Gründer und Aufsichtsrat von der Bibelschule Manmin International Seminary (MIS).

Andere mächtige Bücher von diesem Autor

Der Himmel I & II

Eine detaillierte Darstellung der herrlichen Lebensumstände der Bewohner des Himmels und eine wunderschöne Beschreibung der verschiedenen Ebenen in den himmlischen Königreichen.

Die Botschaft vom Kreuz

Ein mächtiger Weckruf an alle Menschen, die geistlich schlafen! In diesem Buch finden sie den Grund, warum Jesus der einzige Retter ist und die echte Liebe Gottes verkörpert.

Die Hölle

Eine ernste Botschaft Gottes an die gesamte Menschheit; Er will nicht, dass auch nur eine Seele in die Tiefen der Hölle abstürzt! Sie werden die bisher noch nie veröffentlichte, grausame Realität des Abgrunds und der Hölle entdecken.

Geist, Seele und Leib I & II

Wenn man Geist, Seele und Leib, also die Teile, aus denen der Mensch besteht, geistlich erfasst, kann man sich selbst betrachten und Einblick in das Leben an sich bekommen.

Das Maß des Glaubens

Was für einen Wohnung, Krone und Belohnung stehen für Sie im Himmel bereit? Dieses Buch schenkt Ihnen Weisheit und hilft Ihnen, Ihren Glauben zu messen und den besten und reifsten Glauben zu entwickeln.

Wache auf, Israel

Warum ruht Gottes Auge schon vom Anbeginn der Welt bis zum heutigen Tage immer auf Israel? Was hat Er für das Israel, das immer noch auf den Messias wartet, gemäß Seiner Vorsehung für die Endzeit vorbereitet?

Mein Leben, Mein Glaube I & II

Ein duftendes, geistliches Aroma entspringt einem Leben, das aufblühte mit einer unvergleichlichen Liebe – mitten unter dunklen Wellen, kalten Jochen und tiefer Verzweiflung.

Die Kraft Gottes

Diese wichtige Anleitung muss man gelesen haben, so dass man echten Glauben haben und die wunderbare Kraft Gottes erleben kann.

---

www.urimbooks.com

www.ingramcontent.com/pod-product-compliance
Lightning Source LLC
LaVergne TN
LVHW041751060526
838201LV00046B/965